本书受到北京大学国家发展研究院腾讯基金资助

北京大学国家发展研究院智库丛书·中国乡村调查系列

河南省鄢陵县霍刘庄调研报告

Rural Survey in Huoliu Village, Yanling County, Henan Province

北京大学国家发展研究院《经济学社会实践》调研团 著

中国社会科学出版社

图书在版编目（CIP）数据

河南省鄢陵县霍刘庄调研报告 / 北京大学国家发展研究院《经济学社会实践》调研团著. -- 北京：中国社会科学出版社，2025.8. -- (北京大学国家发展研究院智库丛书). -- ISBN 978-7-5227-4595-4

Ⅰ．D668

中国国家版本馆 CIP 数据核字第 20244UW098 号

出 版 人	季为民
责任编辑	侯聪睿
责任校对	夏慧萍
责任印制	张雪娇

出　　版	中国社会科学出版社
社　　址	北京鼓楼西大街甲 158 号
邮　　编	100720
网　　址	http://www.csspw.cn
发 行 部	010 - 84083685
门 市 部	010 - 84029450
经　　销	新华书店及其他书店
印　　刷	北京明恒达印务有限公司
装　　订	廊坊市广阳区广增装订厂
版　　次	2025 年 8 月第 1 版
印　　次	2025 年 8 月第 1 次印刷
开　　本	710×1000　1/16
印　　张	23.5
字　　数	261 千字
定　　价	138.00 元

凡购买中国社会科学出版社图书，如有质量问题请与本社营销中心联系调换
电话：010 - 84083683
版权所有　侵权必究

课题组负责人：

徐晋涛，北京大学国家发展研究院

蒋少翔，北京大学全球健康发展研究院

刘士磊，中国人民大学生态环境学院

课题组成员及对本书贡献：

李瑶玉、易俊熹（第一组）

袁靖沣、黄添羽、任祺悦（第二组）

周卓翔、李健铎、冉兆含（第二组）

原紫昂、蔡睿杰、陆苏扬（第四组）

张一丹、冯圣伟（第五组）

冯婷玉、周琪森（第六组）

刘昱甫、黄熠、白旭峰（第七组）

潘　阳、王天一（第八组）

高竞舸、游清宇（第九组）

匡浩鑫、姜子涵（第十组）

韦闳瑞、王子乐、杨承睿（第十一组）

前　言

中国农村社会，从费孝通先生记述的 20 世纪 30 年代至今，虽然社会背景发生了剧烈的改变，但农村中的基本社会群体仍然是家庭。一切活动依旧围绕家庭这个核心展开，其中的变与不变让人着迷。

本书基于对河南省鄢陵县霍刘庄村的实地调研，细致地描述了中国农村的家庭结构、亲属网络、财产继承、日常生活、农业生产、非农就业等家庭基本特征，以及村办企业、贸易信贷、土地制度、乡村治理等乡村基础制度，旨在向读者展示中国农村文化、经济和社会变迁的蛛丝马迹。恰如费孝通老先生在《江村经济——中国农民的生活》一书中所述，如果要实现社会制度的成功变革，对社会制度的细致观察是必需的，乡村调查就是这些细致观察和分析的重要组成部分。在《江村经济——中国农民的生活》成文时，费老说："中国越来越迫切地需要这种知识，因为这个国家再也承担不起因失误而损耗的任何财富和能量了。"今日的中国，虽然取得了巨大的经济成就，但仍面临着巨大的外部挑战和内部发展压力，仍需砥砺前行，所以今天我们依然承担不起失误带来的损耗，我们仍需要通过细致观察来提供客观的知识。希冀本书可以丰富乡村调查的案例，并为中国农村的进一步发展贡献绵薄之力。

不同于《江村经济——中国农民的生活》中所描述时期，中国农村目前面临的最大挑战已不再是传统农业文明与西方文明之间的冲撞，而是城镇化背景下的人口流失与产业转型。伴随着人口由农村向城镇的不断迁移以及大量的外出务工潮，农村原有的社会网络和传统文化逐步瓦解，加速的人口老龄化抽离了农村的朝气，部分村庄面临着消亡的危险，农业生产也不再能独立维持农村家庭的生计。在多重挑战下，许多农民失去了对未来的方向，变得无所适从。与此同时，对中国农村而言，当下也是最好的时代。习近平总书记提出的精准扶贫战略和乡村振兴战略为中国农村的转型与再次繁荣奠定了物质基础和政策基础，广大农民可以轻装上阵，重塑中国农村的经济、生活、制度和文化。在这样一个充满挑战和机遇的时代，农村的真实需求、多种农村政策的效果、农民行为方式的转变以及整体社会变革的演进，都需要被认真审视。

村庄，其表象是农户的聚集居住单位，其内涵是农户的经济合作单位、社交网络单位、血缘延续单位和文化传承单位。因此，村庄也是乡村调查的基本单位。本书选择的调研地点是河南省鄢陵县霍刘庄村，鄢陵县隶属河南省许昌市，位于河南省中部，千里伏牛山脉东部，万里母亲河黄河南侧，被誉为"中国花木之乡""全国重点花卉市场"，霍刘庄村是河南省许昌市鄢陵县彭店镇下辖的行政村，位于鄢陵县彭店镇东北 5.8 千米，下有四个自然村：霍庄、刘庄、张堂、小马庄，共有 7 个村民小组，是典型的以种植业为主的中原农村。结合鄢陵县和霍刘庄村的地理环境和实际情况，实践团最终以彭店乡霍刘庄村为重点对象进行了深入、细致、全面的走访调研，厘清其发展脉络，并以鄢陵县整体的花木产业为切入点，就县域生态保护与粮食安全问题展开调研，试图讲述生态建设和耕地保护之间的权衡博弈，具有十足的实践意义与调研价值。

调研期间，学生克服了艰苦的调研环境，并且坚持及时整理调研数据，每天集中讨论调研体会，汇报调研成果，听取大家提出的建议，不断打磨完善实践报告。在实践期间与实践结束后，也不断查阅地方志与网上可得的相关资料，努力理清当地发展脉络，结合现状，分析研究其中反映出的中国乡村的变迁。调研结束返校后，学生以费孝通先生的《乡土中国》为范式，详尽讲述了以霍刘庄村为代表的中国典型村落的发展现状与其背后的经济学逻辑。

本书为北京大学国家发展研究院 2023 年《经济学社会实践》课程的调查成果，纳入学院的中国乡村调查系列。北京大学国家发展研究院（NSD）是北京大学的一个以经济学为基础的多学科综合性学院，前身是林毅夫等六位海归经济学博士于 1994 年创立的北京大学中国经济研究中心（CCER），随着更多学者的加入以及科研和教学等方面的拓展，2008 年改名为国家发展研究院（简称国发院）。从 2017 年秋季起，国发院开始招收国家发展方向的本科生，培养以经济学为基础，并通晓哲学、历史和政治学等人文社会科学基本原理的综合性人才。国发院非常注重学生在社会实践方面的投入，鼓励本科学生通过基层实践，对中国的现实问题有自己的认识。因此，国发院为本科生开设经济学社会实践项目，希望在假期带领学生深入乡村，了解我国经济发展的现实情况。

本次调研在国家发展研究院师生发展项目的支持下得以顺利开展，参与课题组调研的同学如下：李瑶玉、易俊熹（第一组）；袁靖洋、黄添羽、任祺悦（第二组）；周卓翔、李健铎、冉兆含（第三组）；原紫昂、蔡睿杰、陆苏扬（第四组）；张一丹、冯圣伟（第五组）；冯婷玉、周琪森（第六组）；刘昱甫、黄熠、白旭峰（第七组）；潘阳、王天一（第八组）；高竞舸、游清宇（第九组）；匡浩鑫、姜子涵（第十组）；韦闵瑞、王子乐、杨承睿（第十一组）。二十七位同学分为十一组，就家庭、亲属关系、财产与继承、乡村治理结构、乡村生活方式、农村产业结构、非农就业、商品流通/贸易/信贷、土地制度等议题，有针对性地研究中国乡村的变迁脉络，撰写出近二十万字的实践报告，以小见大理解中国相关发展及其背后的经济学逻辑。

目 录

第一章 家庭 …………………………………………… (1)
 1 家庭概述 ………………………………………… (2)
 2 家庭的起点：婚姻 ……………………………… (5)
 3 家庭的延续：生育 ……………………………… (8)
 4 家庭的维系与解体：家庭关系 ………………… (11)
 5 小结 ……………………………………………… (17)

第二章 亲属关系 ……………………………………… (19)
 1 亲属关系的范围 ………………………………… (20)
 2 亲属关系的功能 ………………………………… (28)
 3 亲属关系的特征 ………………………………… (35)
 4 亲属关系与乡村社会秩序 ……………………… (40)
 5 小结 ……………………………………………… (44)

第三章　财产与继承 （46）

　　1　财产的范围、内容与现状 （46）
　　2　财产的分配与传递 （58）
　　3　影响财产传递的重要因素 （64）
　　4　财产纠纷 （66）
　　5　关于财产和继承问题的深层思考 （72）
　　6　小结 （77）

第四章　乡村治理结构、社会资本 （79）

　　1　家户邻里 （79）
　　2　治理结构 （83）
　　3　土地纠纷 （89）
　　4　民俗节日与文娱活动 （94）
　　5　小结 （99）

第五章　乡村生活方式 （103）

　　1　乡村生活节奏 （104）
　　2　乡村生活习惯 （110）
　　3　乡村消费结构及特点 （122）
　　4　乡村生活变化 （127）
　　5　小结 （131）

第六章　农村产业结构 …………………………………… (132)

　　1　乡村产业概述 ……………………………………… (132)

　　2　农业 ………………………………………………… (135)

　　3　林业 ………………………………………………… (148)

　　4　畜牧业 ……………………………………………… (152)

　　5　其他产业 …………………………………………… (159)

　　6　小结 ………………………………………………… (161)

第七章　非农就业 ………………………………………… (165)

　　1　宏观视野和影响因素 ……………………………… (167)

　　2　外出就业基本情况 ………………………………… (175)

　　3　代际关系 …………………………………………… (191)

　　4　小结 ………………………………………………… (196)

第八章　个体工商户 ……………………………………… (202)

　　1　本地产业概述 ……………………………………… (204)

　　2　创业视角下的产业振兴 …………………………… (218)

　　3　小结 ………………………………………………… (239)

第九章　商品流通、贸易和信贷 ………………………… (245)

　　1　商品流通 …………………………………………… (245)

　　2　资金和信贷 ………………………………………… (259)

3　小结 …………………………………………………………（267）

第十章　土地制度 ………………………………………………（269）
　　1　霍刘庄村土地的历史沿革 …………………………………（270）
　　2　霍刘庄村土地现状 …………………………………………（275）
　　3　建设用地 ……………………………………………………（283）
　　4　其他用地与未利用土地 ……………………………………（285）
　　5　小结 …………………………………………………………（287）

第十一章　鄢陵县生态保护与粮食安全问题的实地调查 ……（290）
　　1　生态保护与粮食安全 ………………………………………（290）
　　2　鄢陵县概况 …………………………………………………（292）
　　3　鄢陵县的林业发展 …………………………………………（294）
　　4　国家储备林项目 ……………………………………………（305）
　　5　小结 …………………………………………………………（319）

考察感想 …………………………………………………………（322）

第一章

家　庭

李瑶玉、易俊熹

家庭是中国社会的细胞，是中国人生活的最基本单位。[1] 家庭的演变不仅是中国农村社会变迁的重要表现，它还作为一个整体影响着乡村变迁的进程。河南省许昌市鄢陵县霍刘庄村作为中原地区人口大省和农业大省的村庄的代表，其家庭的变化与发展，展现的不只是河南省许昌市鄢陵县的典型家庭模式，而且是中国中原地区传统家庭模式的变迁历程。我们以婚姻为起点，探寻不同时期生育给家庭带来的影响与变化轨迹，进而在家庭成员之间的互动中发现，经济发展与社会变迁在一个个农村家庭留下的印记。

---

[1] 费孝通：《论中国家庭结构的变动》，《天津社会科学》1982年第3期。

◇◇1 家庭概述

1.1 家庭的范围及结构

费孝通先生在《乡土中国》一书中指出家庭在人类学上的概念，即亲子构成的生育社群。其中，亲子指它的结构，生育指它的功能。① 一对夫妻及其未婚子女组成一个小家庭，即西方所谓的核心家庭。不同于西方家庭以夫妇为主轴，子女为配轴的团体社群结构，中国传统家庭是以父子、婆媳为主轴，夫妇为配轴，沿亲属差序向外扩展的事业社群。② 因此，在对霍刘庄村的调研过程中，本小组主要聚焦于父系关系图中纵向延伸的中轴线所界定的家庭结构，如图1-1所示。

根据户籍人口最新统计数据，霍刘庄村共有1941人，533户，平均每户规模约3.64人。根据本组抽样调查的9户家庭，实际长期共同居住的家庭平均规模约为2.56人，并且有55.6%的家庭同住人是夫妻关系，仅有2户人家是三代同堂，1户人家是儿子为尽赡养义务与母亲同住。由此可知，霍刘庄村家庭在结构上以小家庭为主，亲子两代、三代间保持着较为密切的联系，并且随着年轻未婚子女外出务工的现象越来越多，村中45岁以上的中老年夫妻单独居

---

① 费孝通：《乡土中国》，北京出版社2004年版，第53页。
② 费孝通：《乡土中国》，北京出版社2004年版，第54、57页。

住成为该村家庭结构的一个典型特征,见表1-1。

				高祖父母				
			曾祖姑	曾祖父母	曾叔伯祖父母			
		族祖姑	祖姑	祖父母	叔伯祖父母	族叔伯祖父母		
	族姑	堂姑	姑	父母	叔伯父母	堂叔伯父母	族叔伯父母	
族姐妹	再从姐妹	堂姐妹	姐妹	己、妻	兄弟兄弟妻	堂兄弟堂兄弟妻	再从兄弟再从兄弟妻	族兄弟族兄弟妻
	再从侄女	堂侄女	侄女	子媳	侄侄媳	堂侄堂侄妇	再从侄再从侄妇	
		堂侄孙女	侄孙女	孙子孙媳	侄孙侄孙妇	堂侄孙堂侄孙妇		
			侄曾孙女	曾孙曾孙妇	侄曾孙侄曾孙妇			
				玄孙玄孙妇				

图1-1 父系关系

资料来源:费孝通《江村经济——中国农民的生活》,商务印书馆2001年版,第五章编者注。

表1-1 调研家户实际长期共同居住人数

调研家户	户1	户2	户3	户4	户5	户6	户7	户8	户9
同住人数	2	2	2	4	1	6	2	2	2
家庭关系	夫妻	夫妻	母子	婆媳、母女、祖孙	妻	夫妻、亲子、祖孙	夫妻	夫妻	夫妻

资料来源:笔者自制。

1.2 家庭职能的演变

费孝通先生在《论家庭结构的变动》一文中，论述了不同于《江村经济——中国农民的生活》一书中作为主要生产单位的家庭职能的变化。伴随着土地私有制的废除和集体生产按劳分配的社会主义制度的建立，家庭成员各自参加集体生产劳动得到报酬，共同供给家庭成员的消费需要，动摇了父权家长制的经济基础，获得了一定的经济自主权。① 但是，当20世纪八九十年代家庭联产承包责任制在农村普遍施行后，又逐渐恢复为以家庭为单位开展生产活动。现在，由于土地流转越来越普遍，务工也逐渐成为部分农村家庭的主要经济结构。尽管目前仍在村中生活的大多数家庭至少有1人从事农业生产活动，但也有像访谈到的村医一家那样父辈和子辈的职业间、同辈亲属的职业间保持了一定继承性或关联性的情况。但总体上，农村家庭内部成员从事的职业差异是在逐渐扩大的。这使得农村家庭的经济结构、收入来源以及支出结构都更加多元化，家庭的经济功能表现越来越突出。除此之外，生育功能、教育功能以及抚养和赡养功能也是传统家庭的主要职能。尽管由于计划生育政策的影响、养育成本的攀升和民众思想观念的转变，这些职能在生活中影响力逐渐减小，但它们仍然在家庭的延续和维系中起着不可忽视的作用。

---

① 费孝通：《论中国家庭结构的变动》，《天津社会科学》1982年第3期。

◇◇2　家庭的起点：婚姻

《礼记》有言："昏礼者，礼之本也。"结婚在我国自古以来就是一件大事，其有着复杂的过程和礼仪规定。

2.1　婚姻对象的寻找

在霍刘庄村，婚姻的第一步在以前往往是从媒人介绍开始的。这个媒人一般是自己家亲戚，或者是熟人，最好是和男女双方都比较熟悉的人。如果男女双方在不同的村庄，更需要一个对两个村都熟悉、关系好的人来介绍。媒人牵线后，男女双方会见面，分为小见面和大见面。小见面指的是在集市上男女双方偷偷见上一面，男方愿意了就给200元钱，女方愿意了就接受这200元钱，双方都同意了就安排双方父母见面；大见面必须在女方家，女方把本家人叫来，男方带着本家人去女方家，如果都同意就可以订婚了。在现代，一般都是男女双方的自由恋爱，父母很少加以干涉。一方面，现代的思想逐渐传入霍刘庄村并产生影响；另一方面，交通便利后寻找配偶的机会和方式增加，不需要一个有着双方信息的媒人来牵线搭桥。但是，也有一些男性村民一直没有找到配偶，有可能是他们自己身体的缘故，也可能是本身生活的问题，如沉迷网络。这些情况，媒人往往也无能为力，特别是沉迷网络的男性，没有媒人愿意帮他推荐配偶。这说明媒人的信誉保持是非常重要的。年轻一辈如果自己找不到心仪的配偶，家长也会拜托亲戚朋友推荐他们身边的人，如邻居、好友或同事的孩子。这种新式媒人已经逐步和城市接轨，反映了农村寻找配偶的方式也随着城市化和大量农村人进城而发生转变。这也说明了在农村像之前一样认识全村所有人的村民越来越少，人际交往也逐渐碎片化和狭窄化。

2.2 订婚

婚姻的第二步是订婚。双方父母见面后同意了，男方家庭要给见面礼。订婚到结婚之间的时长不定，十几天到一两年都有，也有一些订婚后去当兵的家庭。一般双方家庭选个好日子，新娘如果不是本地的就得男女双方商量按哪方的习俗举办仪式，但订婚的仪式必须在男方家举办。在霍刘庄村，双方给出的见面礼金一般还是本着节约的思想。现在条件好了，礼金也水涨船高，订婚仪式大多也在县城举行。但是，如果是贫困的家庭，也可能没有订婚的仪式。

2.3 大娶与回门

第三步是大娶，一般是新郎去女方家接新娘。以前的娘家是不允许新郎在结婚前来娘家的，但是随着现代观念的流行，都会允许新郎亲自来接，也算是娘家提前见新郎一面。

婚姻的第四步是回门。在20世纪，结婚的第三天娘家会开车来新郎家喝酒，喝到天黑叫新媳妇回家，再等两天新郎再去接回来。以前娘家会办酒席，新郎带保镖去把新娘接回来。但在小马庄村没问到有回门的习俗，可能跟他们的经济状况有关。到了21世纪，回门的习俗逐渐变得简单节约，只是新婚夫妇带着礼物回去见女方家的父母亲戚。过年回娘家走亲戚的时间也有规定，一般是大年初二、初四、初六，但是结婚第一年必须初二当天回娘家。

挑选儿媳妇和女婿的标准在村民中也不尽相同。有些人看重人品，有些人更看重物质生活和经济能力，在村里的比例大概各占一半。有的父母认为"一辈不管二辈事"，也有的父母坚持按自己的要求为子女挑选配偶。有一位母亲的儿子在城里找了一个女朋友，但是因为其身体原因没法生育，就被这位母亲强行拆开了，即使女朋友以跳楼相逼都没能让那位母亲同意，最后这位母亲给她儿子找了一个有正常生育能力的配偶。这种强行干预子女婚姻选择的前提条件大多是其子女没有经济能力，衣食住行全部由父母承担。另一户家庭的孩子在高三那年要求结婚后直接去城市打工，并没有依靠父母生活，就此赢得了自己生活与婚姻的自由。这说明经济能力以及共享开支的情况，在很大程度上影响着父母对子女的干预能力。

2.4 特殊婚姻

一些特殊的婚姻，如买卖婚姻和童养媳现在几乎没有了，这可能是因为交通便利后村民与外界联系多，人口也增多，寻找配偶更加便利。霍刘庄村也存在一些大龄未婚的男性，这主要是计划生育导致的男女比例失衡的结果。大多年轻男性选择外出务工，他们工作的工种也会影响其寻找配偶的机会和概率，如在电子厂等地方打工的就比刷油漆的装修工人有更多的机会认识一些同龄的女性。据村民介绍，霍刘庄村离婚的比例与城市相比较低，原因主要有结婚成本高，家庭责任观念重，认为离婚是一种"家丑"。当然，随着更多的村民外出务工，婚姻的不稳定性有所增加。一般来说，老一辈人家的离婚率很低，且由于交通不便，他们大多和本村的人组建家庭。年轻一辈人如果是外出务工，从外面领回来的媳妇，婚姻相对更难维系。霍刘庄村也存在一些上门女婿的现象。如果一家儿子多，一家女儿多，就会让女婿上门，当作儿子来养老。女方老人去世后，可能女婿会带着妻子回到男方家。上门女婿在女方家的时候大多尽心尽力照顾女方家老人，一是尽孝心，二是为了给以后能回男方家铺路，不被其他村民笑话。这说明社会道德对家庭之间的人际交往起到约束的作用。

◇◇3 家庭的延续：生育

3.1 生育观念

霍刘庄村的生育观念也存在从传统到现代观念的转变。上一辈人存在一些重男轻女的观念，且希望儿女双全，多子多福。家庭规模大，会让老一辈人感觉更加幸福，没有儿子会被村民欺负，说闲话，抬不起头。如果一个家庭出生的女儿过多，可能会出现过继、送养和遗弃的情况；如果一个家庭只有儿子，有些老人也会觉得不够幸福美满。我们查阅霍刘庄村户口发现，一些20世纪90年代出生的女孩的名字是姓氏加两个相同的字组成，但同样是90年代出生的男孩就没有这种类型的姓名，这说明有些家庭依旧不重视女孩，在起名上较为敷衍。近十年以来，几乎没有重男轻女的思想体现在现实的生育选择中，老一辈很少干预子女的生育意愿，有些老人虽然自己无法接受，但随着家庭经济大权从老一辈向年轻一辈转移，也没有办法实际干预子女的生育选择。年轻人的生育选择，在很大程度上受到养育成本的影响，这与老一辈产生了极大的反差。在霍刘庄村有一对瘸腿夫妇，无法通过劳动赚取生活必需品，还拥有四个女儿，但改革开放后随着女儿们外出务工，现在这对夫妇的生活十分美满幸福，物质生活也极为丰富。随着年轻一代的生育数量大幅减少，很多人没有办法生育很多孩子并依靠孩子养活自己，他们除了赚取自己和父母生活的费用之外，还要负担一两个孩子的养育成本，这已是霍刘庄村人的最大极限。

这体现了数量—质量权衡和成本收益分析已经在深刻地影响着霍刘庄村人们的生育选择。二胎甚至三孩政策放开后，响应政策的夫妇大多是双女户或者双男户，这说明子女双全的观念依旧对霍刘庄村村民的生育选择产生影响，而且此时的第二个或第三个孩子往往比他们的哥哥、姐姐小很多，这说明时隔多年后家庭才有精力和财力养育新生的孩子。现在养育孩子的成本也同老一辈时相距甚远，一般有生育能力的这代父母认为，孩子基本至少都要上学到18

岁，如果上不了大学还得上大专，上不了高中还得上中专。但是，在他们读书的年纪，一般15岁就开始干活补贴家用了，有些人乘着改革开放的东风去积累工作经验，最后的收入还要高于继续读书的同龄人。这说明上一代人的工作时长对工资的边际贡献（Marginal utility）要高于教育年限。但是对现在的年轻人而言，学历已经成为一道门槛，即使工作时长和教育年限对工资的边际贡献谁更大还未知。很多村民都认为没有高中学历甚至没法进城打工，在霍刘庄村很多只有初中学历的村民都很难在城市中找到一份体面的工作，只能回村务农。教育产生的成本和创造收益时间的延后，迫使一些家庭减少他们的生育意向（fertility intention），尽管其生育意愿（fertility desire）可能较高。

3.2 计划生育政策

我国从20世纪70年代开始实施计划生育，1982年成为基本国策，在20世纪八九十年代进入计划生育实施和管控的顶峰。据以前的村党支部书记说，当时地方政府的唯一任务和考核标准就是计划生育。计划生育最直接的惩罚措施就是罚款。罚款金额一般是上级政府制定，如果有超生的新生儿需要上户口，村民就会被告知需要交多少罚款。上任村支书说，他们干部也拿那些超生但是贫穷的家庭没有什么办法，基本上很难执行罚款。计划生育政策文件本身没有给超生留下空间，因而不存在明文规定的罚款或处罚标准。这就导致在基层执行时，虽然计划生育属于政绩考核的标准参照，但因为人情等情况导致不同家庭受到的处罚也不同。

为判断是否怀孕，20世纪八九十年代开始，妇女们被要求一个月去做一次孕检，也存在半个月一次的情况。开始是自费，一次五元，这在当时是一笔巨款，到了后期变成免费的项目。当然，如果第一胎是女儿，在五年后可以办理准生证，允许生育第二个孩子。如果超生到了第三胎，就要求进行绝育。

◇◇4 家庭的维系与解体：家庭关系

"家的规模大小是由两股对立的力量的平衡而决定的，一股要结合在一起的力量，另一股要分散的力量。"① 在霍刘庄村，同辈之间、父辈与子辈之间、祖辈与孙辈之间的关系以及亲属关系对家庭决策的影响都呈现受社会因素的影响而下降、受经济因素的影响而上升的趋势，其中，教育是重要的影响因素。家庭关系仍然是家庭维系与解体的关键，但家庭成员的地位以及促使两股对立力量保持平衡的机制已经发生改变。

4.1 同辈关系

第一，夫妻关系。在《生育制度》一书中，费孝通先生认为父

---

① 费孝通：《江村经济——中国农民的生活》，商务印书馆2001年版，第42页。

母子女构成的家庭是社会结构中的基本三角,如图1-2所示,"夫妇不只是男女间的两性关系,而且是共同向儿女负责的合作关系"①。因此,人们通常认为有孩子的夫妻婚姻状况会更加稳定,新婚夫妇在有了孩子之后才被看作组建了完整的家庭。夫妻关系是否和睦直接影响核心家庭的维系,而婚姻的缔结方式和夫妻双方在家庭中的经济地位是影响夫妻关系的两个关键因素。笔者在调研中发现,某两户家庭夫妻双方在家庭决策中话语权的对比集中体现了这一问题。在第1户中,妻子在家务农,丈夫在外务工,家庭主要经济来源是丈夫的工资。因此,这个家庭就保持了传统父权制下的家庭结构,丈夫在家庭重大决策中拥有主导权,妻子甚至不被允许外出务工而被要求留下照看家庭。但是,在第2户中,妻子在县城务工,丈夫在农村照料母亲的同时进行了一些投资,双方对家庭的经济收入贡献差异较小。因此,即使这位丈夫由于具有较强的领导和

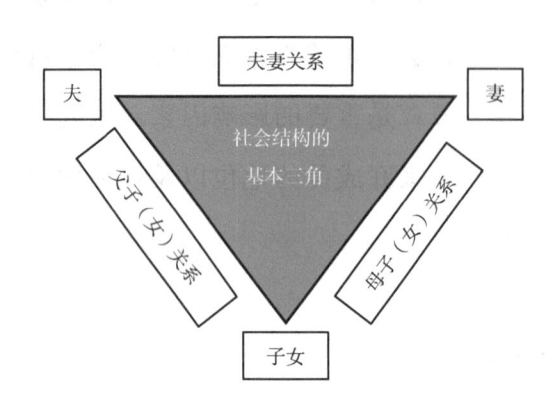

图1-2 社会结构基本三角示意

资料来源:笔者根据费孝通《生育制度》(中信出版社2019年版)原文自制。

---

① 费孝通:《生育制度》,中信出版集团2019年版,第79—80页。

管事能力，在整个家族甚至村里都有一定话语权，但在自己的小家庭里，他仍表达了对妻子意见的充分尊重和理解。在霍刘庄村，像第2户这样夫妻双方外出务工的家庭并不在少数，这种现象在中青年夫妻中表现得尤为突出。一方面，由于外地产业发展增加了就业选择，技术的进步便利了农村与外界的联系；另一方面，农村农业机械化发展减轻了劳力投入，女性也能独立完成农活，对男性的依赖减弱。这些都使得在传统小农经济影响下形成的家庭内部男女不平等现象在逐渐减少，越来越多的女性增强了经济独立性，在家庭中获得了更高的话语权和地位，家庭决策方式也逐渐从男方做主转变为夫妻双方协商决定。

第二，兄弟姐妹间关系。在霍刘庄村，兄弟姐妹间在经济上相互支持的现象比较普遍，并且不会过多计较收支是否相抵，这成为一个完整家庭得以维系的重要因素。但是，如果存在父母对待子女因重男轻女的思想而偏心、财产分配不均等破坏家庭和谐的情况，兄弟姐妹之间的经济往来也会成为家庭矛盾产生的根源。

4.2 父辈与子辈关系

第一，父母与子女关系。相较于中国传统乡村，儿童在家庭中的角色发生了明显变化。《江村经济——中国农民的生活》一书中描述到，在20世纪30年代的中国农村，男孩6岁就可以开始承担简单劳动，女孩12岁后就要帮母亲操持家务了。这种劳动不仅被认为是教育必要的一部分，而且意味着"一个依赖别人的孩子逐渐成为社区的一个正式成员",而"老年人退到了一个需要依靠别人的地位",以这两个过程实现"社会职能逐代的继替"。① 但现在,根据我们在霍刘庄村的调研,农村子女参与家庭劳动、实行经济独立以及补贴家用的年龄都明显推后,不仅越来越多的孩子不愿干农活、不会干农活,而且其父母也秉持"教育优先、掌握技术其次"的理念,不鼓励子女以干农活为主。儿童从早期家庭中的劳动力转变为现在家庭中的依赖者,不再承担经济上的功能而是情感上的功能,如何照顾好孩子、给孩子提供好的生活条件和教育环境成了农村家庭更加关心的问题。这反映出中国农村从"以老人为中心的社会"转变为"以儿童为中心的社会"。一方面,封建家长制消亡,老人在农业社会积累的经验不再适应如今经济社会的发展,年轻一代逐步在家庭经济中占主导地位。另一方面,计划生育政策使得农村家庭人口结构向少子化发展,儿童在家庭中的地位上升,并寄托着父母对子女接受高层次教育以改变命运的期望。但是,受地区经济发展水平和教育水平的限制,霍刘庄村现在仍存在近半数孩子初中毕业就辍学的现象,能够完成高中学业并顺利考上大学的更是少数。这些从小就没干过农活的孩子,即使辍学也不愿意在家务农,因此,外出务工成了他们大多数人的选择。那些拥有较高学历的子女,不但在与父母相处时有更高地位,在结婚、生育和就业方面都更容易掌握主导权,而且往往会在外地定居不再回到霍刘庄村。

第二,婆媳关系。在传统的家庭中,早嫁来的儿媳妇在分家

---

① 费孝通:《江村经济——中国农民的生活》,商务印书馆2001年版,第49—50页。

前往往要承担婆婆原先的家庭重任，晚嫁来的儿媳妇承担的家务活较轻。因此，儿媳之间责任分配不均导致的婆媳关系矛盾激化有时会成为分家的一个原因。在一些贫困的家庭，分家时婆婆不会给分出去的儿子置办新房，只是给儿子儿媳另搭一个灶台分一口锅。分家后婆婆对儿媳妇也没有照顾的义务，在儿媳生产前后婆婆帮忙照料的情况也只在部分家庭中存在。在现代家庭中，婆婆与儿媳关系更加亲近，在访谈中不少婆婆都表示自己"得把儿媳妇当亲闺女看"。费孝通先生曾在20世纪80年代，从社会经济中生产关系变革的角度，分析了维持婆媳关系的力量如何从传统媳妇必须顺从婆婆的"礼教"转变为"合作互惠"的过程。土地私有制被取消后，在集体经济男女同工同酬的背景下，妇女以独立劳动者的身份参加集体劳动并取得报酬。与此同时，孩子交由婆婆抚养。如此一来，两代人通过相互合作，实现了家庭的兴旺富裕。[①]但三四十年之后的今天，除了家庭生产上的分工外，婆媳关系在其他方面也更加融洽，照料孩子的责任也不再有固定的分配模式。导致这种变化的原因可能有四点。一是矛盾来源减少，婆婆在儿媳选择和生育方面对子代的干涉减少。二是出于同情的心理，自己受过委屈的婆婆不想让儿媳再受一次。三是由于外出务工的逐渐普遍，子代在家庭经济地位中越来越占据主导地位，婆婆与儿媳相处的时间增加。四是农村男子娶媳妇的成本比较高，而女方对男方的依赖减弱，为维系家庭和睦，婆婆更倾向于减少与儿媳的摩擦，以避免承

---

① 费孝通：《家庭结构变动中的老年赡养问题——再论中国家庭结构的变动》，《北京大学学报》（哲学社会科学版）1983年第3期。

担婚姻破裂的损失。

第三，上门女婿现象。上门女婿现象在本村并不常见。早期存在少数此类现象，主要和家庭子女结构失衡与养老需求、儿女双全思想的矛盾相关。有时随着老人的去世，将导致此类婚姻重回传统模式。

4.3 祖辈与孙辈关系

子女是否需要老人帮忙照顾孩子，与其家庭经济水平、务工或务农的经济结构密切相关，老人主要帮助照看孙子、孙女，一般不会帮忙照看外孙子、外孙女，并且老人倾向于尊重子女的意愿，没有惯例一定需要老人照看孩子。由于社会整体教育水平的提高，家庭对教育问题普遍更加重视。霍刘庄村内目前已没有学校，该村学生大多需要在县城上学。长期在农村生活、文化水平较低的老人比较缺乏照看孙子孙女学习的能力，因此，老人即使帮忙照看，也大多限于学前阶段。此外，如果老人愿意离开农村、能够适应城镇生活，也有子女会将老人接到城镇里帮忙照看孩子。在我们调研的10户人家中，老人不愿意离开农村、老人帮忙照看孩子到一定年龄又回到农村以及在农村照看直到孩子要上学，这三种情况各有1户，也有1户家庭女方在家全职照看孩子。相对而言，本村留守儿童现象并不突出，老人与子女经过协商，解决儿童照顾问题的方式也比较灵活多样。

4.4 亲属关系对家庭决策的影响

亲属关系在家庭决策中能发挥一定作用，即使兄弟姐妹各自结婚分家，但在遇到买房、买车、办红白喜事等重大事件时，家庭一般会向关系密切且比自己更有能力的亲属寻求建议和帮助。因此，那些家庭经济状况良好、子女发展情况较好的家庭与亲戚之间的来往比较多。例如，在调研中发现，有 1 户夫妻就经常接到亲戚的问候和拜访，往往是亲戚为了解决家里孩子的上学问题来咨询他们在县城当老师、有相关经验的女儿的意见。在现代农村家庭中，对家庭决策话语权较强的人通常是经济水平较高、管理能力强、教育水平高或拥有较多社会经验的成员，他们在家庭维系中发挥着关键作用。但是，如果家庭中满足类似条件的成员较多，将更容易由于争夺家庭权力和财产而产生家庭矛盾。另外，亲戚家庭条件的改善，对自身家庭条件的改善会产生一定的促进作用。比如，在装修、添置家用电器等方面，亲属间会共享信息，互相介绍品牌、价格以及熟识可靠的施工人员。如果亲戚中有人因外出务工或创业获得较好的发展，也可能会影响这个家庭成员的从业选择。

◇◇5 小结

婚姻是家庭诞生的起点，生育是家庭延续的保障，家庭关系是影响家庭维系与解体的关键要素。在时代浪潮的冲击下，多重因素共同作用于乡村家庭，使其发生深刻变革。通过对霍刘庄村的调研，我们得以窥见当代中国乡村独特的家庭变迁进程。

计划生育政策重塑了家庭变迁的轨迹，打破了家庭发展的原有节奏。与此同时，经济的快速发展与人们思想认识的提升，促使家庭关系日益趋向平等。然而，新的社会环境也催生了可能导致家庭解体的潜在力量。过去，乡村家庭传统意义上以生育功能为主导，如今，受社会因素的影响，这一功能逐渐弱化，经济功能愈发凸显，以致家庭结构呈现多样化的趋势发展。

在可预见的未来，家庭仍然且应当是中国乡村发展最核心的单元。正所谓"家和万事兴"，家庭不仅是个人情感的寄托，更是乡村社会稳定与发展的基石。以家庭为切入点，我们得以走进村庄，窥探当代中国乡村的面貌。

本章参考文献

费孝通：《江村经济——中国农民的生活》，商务印书馆2001年版。

费孝通：《家庭结构变动中的老年赡养问题——再论中国家庭结构的变动》，《北京大学学报》（哲学社会科学版）1983年第3期。

费孝通：《论中国家庭结构的变动》，《天津社会科学》1982年第3期。

费孝通：《生育制度》，中信出版社2019年版。

费孝通：《乡土中国》，北京出版社2004年版。

第二章

亲属关系

袁靖沣、黄添羽、任祺悦

为何要在此时、此地研究亲属关系？在开启本章的讨论之前，我们应先明确，在2023年的霍刘庄村研究亲属关系的意义。这与中国自古以来的社会网络结构，以及当地的特殊历史和地位密不可分。

对亲属关系的研究，实际上是理解中国私人关系网络和研究中国社会结构的起点。在社会结构上，中国社会从古代开始，就是一个由两层权力支配的社会——第一层是政府的公权力，第二层是各种私人关系层层堆叠而成的庞大社会权力关系网络，即中国社会的私人关系网络。其中，第二层权力，实际上是以亲属关系为核心，从亲属关系开始逐级向外拓展。中国是一个建立在私人关系基础上的社会，这是中国和西方社会最大的不同之一，也是诸多西方制度与思想在中国水土不服的重要原因。亲属关系作为私人关系网络的核心，维系个人生活、塑造社会形态，在个人的生存与生活中发挥着至关重要的作用。与此同时，中国的现代化城市化进程，使得个人趋于原子化，传统的私人关系网络正在发生裂解和嬗变。亲属关系是什么样的？什么变了？什么没变？站在特殊的历史方位，为了深入理解转型期的中国社会，我们需要追问并求索这些问题。

　　河南位于传统的中原地带，是我国封建统治的核心，见证了无数民族、家族、军阀的兴衰；河南是黄河流域的农业大省，历史上经历了无数毁灭性的自然灾害；中原地区是自古以来的战乱多发之地，许昌更曾是饱经风霜的一国之都。战乱和灾荒都引发了大范围的人口迁移，霍刘庄村当地传统的亲属关系纽带被枪炮打碎，社会关系网络被泥沙和洪水冲散。中华人民共和国成立后，社会的移风易俗，以及计划生育政策和改革开放以来的大规模人口流动，都大大加速了当地的亲属关系和社会结构的变化。在霍刘庄村，基于特殊的历史地理条件和纷繁的历史事件，研究亲属关系的内容、形态、特征和演变等，可以帮助我们读懂我国中原地区的人际关系网络和乡村社会秩序。

◇◇1　亲属关系的范围

　　我们先来介绍霍刘庄村亲属关系的基本特征。费孝通提出"差序格局"概念，用以描述中国传统社会中的人际关系格局，它以"己"为中心，以亲属关系为主轴，根据生育和婚姻的事实一层层向外推出，并到达外围的非亲属，如同丢石头形成的同心圆波纹。[1]依照该理论，我们把亲属关系分成三个部分，依次向外拓展延伸。

1.1 亲属关系的开始

父系亲属关系，指通过与父亲的血缘关系结成的血缘亲属关系，是中国传统亲属关系的起点。

学者们对中国传统亲属关系中的父系亲属有不同的分类方式，其中一种是"祖、宗、族、房"的层级结构。祖，是指自己最原始的祖先，通常指姓氏起源。宗，指祖先的兄弟分支，一般指家谱、排行起源，不同字辈为起源，会产生不同支系。族，指男性一方的全体人员，即父子、兄弟，以及妻子、未出嫁的女性组成的集合，如通常意义上，堂兄弟都属于一个族，而表兄弟、已出嫁的姐妹就不再属于一个族。房，可以理解为现代社会的核心家庭，指一个家庭中的某位儿子及他的妻子、儿女。从祖到房，范围逐层缩窄。在霍刘庄村，村民对这四层关系的重视程度存在显著差异。

村民对祖和宗缺乏重视，观念淡薄。我们发现，无论是在霍庄、刘庄、张堂还是小马庄，多数村民都不了解和不关心本姓是否存在家谱以及家谱是否仍在续修这两个问题。村民即使知晓存在家谱，也大都表示已经无人接力，多年未续；有的村民甚至直接表示家谱已经遗失。各自然村的大姓有张、蒋、韩、陈、刘、王和郑，

---

[1] 费孝通：《乡土中国》，北京大学出版社2012年版，第42页。

其中，村民明确表示知晓本姓氏修家谱传统的人不过一两个。村民普遍不了解自己姓氏的起源和祖先。

此外，各村各姓均未建立祭拜共同祖先的宗祠，也没有共同的祖坟，各家对丧葬事务都是"自扫门前雪"。各姓氏各家族不存在族长或乡约，核心凝聚力较弱，缺乏对成员的约束力，成员也缺乏认同感；村中的矛盾冲突和利益纠纷，通常由村委会等协调解决。这和整个中原地区的特征相符，与中国南方宗族的"铁板一块"大相径庭。这可以追溯到当地的历史地理条件和一系列重大历史事件。古代，河南长年接近中央集权的政治中心，国家通过政权组织对地方保有较强的控制力，压制私人社会成为维系政权的手段；近代，如1930年中原大战、1938年花园口决堤、1942年中原奇荒，波及霍刘庄村在内的整个河南，战乱与灾荒制造了大量流离失所的难民。从古至今的各种因素，导致了这里的宗族观念不强。

村民对族和房的重视程度相对较高。族和房是亲属关系中最为核心的两个部分。尽管村民对同祖同宗缺乏重视，但对家族乃至核心家庭，村民有着强烈的归属感和认同感。亲属间的权责主要体现在这一层级上，符合中国传统家庭的典型特征。家庭中的男性成员享受财产权利，并履行对家庭的相应义务。亲属间感情紧密，来往频繁，对生活中所需的资源，从经济支持到信息提供往往不会吝惜，亲属之间互帮互助。

父系亲属关系的亲密程度，最主要的影响因素是居住距离。亲属关系需要亲属间的互动来维持，如果村民由于外出务工等原因，已在外地安家很少回村，亲戚间的来往就会大幅减少，亲缘纽带就会变得疏远。此外，由于代际间文化观念和生活境况不同，年龄长幼也会影响亲戚间来往的程度。长辈是否在世也有影响，在转型期的村民家庭，长辈常作为维系家族纽带的核心，祖辈去世会在一定程度上减少儿孙辈的来往。但是，共同的成长经历，是可以提高亲密程度的。兄弟分家后，通常仍会相邻而居，所以其后代通常一起长大，关系自然亲近。

1.2 亲属关系的扩展

母系亲属关系是通过母亲（妻子）的血缘关系结成的亲属关系，这是父系亲属关系向外拓展的主要方式。通过婚姻嫁娶，女性将其亲属关系带入父系家庭。此处所提及的母系亲属，主要包括母亲及妻子的血缘亲属成员，如表亲。

"嫁出去的女儿泼出去的水"，在中国传统文化中，父系亲属关系长期占据主导地位，母系亲属与其有明显的区别。在这一传统风俗影响下，母系亲属的范围更为狭窄，通常只能延伸至母亲、妻子的父母和兄弟，而关系也相对疏远。村民通常不承担，包括女方父母在内所有母系亲属长辈的赡养与医疗支出；原则上不会继承母系亲属的田宅财产，母系亲属的活动主要包括节日走访和经济联系。

霍刘庄村母系亲属关系的主要特点体现为家庭之间的广泛往来与合作。子代与父系亲属、母系亲属的亲近程度没有明显差别，可能因为和父系亲属居住距离较近，来往更多，所以仍普遍保持与娘家亲属较高频率的来往。女儿出嫁后，和娘家来往仍然密切，会主动承担赡养父母的责任，并关心照顾其他娘家亲属，除了逢年过节外，平日里也会互相帮助提携。

母系亲属关系亲密程度的影响因素与父系亲属大致相同。距离仍为主导因素。年轻一代村民多是在外出务工时认识结婚，务工存在相邻地区的集聚，所以，多数情况下婚后两家人距离较近，仍可以保持较为频繁的日常往来；如果距离较远，与娘家的往来会大幅减少，只有过年时能来往。年龄、长辈、成长经历等也会产生一定影响。较为特殊的是财产权利，尽管女儿在传统上无须赡养父母，但如果出嫁时带走较多嫁妆，在之后就需要对娘家承担更多的经济义务。此外，婚嫁习俗也扮演了重要角色。在当地风俗中，在春节、麦黄（农历四到五月）和中秋这三个时间节点，如果父母兄弟中尚有人健在，出嫁女性要携带礼物回娘家看望他们。

1.3 亲属关系的补充

父系亲属与母系亲属均属于血缘亲属关系。在中国传统亲属关系差序格局的最外层，存在收养和干亲这两种非血缘亲属关系（又称虚拟亲属关系），将亲属关系人为地进一步延展到非血缘关系的个体上，将非亲属关系亲缘化，作为原有血缘亲属关系的补充。

1.3.1 收养

收养指的是领养他人的子女为自己的子女，对其履行父母对亲生子女的抚养义务。有接受方必有提供方，与收养相对的概念是送养，指的是将自己的亲生子女送给别人抚养，父母在法律上不再承担抚养义务。数十年间，收养关系在霍刘庄村经历了沉浮兴衰。

在中华人民共和国成立之初，"多子多福"的传统观念、"人多力量大"的社会主义宣传、稳定的经济社会环境、改善的人口卫生状况，促使村民生育、养育更多子女。尽管受三年自然灾害等特殊困难的影响，自家生育自家养活仍是主流。在这一时期，送养子女一般是出于经济拮据——避孕手段尚未普及，家中生育太多孩子又无法负担抚养孩子的费用，使村民不得已将孩子送给他人抚养。总的来说，收养与送养在当时只是个别现象。

计划生育政策于20世纪80年代开始实施后，村中收养和送养现象迅速增多。此前，国家对生育儿女的数量没有限制，具有性别偏好（主要体现为男性偏好）的家庭有多次尝试机会。计划生育实施后，对超生的惩罚非常严厉，罚款金额对普通村民来说数额巨大。因此，若意外怀孕，面临超生风险且无法逃脱或承受惩罚时，如果尚未出生，部分家庭会选择流产；如果已经出生，部分家庭会选择遗弃或交给人贩子，还有的家庭会选择送养。由于政策限制，当家庭已经面临超生罚款，却还未生出儿子传承香火、继承家业，或者未实现"儿女双全"，常会选择收养儿女直接进行性别选择，以避免再次事与愿违。这是当地历史上的一个特殊阶段，村民普遍较为避讳谈论这段历史。

收养行为发生后，收养家庭与送养家庭的关系呈现两种不同样态。第一种较为普遍，收养陌生家庭的子女，在收养后，两家人无任何来往，父母完全将收养孩子作为亲生子女抚养，孩子对自己被收养的情况不知晓。第二种较为罕见，收养亲戚朋友家庭的子女，两家人仍旧日常相处来往，孩子长大后会从长辈口中得知自己的身世来历。村民普遍较为认可第一种情况，认为这可以避免亲生父母与养父母之间的争执，辛辛苦苦养育成人的孩子不会抛弃养父母转而赡养亲生父母。

总之，在霍刘庄村，尽管没有血缘纽带，养子女普遍被当作亲生子女抚养，养子女对其养父母履行责任与义务，没有发现区别对待的情况，养子女实质上等同于亲生子女。近年来，随着生育政策的调整、法律法规的完善、人口结构的变化、社会风俗的进步和经济条件的提升，收养关系在霍刘庄村逐渐销声匿迹。

1.3.2 干亲

干亲属于非血缘亲属关系的一种，不依赖血缘纽带，是将非亲属关系亲缘化的另一种形式。依据认干亲的原因，可以将霍刘庄村的干亲关系大致分为三种类型，分别为巫术、社会关系的润滑剂及对本人亲属关系的补充。

一是巫术。这是霍刘庄村干亲关系的重要类型。村民相信，为体弱多病的孩子认干父母，可以将病痛转移到干父母身上，借此可使孩子平安健康地成长。此种干亲关系，干子女为婴幼儿，干父母为成年长辈，普遍体现为给男孩认干爹，女性参与较少。此类干亲关系对干父母不利，所以需要依托两家人之间较为友善的关系，家庭有时还需要向孩子的干父母提供物质上的利益。

二是社会关系的润滑剂。这是当地干亲关系的又一重要类型。

干亲区别于收养送养的重要特征就在于，前者可以作为主动密切和深化非亲属关系的手段。传统乡土社会强烈地依赖于亲属网络，因此，当村民同非亲属建立密切的社会联系时，常会试图将其关系亲缘化。这样，当非亲属关系日趋密切时，人们往往会赋予其亲属关系的形式，也就是缔结干亲关系，两个无血缘关系的亲属集团可以通过此种方式联络感情，加深关系。出于感情融洽而缔结的干亲关系通常可以维持较久。

三是对本人亲属关系的补充。此类情况相对次要。无子女且不领养孩子，或无子女的家庭，有时会通过认干亲，在年幼时为干子女提供照顾，确保年老后有人对其承担赡养义务，这种干亲类型体现出利益交换的特征。

无论属于何种类型，在现实乡村生活中，干亲关系的象征意义大于实际意义。子女依然同亲生父母共同生活，仰赖其关心与照料。干亲对子女成长的影响远不如亲生父母。法律也不承认干亲关系，只有亲父母与子女被视作享受权利并履行义务的主体，受到公权力的保护。

然而，在霍刘庄村这一乡土社会中，作为对父母子女关系的一种模拟，一种特殊的社会联结，干亲关系仍会带来相应的不成文的权利与义务。此类权利和义务不通过法律，也不通过血缘纽带，而是通过乡土社会伦理建立并得到承认和保护。与收养关系中普遍的隐蔽性不同，村民建立干亲关系时，需要公开进行认亲仪式，使全村人知晓，获得乡土社会共同体的认可。此类仪式并不复杂，两家人挑选良辰吉日举办宴席，邀请亲朋邻里参与，当众缔结关系即可。

干亲关系的非正式性，使其呈现因人而异的特征。有的干亲之间关系密切，如两个家庭关系长期和睦融洽，干子女长大成人后仍和干父母有长期密切来往；有的较为疏远，如干子女身体恢复强健后便趋于冷淡。这与两个家庭在村庄中深化关系的愿望和能力相关。

干亲关系中的权利与义务较为松散。在村庄生活中具体体现为下面几种情况，包括干子女家庭有困难时，干父母应当予以帮助与保护；干父母需要关心孩子的平日成长、学习与生活；在干子女人生的重要关头，如学业、婚姻、工作等方面的变动，干父母会过问并提出建议，干子女应认真听取。与此同时，干子女平日也会探访干父母；在长大成人后，需要对干父母承担赡养义务，养老送终。

◇◇2　亲属关系的功能

2.1　社会人际互动

2.1.1 探亲

在霍刘庄村，探亲活动可以进一步分为传统节庆的探亲活动和日常亲属走访两类。两种类型的探亲活动在探访亲属的范围、影响走访频率的因素上，都有一定差别。

在传统节庆的探亲活动中，探望位于其他村落的母系亲属是其中十分重要的一环。相较于父系亲属大多在本村聚居，村中的媳妇往往是外村人因婚嫁来到本村，因为距离娘家相对较远，使得村民和母系亲属的日常往来相对较少，故年节探亲会更多地起着维系母系亲属关系的作用。在霍刘庄村，如果母系亲属中的父母、兄弟有人健在，在中秋、春节和麦黄这三个节点，当地有嫁出去的女性要带着礼物看望父母或兄弟的习俗。传统节庆的探亲活动作为当地的传统，受距离等因素影响较小，除去长期在外务工和在外定居的亲属外，都会保有在节庆探亲的传统。相较于日常走访而言，节庆探亲作为村中传统，其受个人成长经历等因素的影响比较小，在影响因素上和日常亲属走访也有较大的差别。

相较于传统节庆探亲，日常探亲受距离、代际和成长经历等影响较大，其中亲属间居住距离的远近是最重要的影响因素，日常探亲频率随着居住距离的增加而迅速下降。本村内的亲属大多每一两天都会互相探望、闲话家常，五里地内的直系亲属和兄弟姐妹通常每隔一两周都会相互走动，和镇上的亲友每月走动一两次，而长期在外省务工的亲友一般只有年节走动，如果是已经在外定居的亲属，亲属间往来更少甚至没有。不过，随着近年来社交媒体的发展，线上交流重新连接起在外务工和定居外省的亲友，这在一定程度上减少了距离远近对日常亲属来往的影响。在代际上，老一辈尤其是不再作为家庭中劳动力的老一辈中，日常来往的频率更高，每一两天都会和邻近的亲友们闲话家常。一同长大、有相同成长经历的堂亲表亲，幼年时的情谊在成年后自然延续，相应地也会有更多的交流往来。以上几种因素共同作用，影响着当地亲属日常往来的频率。

2.1.2 赡养

在霍刘庄村，根据传统，家中的赡养义务通常由家庭中的男性成员承担。如果家中有多个儿子，则赡养义务一般会在兄弟间平均分配，父母在几个儿子家中轮流居住，或者居住在一个孩子家中，其他兄弟支付一定的赡养费用。在年节时，女儿们带着礼品和保健品来兄弟家中看望父母即可，不需要向父母或兄弟支付赡养费用。如果出现家中没有儿子或儿子都先于父母去世的情况，一般女儿就会承担起赡养义务，父母会跟着女儿、女婿居住。

值得一提的是，村中赡养义务主要由男性家庭成员承担的这一传统近年来有所改变，主要有以下两个原因。首先，在计划生育政策的影响下，一般家中只有一个儿子，一人赡养父母，经济压力太大，需要姐妹帮衬赡养父母。其次，在男女平等的新思想影响之下，年青一代中的女性也开始主动提出要参与赡养父母。在这两种因素的共同作用之下，近年来，霍刘庄村开始出现赡养义务在所有子女中平均分配的趋势，越来越多的女性开始参与承担赡养父母的义务。

2.1.3 日常互帮互助

正如俗语"远亲不如近邻"，在日常的互帮互助中，距离是最重要的影响因素。不过在当地，邻居通常都是近亲，因为村民给儿子们分家时通常都是一块宅基地一分为二，亲兄弟大多比邻而居，他们的关系是近亲也是近邻。故在日常生活中,邻近的亲戚往往是村民寻求帮助的首选,然后才会考虑其他的邻里街坊。如果分家后弟兄们住得较远,或者是在外务工后直接在外地安家,亲属间互相帮助的机会就会减少,下一代的兄弟姐妹间更是如此,亲属关系也会因此逐渐走向淡泊。

2.1.4 宗族偏袒

霍刘庄村的宗族偏袒并不常见,在分配公共资源、选拔任命等公共事务中,村民们未必会偏袒自家人或同姓远亲。尤其是在越来越严格的监管监督体制之下,干部们希望通过公正维持自己的威信和支持。村中数姓杂居的情况,也让村民更希望赢得大家的好感,从而构建良好的社会网络。所以,在公共事务中,无论是干部还是村民,一般都不会偏袒自家人或同姓同族的亲属,即大事不敢偏袒;村中民风淳朴,村民大多并不在小事上计较,故小事不必偏袒。总的来看,当地比较淡泊的宗族观念、村民间的互相监督,以及对公序良俗的追求共同作用,使得宗族势力在当地公共资源分配中作用较小。

2.1.5 宗教传播

在霍刘庄村,家族是当地宗教传教的重要渠道之一。通常一个家庭内会有统一的宗教信仰,如果家庭成员中有人有宗教信仰,也会向其他家庭成员传教。在当地有宗教信仰的家庭中,信仰基督教的家庭最多,家中最先开始信教的家庭成员通常会向其他亲属传播宗教信仰，也会在家中贴上与传教相关的对联画像等营造宗教氛围，将宗教思想传播给其他家庭成员，但每家内部向其他家庭成员传教的成功率差别较大。

值得一提的是，宗族关系和宗教传播间实际上存在着一种此消彼长的关系，霍刘庄村宗族关系相较于我国南方而言较为淡泊，而当地这种较淡泊的宗族关系也为西方宗教的传播提供了空间。

2.2 经济活动

2.2.1 打工

亲属关系在村中与青年外出务工时发挥着至关重要的作用，而外出务工时亲属间的相互帮衬也进一步加强了亲属间的联系，让亲属关系更加紧密。在霍刘庄村，亲属关系促进了在村民外出务工过程中的集聚现象。村中外出务工的村民，大多集中于河北的箱包行业，村民大多是亲属间相互介绍前往河北务工，从而逐渐在河北形成集聚。村里的年青一代很多都是完成义务教育后就跟着叔伯、舅舅、堂表兄等亲属外出打拼，亲人成了外出务工过程中唯一的依赖和依仗，在亲属之间的互帮互助中也进一步加强了这种血缘纽带。

村民外出务工时建立起的紧密情感联结，在务工人员返乡后依旧发挥着作用。当地有一部分外出务工的妇女在生子后，会选择回乡照顾孩子和老人；很多外出务工的村民在回乡后，仍在当地从事箱包行业，务工时的亲属工友仍会互相帮助，如为其介绍工作机会等。亲友间外出打拼时结下的情谊，也会在返乡后不断延续；一起外出务工的亲属，往往会更加频繁地走动，建立起更紧密的情感纽带。

2.2.2 非正式借贷

在霍刘庄村，亲戚间相互借款，始终占据着借贷体系的主导地位，替代了银行、合作社等传统金融机构的角色。如果是日常小额借款——五百元左右的，一般直接向邻居借贷即可；较大数额如上万元的借款，则通常会向近亲借。无论借贷数额是大是小，居民间相互借贷通常都没有打欠条或写收据的习惯，只靠村民间的诚信约束，大多数村民为了自身诚信的名声和为了维护自身的社会关系也不会违约，村民间的借贷也因此一直延续。

亲戚间相互借款之所以始终占据借贷体系的主导地位，主要有以下三个原因。首先，村中大多都是老人，由于之前村中出现过有人冒充银行诈骗的事件，村民们对银行、合作社等现代金融机构信任程度较低，大多村民也不认为自身满足银行借款的相应条件如提供抵押品等要求。其次，村中留守的老一辈，难以步行去镇上的银行，也不会使用智能手机和网上银行，甚至有部分老人并不识字。最后，村中亲戚间相互借款一直是主要的借款方式，村风淳朴，一代代皆是如此。如果借出的一方急需用钱，借入的一方即使向其他人借钱也会尽快还钱；村民也看重诚信的名声，并不愿意因为拖欠还款而败坏其在整个地区的名声。这几个因素的综合作用，使得亲戚间相互借款始终占据村民借贷体系的主导地位。

2.2.3 土地租赁

由于霍刘庄村有许多村民外出务工，很多村民的家中都有无法自家耕种的土地，故村中出现了许多需要租赁的土地，亲属关系也在土地租赁中发挥着重要作用。如果有村民全家外出务工或仅留下无法耕作的老人和儿童，一般会选择将土地留给当地的近亲耕种，如果没有近亲或近亲也没有耕作能力，才会考虑将土地租赁出去。如果是将土地租给近亲，一般不会收取租金，近亲过年过节时多带些礼品看望对方即可；如果是租赁给不具有亲属关系的邻居或承包给其他公司，则按照每年300元一亩地的市价进行租赁。

2.2.4 分家

分家是霍刘庄村村民重要的亲属间经济往来之一。如果是家中有两个及以上的儿子的家庭，父母一般会在其孙辈出生之后为几个儿子分家，分家也意味着相应赡养义务的分配。分家主要涉及土地、宅基地和财产的划分，一般是在几个儿子间平均分配。

近年来，霍刘庄村分家的传统逐渐走弱。一是因为村中年青一代大多在外务工，只有年节回乡，分家与否的实际差异并不大。二是计划生育后，由于政策限制，有多个儿子的家庭很少，大多家庭只有一个儿子，也就不需要分家。三是村中每家的宅基地十分有限，没有宅基地盖新房，也是近年来村中很多家庭不再为儿子们分家的原因之一。

◇◇3 亲属关系的特征

3.1 权责相统一——父权得以延续的原因之一

自从千年前各地逐渐进入父系氏族社会，父权就一直在家庭与家族中占据着主导地位。虽然中华人民共和国成立以来"男女平等""妇女能顶半边天"等观念逐渐深入人心，但在基层乡土社会中，很难否认父系权力仍然主导着一个家庭或家族的发展演进。

根据霍刘庄村的传统做法，划分宅基地要依成年男子的数量而定；每逢春节，一家人都会到丈夫的老家过年，成全"夫家的团圆"，正月再回娘家探亲；在一个家庭中，男性的话语权和家庭地位也相对更高，女性在做决定时更倾向于跟自己的丈夫"商量商量"。虽然村中成年男子外出务工的较多，不直接管理村中的日常生活事宜，但他们仍然是一个家庭的主心骨。即使经历了无数的变迁和文化更迭，在该村的亲属关系中，父系力量仍占有相当主导的地位，是家族树的主干。

为何在性别平等观念日益深入人心的现代社会，仍然能够形成这样一种均衡呢？原因之一是这种模式达到了相当程度的权利和责任的统一。"吃一份苦，享一份福"，即使在现代市场经济的社会中，听起来也是说得通的。当然，笔者在这里讨论的权利和责任，更多是指物质上的。例如，男性一般会获得家产划分，过去宅基地的划分也会依据家里年满18岁男性人口的数量，丈夫对家庭的财产或重要事务更具有决定权，从物质上看，男性会比女性拥有更多。同时，男性承担了更多相应的责任。又如，霍刘庄村对老人的赡养主要由儿子承担，老人年纪大后会跟随儿子居住，而女儿更多只是时令性回娘家探亲看望老人。传统"养儿防老"的思想在这里仍得到鲜活的印证。维持家庭的生计是丈夫考虑的头等大事，无论是务农还是外出打工，都要挣更多的钱，从而养活家里的人，这是每个丈夫的责任和义务。这一责任的履行，直接影响着他的社会评价与社会地位。

在传统观念上，"家外"的事比"家内"的事更重要。中国的乡土社会，虽然是注重家庭的社会，但也是讲面子、讲地位的社会。整合好家庭之后，最终要以家庭为单位进行"外交"。建筑好家庭这座房子的地基和框架以及粉刷好外墙，似乎比内部如何精细地装饰更引人注目。所谓"家丑不可外扬"，家里的事都是私事，是不能摆到台面上来说的。相较而言，妇女较多地承担生儿育女、调理家务、照顾日常起居等工作。从传统观念来看，这些不如男性承担的任务重要。这样一来，男性承担更多的责任，相应拥有更多的权利，成为大家默许的事实。

当然，这只是一种均衡，而不一定是一种好的均衡。责任的大小如何衡量，各种类型的责任该如何分配，都很有争议。在现代社会，传统的权责关系确实也有所动摇。霍刘庄村的妇女越来越多地参与外出务工、赡养老人等工作中，对丈夫的依赖也在减少。但在总体上，父权为主导并没有改变，短期内也很难改变。

3.2 宗族观念不强

与许多南方村落不同，霍刘庄村并没有很强的宗族观念。成员对宗族的认同感较弱，宗族对成员的约束力不强。这里并没有大型的宗祠，也缺少完整的家谱，大家对家谱的了解不多，兴趣也不大，更遑论家谱背后代表的庞大家族甚至氏族。年龄更大一点的老人对家谱才会稍微了解，年轻一点的成员对其兴趣越发弱了。同时，该村的乡约族规不发达，宗族对个人也不具有很强的约束力。乡村社会的规范更多靠道德和政府力量进行维持。村民对"家"的范围的理解其实并不宽广，纵向两三代的跨度几乎把"家"的范围撑到极限，横向看与父母血缘的间隔也通常最多一两代而已。费孝通先生所称"小家族"的家庭范围，似乎在现代社会正沿着差序而收缩。

霍刘庄村虽然地处中原大地，土地平旷，适宜耕种，但自古以来免不了受到自然灾害与战争的袭扰。广袤的平原上，缺少险峻地形和大江大河的庇佑，大军打过来，洪水冲过来，除了四散逃跑，别无他法。人口的流动或损失，家族的搬迁或逃亡，使得此处村落的稳定性和延续性远不如南方大山中的村子。村落最开始是家族的聚集，但在这样频繁的流动与迁徙带来的交融中，想要把自己家族的来源历数明白，并不容易。

正如费孝通先生所说："以农为生的人，世代定居是常态，迁移是变态。"① 霍刘庄村里的部分姓氏也曾经有过家谱，但得到良好保存和完整流传的寥寥无几，或许可以把该地的历史看作一段段的阶梯，在平稳期和中国很多其他村落一样正常繁衍，记录家谱。但是，每当战争或自然灾害发生时，就引起断裂。在极端情况下，村民首先要保证的是生存，而不是家谱的延续和家族的历史，于是在动乱中历史逐渐遗失，同时伴以人口的流入与流出，最后开启了一段新的历史叙事。

改革开放以来，生产和生活方式的变化，加速了宗族观念的转变，血缘和地缘是塑造基层社会的两个方面的力量。传统的农业更依附于血缘，家中成员简单分工一起干，修建水利抵御外敌大家帮着干，家族的存在和聚居更有利于保障这种精耕细作的小农经营。现代大规模的农业和商业则更青睐地缘，土地的承包与流转，以及政府大型水利设施的修建，使得不必区分哪块土地是谁家的田亩，只要有足够的劳动力，按照既定的方法耕种即可，最后支付工资或租金。它更类似于契约关系，关系近不如住得近，血缘纽带的重要性被弱化。大量从土地上解放出来的劳动力涌入城市，赚钱维持生计。村民要考虑的，只是去哪里打工方便，自己的工友是哪里的人，而无须上溯祖宗十八代，看看两人是否还是亲戚。当然，同一个村子的人经过介绍，聚集到一处打工的现象也很常见。不过血缘与宗族的意识不甚浓厚，只要是一个村子的熟人都可以，血缘宗族不是必选项。

---

① 费孝通：《乡土中国》，北京大学出版社2012年版，第11页。

随着城市快速扩张，城镇化不断推进，很多外出务工的子女在外安了家，逐渐融入城市生活。留在村里的村民，也渐渐不需要聚族而居，随着分家和楼房改建，亲戚之间住得也不那么近了。遇到事情，关系要好的邻居更可能成为帮忙的首选。家族中的成员越来越分散化和原子化，地缘的力量逐渐侵蚀血缘的力量，宗族的观念也在这一过程中进一步淡化。

3.3 建构亲属网络：差序格局外延的成本与收益

差序格局是以"己"为中心，根据生育和婚姻的事实一层层推出去的亲属关系，如同丢石头形成的同心圆波纹。上一小节曾提到，现代乡土社会中"家"的范围似乎在沿着差序而缩小。事实上，推展和维持差序格局的亲属网络有其成本和收益的考量。

个人可以把距离自己的每一圈波纹看作一层。以自己为中心，按照血缘关系的亲疏向外一层层拓展，每一层带来的边际收益先递增再递减，进而使边际成本递增。

这里所谓的边际收益的增减，都是在该圈层的人数与关系亲疏中的衡量得到的。从自己向外延展，每一圈层的人数越来越多，意味着这一圈层能提供的效用的绝对数量也越大；同时，随着与自己血缘关系的疏远，提供这些效用的可能性也在相应地减小。总体而言，多维持一个圈层亲属关系的边际收益是先递增后递减的。这里的效用既包括物质上的，如危急时刻提供帮助和支持；也包括非物质的，如亲情的情感价值、社会人脉积累等。

从成本上看，一般而言，按照血缘关系亲疏的由内向外，维持每一层级的关系所需的成本是递增的。关系的维持在于接触，定期地走动和联络对于维持亲属关系都是必不可少的。多维持一个圈层的亲属关系，就要付出更多的时间精力成本，而且随着血缘关系的疏远，维持关系的难度也天然地在增加。

把边际收益和边际成本结合起来看，从理论上可以得出一个"最优"的亲属网络范围。至于这个"最优"的节点层级，可能不同家庭会有不同的定义，不能粗暴地给出确定的结论。但是，从观察中看，大多数维持在纵向和横向二代至三代的范围内。不过，正如前文提到的，地缘和邻里关系重要性的逐渐攀升可能会抵消一部分维持亲属关系的需求。

◇◇4 亲属关系与乡村社会秩序

4.1 传统乡村社会秩序的维持

费孝通先生认为，在中国传统乡土社会中，很重要的一环是用礼治来维持秩序。"礼"是社会公认的行为规范，在教化中使人敬畏、服膺于"礼"。维持"礼"的规范是传统，传统是社会积累的经验。在安土重迁的社会中，传统经验是有效的，礼治因而是可行的。[1]

---

[1] 费孝通：《乡土中国》，北京大学出版社2012年版，第84页。

亲属关系网络在礼治维持中起到重要的节点作用。在一个家的内部，通过长幼之序、亲疏之序等形成一系列家族内部的行为规范。一方面，可能表现为家族成员潜移默化的行事方法；另一方面，可能具体化为家法、家规。这一套行事规则并不依赖于国家法律，而是世代传承，凝结在一个家族内部，用来维持家族内部成员的秩序与规范。

如果家族范围够大，一个家族便可独立成为一个村庄或一个自治体。如果家族范围不够大，一个村庄便表现为许多家族之间的互动与合作。在村庄中，往往是以家族为单位进行对外活动。村庄的"礼"或规范即使可能是针对个人行为的规定，但仍会以家族为单位进行评价。直到现在，也时常会在村民的话语中听到"他们家""我们家""隔壁某某他们家"的说法。如果一个成员违反了"礼"，一个家族的名誉都有可能受到质疑。因此，家族内部也就有动力约束成员成为一个符合"礼"的"好人"。

在"皇权不下县"以及政治权力无法有效控制乡村社会的时代，研究者通常倾向于把乡村治理的主体定位为"士绅"或"地方精英"。其中"士绅"多与科举制度和官僚制度联系在一起，具有结构的同质性；"地方精英"具有异质性，可能是军事精英、土匪头领、商人等，更侧重其才能指标。[1] 且不论"士绅"或"地方精英"本身往往代表着一个家族的势力，他们对乡村社会的治理也多是以家族为单位的，要求家族教化自己的成员，而很少

---

[1] 狄金华、钟涨宝：《从主体到规则的转向——中国传统农村的基层治理研究》，《社会学研究》2014年第5期。

只针对个人。

因此，在很长一段历史时期，家族在一定程度上成为礼治网络的重要节点，通过对内和对外的力量，维持礼治秩序的稳定。

4.2 乡土社会的原子化与乡村治理的行政化

由于市场经济的发展、生产方式的变革、人口流动的加速等诸多原因，如今霍刘庄村的宗族观念相对较弱，家族无法承担维持礼治秩序的责任，传统的规范或礼治已经无法对村庄成员构成足够的约束力，村民日渐原子化。虽然村庄里的人仍然多以家庭的方式居住，但家庭和亲属的范围已经大大缩小，大多都是只满足生育、婚姻、养老职能的小家庭。家庭之间在礼治规范层面的关注和互动也已经大大减少。"各人自扫门前雪，莫管他人瓦上霜"的现实虽没有城市社会那么直接，但也有加剧的趋势。在这种情况下，要维持乡村社会的秩序，很难再靠传统或礼治，治理乡村的主体不会再是"士绅"或"地方精英"。

伴随乡土社会原子化的是乡村治理逐渐行政化，乡村治理模式日益城市化。中华人民共和国成立以来，乡村治理体制经历了人民公社、村民自治等多种形式和变革。农业税取消后，乡村逐渐从资源输出地转变成资源输入地，国家每年都会投放大量财政资源进行公共服务设施、农用设施等建设。国家对基层乡土社会的控制也逐渐增强，其表现之一就是村干部行政化。过去的乡村干部，无论是组织生产建设还是收取税费，都避免不了要多与农民打交道，是

"土生土长"的村干部。如今,大量村干部更倾向于成为上级政府的职能部门,负责完成在这一个村庄的任务要求。行政村干部的工资发放、考核评价、工作制度、福利待遇等也更趋向接近体制内的行政干部,"土"味儿和村民自治的成分稍显不足。①

村干部对村庄的治理,更多依据的是国家的政策法规,而不是传统和礼治,也较少会像古代那样依赖家族的力量达成教化的目的。更何况部分驻村第一书记本就是从外地抽调而来的,从传统意义上讲"不是本村人",其治理方式更不会是传统的礼治教化。霍刘庄村党支部书记和村委会主任由一个人担任,脱贫攻坚期间还会派驻第一书记,这些制度,正是传统亲属关系力量瓦解后,新的行政力量接替的表现。

4.3 政治权力与亲属关系之间的张力

虽然依靠传统礼治治理乡村已经不可能,但乡村还是有别于城市,政治权力与亲属关系构成的力量之间仍充满博弈和张力。任何一方的力量,目前都无法很好地治理乡村社会。村支书或村委会主任是基层政治力量的代表(在霍刘庄村,这两个职位由一个人担任);乡村里不同家庭之间错综复杂的人情关系,则是另一派力量。家庭范围虽小,但其内部的团结力仍不可小觑,家人与外人的区别没有消失,不同家庭之间的观察与比较仍时刻存在。

---

① 景跃进:《中国农村基层治理的逻辑转换——国家与乡村社会关系的再思考》,《治理研究》2018年第1期。

亲属关系的力量，会试图向公权力渗透。最为典型的例子就是任人唯亲，很多村民希望自己家能有人成为村支书或村委会主任，从而能给自己带来好处。因此，对乡村基层干部的监督与管理，也丝毫不可缺位。

在极端情况下，亲属关系也会与公权力形成对抗。某户家庭与村干部家的私人恩怨，或者征收税费时与村干部的矛盾等，在乡村中都会被无限放大，形成对抗和加剧矛盾。当然，这种情况现在并不多见。

更多的时候，是与公权力合流。村支书或村委会主任由选举或上级任命产生。如果由选举产生，则其本身就携带了村庄不同家庭的基因；即使由上级任命，在这样一个"编制外"的基层社会和人情社会，想要治理好，靠法律和规定还远远不够。政策的推行，必须得到各个家庭的接受，并以一个家庭通过社会网络带动另一个家庭，从而扩散开去。

总的来说，现代乡村社会中亲属关系构成的力量已经无法完全维持基层秩序，政治力量的介入填补了这一空缺。但是，乡土本色并没有完全消失，两种力量的良性互动，以及"德治"和"法治"相结合，目前看来是更好的选择。

◇◇5 小结

理解中国社会，要意识到中国社会的两种权力：公权和私权。

公权体现为国家和政府，私权体现为私人关系网络。亲属关系是理解中国私人关系网络和研究中国社会结构的起点。中国社会在很大程度上依赖于私人关系网络得以运转，私人关系网络又以亲属关系为核心。亲属关系在公共生活中发挥至关重要的作用，渗透在政治和经济活动中，塑造着今日之中国。

任人唯亲、人情社会、裙带关系、以公济私……如今，中国社会强调私人关系的特征常常被如此叙述，具有强烈的贬义色彩。"家国同构""修身齐家治国平天下"是中国延续千年的传统，其中闪烁的人情味是中国文化重要的精神内核和底层逻辑。想要改变社会生活中的部分扭曲现象，需要在传统私人关系和现代公共秩序中求取新的均衡，找到中国传统的现代安放方式。理解并拥抱历史传统的独特性，承认其在社会生活中的积极意义，是读懂中国现实的第一步。

本章参考文献

狄金华、钟涨宝：《从主体到规则的转向——中国传统农村的基层治理研究》，《社会学研究》2014年第5期。

费孝通：《乡土中国》，北京大学出版社2012年版。

景跃进：《中国农村基层治理的逻辑转换——国家与乡村社会关系的再思考》，《治理研究》2018年第1期。

第 三 章

财产与继承

周卓翔、李健铎、冉兆含

财产和继承是与村民日常生活息息相关的重要话题,反映了当地的文化习俗、价值观念乃至社会结构的基本方面。本章将对财产的范围、内容与现状展开介绍,对财产分配与传递的模式进行分析,探究影响财产传递的重要因素,剖析财产纠纷的类型与解决途径,并最终通过横向与纵向的对比研究,对财产与继承问题进行深层思考。

◇◇1 财产的范围、内容与现状

确立财产的界限并非易事。当财产的权属较为明确时,村民对其分类的理解基本保持一致。例如,现金存款、房屋、车辆、牲畜和家中物件等具有明确私有属性的财产,被视为家庭财产。与之相较，村路、广场等明显属于公共财产，因此被归类为非家庭财产。然而，对于权属不明晰或存在分离现象的财产，村民之间的观点存在显著差异，其中最典型的例子是土地。我国土地的所有权和使用权是分开的，所有权归国家和集体，自然人和组织只具有土地的使用权。因此，不同村民对土地的归属存在不同的看法。一些村民更加重视财产的所有权，因此认为土地不属于家庭财产；另一些村民更关注财产的实际使用权，将土地视为家庭财产的一部分。为了对村民拥有的财产进行更全面的探讨，本节将土地也纳入家庭财产的范畴。下面将对各项家庭财产的具体内容及其现状进行分类讨论。

1.1 土地

对绝大多数村民而言，土地是价值较高且与日常生活联系最为紧密的财产。根据土地的用途，可以将其具体划分为宅基地、耕地、林地及坟地四类。

1.1.1 宅基地

村内存在宅基地供给短缺的问题。农村宅基地贯彻"按户分配、一户一宅"的原则，即一户人家只能拥有一处宅基地，多余的要归还村集体。虽然法律规定因子女结婚等原因确需分户、缺少宅基地的可以申请宅基地使用权，但该村的宅基地分配已达饱和，迄今已有二三十年没有再分配新的宅基地。此外，农村宅基地不可买卖的法规限制，也使村民无法直接购买他人闲置的宅基地。在宅基地供给数量固定且短缺的现状下，村中家户（尤其是多子家庭）在儿子结婚分家时只能到镇上、县城里买新房。

关于宅基地的流转，我们在采访中得知，虽然法律明确禁止农村宅基地买卖，但允许租赁使用权。因此，以前也存在借租赁之名，行买卖之实的情况。

村内宅基地还存在着较为严重的积水问题。我们在走访中切身体会到，村内的排水设施并不完善，村路某些路段常有积水横铺，行人不得不绕道而行。由于"水往低处流"，村民被迫将自家的地基垫高，从而防止别人家的积水流入自己家。然而，这种临时性做法治标不治本，毕竟总有家户会成为地基较低的一方。这导致家户不得不将地基越垫越高，被迫陷入"以邻为壑"的恶性循环。要实质性解决积水问题，只能依赖排水设施建设。

1.1.2 耕地

对于大多数中老年村民而言，农耕土地仍然是除了儿女赡养之外的重要经济来源，其中包括通过自己种植作物获得的收入和出租闲置耕地获取的收入。

当地村民主要种植小麦、玉米、花生、大豆等粮食作物，少数会种植元胡等经济作物。选择种植粮食作物的原因主要包括两个方面，一是国家政策对粮食生产提供补贴，二是粮食作物对耕种技术要求相对较低。与经济作物相比，种植粮食作物在日常管理上要求较低，如种植小麦只在播种和收割时节较为繁忙，这为村民节省了时间，使其能够在农闲时兼职务工获取更多收入。

耕地品质会因地理位置、地形、土质等因素的不同而有所差异，"好地"的抗旱与抗涝能力较强、肥力较为优渥。近年来，由于灌溉与排水技术的进步以及各种化肥的广泛使用，"好地"与"劣地"的差别日渐缩小，不同品质耕地的租赁价格也在趋同。

然而，耕地品质的提高仍无法完全抵御自然灾害。例如，2023年5月底，河南遭遇了十年来最严重的"烂场雨"，导致小麦无法及时收割，从而在地里发霉发芽，使该村村民遭受巨大损失。虫害也越来越严重，农民只能将秸秆粉碎撒在地里，但秸秆中的虫卵也会同时回到土壤中。村民称自己清楚使用除虫剂对人体有害，但在虫害不断增加的情况下，使用除虫剂成为无奈之举。

村中耕地存在"人地数量不匹配"的情况。自1998年全国第二次土地划分以来，土地承包政策至今仍保持着"增人不增地，减人不减地"的原则，家庭耕地数量基本固定，但人口数量会因为新生儿的出生、老人去世等因素而不断波动。我们在走访中了解到，有一户五口之家只有两亩地，而另一户三口之家有十几亩地，不同家庭人均耕地数量差异较大。

除了出生和死亡之外，财产继承和人口迁移也是影响家庭人均耕地数量的重要因素。一方面，由于当地的耕地继承习俗采用"多子平均分"的原则，即耕地会平均分给每个男性后代，这导致有限的耕地越分越碎小，从而使得人均耕地数量减少。另一方面，如今年轻人普遍不愿留在村内从事低收入的农业工作，更倾向于外出务工。那些不在家乡发展的子女通常会将本应继承的土地赠给兄弟姐妹，或者将其承包出租，从而使得留在村内的人口的人均耕地数量增加。

在霍刘庄村，耕地租赁是普遍现象，一亩耕地的租金大致在300—1000元。影响租金的主要因素包括耕地品质、分布情况以及租赁双方之间的关系。尽管耕地品质仍然是影响租金的因素之一，但灌溉排水技术和化肥的使用，使得耕地品质对租赁价格的影响逐渐减小。同时，整块分布的大面积耕地通常比零散碎地的租金更高，因为整地更适合规模化管理和机械化生产，能降低成本、增加利润。通常情况下，村民之间相互租赁会比对外人租赁更便宜，这或许是乡土社会中人情往来的缘故。

1.1.3 林地

与鄢陵县被称为"花木之乡"的基调不同，霍刘庄村的村民很少从事林木业务。村中的林地大多承包给企业经营，私人林地较少。

可能是村民普遍对林地不重视，对其管理也较少关心。因此，村内对林地的管理并不严格、完善。村民中有人说村边的荒林地通常是谁先占领谁种，尽管这些土地在法律上并不属于他们。但是，长期以来耕种形成了惯例，他们会声称这些土地一直都是他们的，并且大家都默认这些土地属于他们，也没有人会去争夺。另外，村边有二十多亩枣园原本是属于村民的零散林地，后来被村里集中起来承包给一位个体户种植枣树。现在，这位个体户也不再打理这片土地，导致其变成了一片荒地。

另外，林地还面临征地补贴拖欠问题。几年前，政府征收了五六百亩林地给企业统一种植杜仲树,并承诺给予每亩地1050元的征地补贴。然而,三年付去了,一些农户仍未收到征地款,他们便私自进入林地砍伐和采摘杜仲。这些行为主要有两个方面的原因,一方面是出于不满,另一方面是因为杜仲树皮和叶子具有经济价值,可以在一定程度上起到补偿作用。我们在走访一户村民时发现,在他的院子里便放置了采摘的杜仲枝叶,他还热心地为我们讲解了杜仲的功效。

近年来,林木市场不景气,树价持续下跌。关于林木价格变化的原因,村民与林木企业家的理解存在较大分歧。此前我们采访了一位板材加工厂负责人,他认为林木价格变化主要是市场作用,投资者看到林木价格上涨便"一哄而上",使林木市场很快趋于饱和,导致价格下跌,于是投资者又"一哄而散",大量抛售林木使价格加速下跌,导致近年来林木行业的不景气。采访村民时,他们则认为林木价格变化主要是受国家政策的引导,之前"退耕还林"的政策推动树价上涨,近年来"退林还耕"的风向则使树价下跌。实际上,林木价格的变化很有可能是受市场和政府政策因素双重的影响。

1.1.4 坟地

村内老人去世,通常埋在自家祖坟。祖坟通常被视为家庭财产,有明确的权属指向。然而,在1998年分地时曾发生过权属的流转,有些家户的祖坟被划分入他人地界。这些家户可以选择将祖坟迁回自家的土地,也可以选择与他人协商(可能需支付一定费用),

继续沿用原先的祖坟。

自2020年起,当地政府大力推行火葬,目的是保护环境,减少占用土地。然而,由于该村附近暂无公墓,[①] 火葬后的骨灰仍需置于棺材中埋葬在自家的祖坟里。据村民反映,推行火葬后的丧葬流程与传统土葬别无二致,唯一的不同是增加了焚化尸体的步骤。此外,火葬也增加了丧葬的花费。在传统土葬中,只需准备一套寿衣,穿在逝者身上与逝者一同进入棺材,然后埋葬在地下。在火葬中,逝者所穿的寿衣会随着尸体一并焚化,但根据习俗,棺内必须有完整的寿衣,因此在下葬时必须再购买一套寿衣放入棺内。由于缺乏公墓,火葬在一定程度上流于形式,不仅违背了节约土地的初衷,还增加了丧葬的花费负担。由此可见,殡葬改革要想继续顺利推行,不能只依靠改变当地村民的丧葬方式,更重要的是推动相关基础设施,尤其是公墓的建设。

1.2 房屋

1.2.1 居住用房

霍刘庄村内的住房,大多为砖瓦结构,几乎没有土坯房。房屋结构主要为"L形楼房包围庭院式"设计,大多数房屋为两层,少数为三层。虽然住房相对宽敞,但空间利用率并不高。在我们

[①] 霍刘庄村边原规划了一块区域用于修建公墓,但后来该区域被认定为可耕地,进行了复耕,因此至今尚未建立新的公墓。尽管如此,为了继续推动丧葬改革,县里目前已经制定了推动公墓建设的相关计划。

走访一户家庭时,发现该户二楼的许多房间都闲置着,未摆放家具家电,甚至看不出装修痕迹,墙壁和地板仍是裸露的水泥,没有涂漆和铺设瓷砖。这种现象,主要出现在经济条件一般的家庭和留守老人的家中。他们可能并不知道如何利用,或者并不需要利用这么大的空间,但在盖房时仍然会选择顺应村中普遍的二层房屋模式。

对于住房的权属,该村绝大多数家庭只在房产证上署男主人的姓名,少数家庭是男女主人共同署名。不动产通常由男性掌控,这与后文将提到的该村的财产分配与继承习俗密切相关。

1.2.2 生产用房

在霍刘庄村,主要有养殖棚和工厂两类生产用房。养殖棚用于饲养猪、牛、羊等家畜,绝大多数建在村民家的院子里。申请养殖棚的流程相对复杂,需要个人提交申请,提供申请书、建设用地证明、村委会开具的证明、邻居证言及调查表等文件,然后由土地所进行审查。

村内的工厂主要包括榨油厂、皮包加工厂等,有的建在自家房子里,也有的租赁他人房屋。另外,有少数村民从事家庭手工制作皮包等产品,在自己家里进行生产,没有专门的厂房。

1.2.3 门市店铺

在霍刘庄村,门市店铺主要包括超市、餐馆和理发店。超市的主要业务是售卖零食、饮料、烟酒、蔬菜、日用品等生活必需品。

不过，除了这些常见的商品外，一些其他品类（如衣服）的商品在超市可能不常见，村民一般去镇上的集市购买这些商品，或者选择通过网购渠道获取。理发店的服务价格非常实惠，一次理发只需5元，理发店在村内提供方便的理发服务，减轻了村民外出理发的时间和成本负担，不过村民若有更精致的造型需求，则去镇上或城里的理发店。

1.3 货币资金

与不动产主要掌握在男主人手中的现象相反，该村家庭的流动资金主要由妇女掌管。通常丈夫的工资收入会交给妻子管理，家庭的各项小额支出也需要获得妻子的许可。对于大额花销（如买车），则是由全家共同商量决定。

对于资金的持有方式，大多数家庭会将钱带去镇上存到银行里，少数生活条件较拮据的家庭，每期收支几乎相抵，故不愿费力气去存款而更倾向于使用流动性更强的现金。

对于日常支付方式，多数村民主要使用手机电子支付，如微信、支付宝等。然而，少数老年村民仍主要使用现金支付。以前在乡村里，假币较为常见，农民没有足够的知识和经验对其加以辨认，而电子支付规避了收到假币的风险。现金虽然不如电子支付方便，但也有难以被替代的应用场景——礼金，无论是婚丧嫁娶、盖新房还是儿女升学，用现金红包随礼都是不可避免的传统习俗。

1.4 家中物件

家中物件里，比较重要的有家具、家用电器和电子设备。在霍刘庄村村内，村民拥有的家具和家用电器都较为齐全，几乎每家都配备了空调、电视机、洗衣机、冰箱等基础设备。在电子设备方面，大多数村民都使用智能手机，用于电子支付、视频通话等功能，而少数村民仍使用传统的按键手机。

值得一提的是，新冠疫情对家庭电子设备的需求产生了影响。在疫情期间，学生需要居家上网课，因此许多家庭为孩子单独配备了智能手机甚至电脑。有村民抱怨称，现在村里的小孩沉迷于电子设备，整天看电视、玩手机、打游戏，不像过去农村的孩子们会互相串门或结伴去田间玩耍。在采访中，我们发现村中的一些高中生、大学生，甚至不知道自家的耕地有几亩，也不清楚种植了什么作物。这表明，电子设备的普及也带来了一些社会问题，其中之一是可能导致农村传统生活方式的转变。

1.5 牲畜

在村内养殖牲畜的家庭中，只有少数是专门以养殖业为生，大多数是养牲畜用来补贴家用，或者单纯作为消遣。牲畜的种类主要包括山羊、猪、鸡、鹅和牛等。有一些年迈的老人已经无力种地，在院中或屋顶上圈养山羊。这些山羊通常在长大后会整只出售，价格为十八九元一斤，一头成年山羊七八十斤，可以卖到一千多元。但如果将山羊继续饲养，使其个头过大，其售卖价格反而会打折扣。山羊的再循环主要依赖于自家的成年羊进行繁殖，半年到一年的时间可以生下一头小羊，村民不需要购买新的羊羔。除了山羊外，鸡、鹅等禽类也很常见。由于它们的饲养较为轻松，而且蛋可以供家里日常食用，因此受到许多家庭的欢迎。村中的牛主要是商品肉用，不用于产奶或犁地。养牛的投资成本较大，从一头牛犊养到出栏要花费一万多块钱，因此村中养牛的家庭并不多见，只有4户。其中1户养了15头牛，而其他3户各自养了一两头牛。

1.6 农用机械

在该村内，"半机械化"的耕作方式较为普遍，农用机械的种类主要有拖拉机、播种机、收割机等。村民使用农用机械的来源主要分为三种，一是购买，即自家购买设备并自己使用；二是租赁，即向他人租借设备然后自行操作；三是雇佣，即雇佣专业人员来给自己的农田进行农机作业，这些人员会自带机械设备，雇佣费中也包含了使用这些机械的费用。

村内存在农机补贴费拖欠的问题。一些村民反映，自家购买的拖拉机已经使用了三年，但迟迟没有收到应有的5万元农机补贴费。

1.7 车辆

村民家中的车辆种类很多，主要有自行车、电瓶车、摩托车、三轮车、汽车（包括面包车、轿车和越野车）等。除了私人交通工具外，村民还会利用公共交通工具出行。例如，他们会乘坐公交车前往镇上办事或购物，而小孩上学有时会有校车接送。

1.8 家族财产

在霍刘庄村，同姓家庭较多，家族意识在彼此的血缘认同和日常交往中得以体现，但并没有形成宗祠、家族基金等固定化、形式化的家族传统纽带。家谱也大多失传，只有蒋家和韩家仍在续写家谱。他们花钱雇人帮忙到各个地方寻找本家族的后代并将其信息记录在家谱中。在家谱中，有少部分家庭仍保留着辈分的传统，但大多数家庭在给新生儿取名时已不再特别讲究辈分。

这种情况表明，虽然村民之间有一定的家族认同和联系，但传统家族制度和家谱文化在该村中已逐渐淡化。现代社会的变迁和生活方式的改变，可能是导致这种现象的主要原因。村民的价值观和习惯正在逐渐演变，更加注重个人的选择和独立，而不是严格依从传统的家族规范。

1.9 债务问题

债务可视为负的财产，存在明显的权利与义务归属问题，并且与继承密切相关，故将其也纳入财产范围进行讨论。

对于债务义务归属与继承的经典问题"父债是否应当子偿"，即"父母因逝世或无力偿还而拖欠债务时，子女是否有义务为其还清债务"？村民给出的回答存在差异。大多数村民秉持着朴素的道德观和正义感，认为父债应当子偿；少数村民则重视法治观念，认为应当按照法律法规来处理债务问题，即子女没有必须替父母还债的义务，除非继承遗产时，依法需以继承遗产的实际价值为限来承担父母的债务。

值得一提的是，在乡土社会中，尚未还清的随礼在某种意义上也被视为一种债务。当被问及老人没能力随礼时，子女是否应该帮其补上随礼时，村民的回答基本是"应该"，这可能与乡土社会中对亲情纽带的高度重视有关。在这里，子女们愿意为父母偿还随礼，体现了家庭中亲情和家族道德的传统价值观。

◇◇2 财产的分配与传递

亲代将财产传给子代的过程，包括两个环节——分配与传递。分配是对财产权属进行重新分割与划归，传递是将财产实际交付到子代手中。这两个环节可能在同一时间完成,也可能在分配完成之后直到某个特定的时间点再完成传递。由于分配与传递是必然相伴发生的两个环节,故下面仅以"传递"简称。本节对"继承"采用狭义的解释,即遗产的传递;由于家庭财产的转移并非只在亲代去世时发生,故本节采用更宽泛的"传递"一词指代任何与家庭财产有关的转移过程。

鄢陵县霍刘庄村的村民对自己的财产认识是:"农村也没啥值钱的东西。"相较城市里复杂的财产结构,该村的财产传递方式较为单一,基本遵循同一套继承范式。财产主要在婚姻、分家与遗产继承三个环节进行分配与传递。

2.1 婚姻

2.1.1 彩礼

彩礼,主要是指男方家庭(及亲属)依据习俗给女方家庭(及亲属)的钱物。在从前物质生活水平较低的年代,彩礼除了钱之外,还包括实用生活用品等;随着生活水平的逐渐提高,如今的彩礼基本只包括钱。在霍刘庄村,彩礼的主要形式是现金。

彩礼的金额不做规定,一般由双方家庭协商确定,具体金额会受到双方家庭经济条件以及家庭结构的影响。例如,比较富裕的男方家庭可能会给出更多的彩礼。此外,如果某家有两个女儿,姐姐出嫁时所收彩礼数额较大,那么妹妹在结婚时很可能对彩礼数额的要求也会比较高。不过根据当地村民所说,更重要的是男女合适般配，彩礼只是走个形式，有要得多的，也有不要彩礼的5万元左右。

彩礼的流向是从男方家庭到女方家庭。农村传统观念认为"嫁出去的女儿，泼出去的水"，所以彩礼是男方家庭对女方家庭生养媳妇的报酬或补偿。不过近些年来，随着男女平等观念的逐渐传播，女方家庭更多地会将彩礼（以嫁妆的形式或现金）分配给新婚家庭，用于新婚家庭的构建，而非直接补贴自己家用。

2.1.2 嫁妆

嫁妆是传统婚姻中女儿出嫁时女方父母给予女儿的类似礼物的财产，其内容一般是被褥、首饰、家具等。不过现在很多的嫁妆也可能会以资金的形式出现，如在彩礼中提及的，女方父母很可能把男方家庭给的彩礼直接分配给女儿，用于新家庭的组建，这也是一种嫁妆。

嫁妆中财产的流向是由女方家庭到女方个人。根据法律规定，嫁妆是女儿的私人财产，他人无权干涉。不过根据农村习俗，嫁妆也可以算作新家庭的财产，因为女方通常不会独自使用嫁妆，而是将其用于新家庭的建设。此外，在农村，人们普遍认为离婚是一件不光彩的事，夫妻除非产生极端矛盾，否则一般不会离婚，所以夫妻双方的财产通常也不会分开讨论，都属于新家庭的财产。

2.1.3 新房和新车

新房和新车一般是组建新家庭的必备品，通常由男方家庭购置,有时也可能由双方家庭共同出资。因此,新房和新车的财产流向是从一方家庭或两方家庭流向新家庭。

关于新房,由于村中的宅基地数量较为固定,无法分到新的宅基地盖新房,少数家庭会把旧房子拆了重建,多数家庭则会直接在镇上、县里或孩子未来发展的其他城市买房。出现这种情况,一方面,是在主观意愿上年轻人不期望自己在农村继续从事农业生活;另一方面,是在客观现实中该村的宅基地分配已达饱和,难以再申请到新的宅基地。

新房和新车是提升新家庭起始生活水平的关键保障,但是购置新房和新车对于父辈来说是一种很大的压力,尤其是当子代期望到城市发展时,在城市购买一套房很有可能需要花费农村人一代人的积蓄。如何为儿子攒到足够的钱"买房买车娶媳妇",也成了农村人最常焦虑的问题之一。

2.2 分家

2.2.1 分家的节点与原因

分家,指父代和子代从同居到异居的转变。这一过程同时伴随着财产的转移,包括购买新房的资金、添置新家具的花销等。在霍刘庄村,分家这种形式仅适用于儿子,女儿通常是出嫁,不存在分家的情况。分家的节点一般是在儿子结婚的时候,不过也有少数结婚后不分家的,但他们在日后可能也会因各种原因而分家。

村民认为分家的原因主要有两个。首先,由于宅基地和住宅的限制，大多数家庭在儿子结婚时必须在外地买新房，而在镇上、城里买一套体面的新房也是当代许多男性结婚的必要条件。其次，父代与子代之间、妯娌之间难免发生小的摩擦，甚至会产生矛盾，如作息不一致、饮食口味有差异、家务分担不公平等，这也使同居意愿降低，进而导致分家。

2.2.2 分家的基本模式

霍刘庄村的分家模式与传统的分家模式基本保持一致。在仅有一个儿子的家庭中，儿子可自行决定是否分家而在一个多个儿子的家庭中，除最小的儿子在结婚时有选择是否分家的权利外，其他儿子通常在结婚时便会分家。如果最小的儿子选择不分家，意味着他将与父母同住，并承担主要的赡养责任，同时继承绝大部分的遗产；如果最小的儿子选择分家，那意味着各个儿子将轮流负责赡养父母，遗产将在所有儿子之间平均分配。

在走访霍刘庄村村民的时候，我们还发现了一个有趣的现象：尽管不分家的小儿子看似继承了家产的大部分，实际上他继承的可能并不多，甚至可能还会继承一些负债。这是因为在家庭中，前面的长子们在结婚时都需要父母花费大量的资金购买房产和汽车，导致最终留给小儿子的财产非常有限，甚至可能还面临债务。然而，根据村民的描述，当出现这种情况时，如果小儿子有结婚成家的需求而家庭无力支撑时，长子们也会在人力和财力方面提供帮助。

2.3 遗产继承

2.3.1 遗产继承的节点、内容与约定形式

遗产继承的时间节点可分为两种情形：一是老人去世后，二是老人丧失劳动能力后。前者与一般情境下的继承意义相近，后者则表示当老人丧失劳动能力时，就会直接将一部分财产转给子女，如耕地等。因为老人无力耕作，将耕地转给子女耕种，或者承包出去收租金，是更为合适的处理方式。值得一提的是，村民对"死"一事比较敏感，普遍会用"老"字来委婉地表达这一事实，且在老人逝世后，其子女会在一定时间内（通常为7天或14天）避免讨论其遗物遗产问题，以示避讳与孝敬。

遗产继承的主要内容集中在土地、房屋、存款等方面，也可能涉及家具、牲畜等。约定形式通常为口头遗嘱，几乎不会撰写遗书，也许是因为村风和谐，少有财产纠纷，因此不需要书面遗嘱来进行强力的约束。

2.3.2 遗产继承优先级

遗产继承的顺序，通常根据家庭成员组成而有所不同。

如果家中有子嗣，那么将遵循"传男不传女，多子平均分"的原则。这意味着遗产首先会传给男性后代，而女性后代在遗产继承上处于次要地位。如果家中有多个子嗣，则遗产将平均分配给所有子嗣。

如果家中只有女儿，则遗产将传给女儿。如果女儿已经结婚，且有入赘的情况，那么女儿的丈夫，即"上门女婿"，也有权继承遗产，但他需要像亲生儿子一样承担对女方父母的赡养义务。

如果家中没有子女，则老人会将遗产传给那些照顾他们的人，如老人的兄弟姐妹或侄子、外甥等。村中的"五保户"便属于此类情形，其日常生活主要依靠国家补贴和兄弟接济维持，日后遗产也将传给兄弟。

◇◇3 影响财产传递的重要因素

财产传递是对财产的权属进行再分配的过程，而权利的分配必然伴随着义务的划分，霍刘庄村的财产传递在很大程度上秉持着"权利与义务对等"的原则，享有财产继承权的子女需要履行相应的义务，包括赡养和送终。

3.1 赡养

在广义上，赡养是指子女基于家庭关系向年迈或有需求的父母提供物质和精神支持，以确保父母的生活质量。如前所述，在该村习俗中，赡养义务一般根据家庭的分家情况而有所不同，其中有儿子轮流赡养或小儿子承担主要赡养责任两种方式。赡养义务的履行遵循"能出钱的出钱，能出力的出力"原则，并主要由兄弟姐妹之间协商决定分配。此外,女儿在逢年过节时会回娘家,并携带礼品,也会短暂照料父母的生活起居。

然而,也存在特殊的赡养情况。例如,如果老人的子女都在城市生活,老人可能会与儿孙一起居住在城市,帮助照顾孙子,接送孙子上下学等,假期时再回村居住。另外,少数情况下会出现"五保户",即无配偶、子女,只有兄弟姐妹。在这种情况下,赡养责任通常由兄弟姐妹或其子女负责,其经济来源主要依靠国家补贴,每年大概六七千元,每月还有养老金,年过80岁还有高龄补贴。

受访家庭普遍认为,子女获得的财产份额与承担的赡养义务高度匹配。从情理上看,也确实如此。村民表示,因为子女明白如果自己承担的赡养义务较少,便没有理由争夺家产,所以村庄里从未发生过类似的冲突。

3.2 送终

送终,指子女在父母行将就木时,尽心照顾父母,使父母得到精神关怀,并在父母逝世后,按照当地传统文化进行送葬。在霍刘庄村的风俗习惯中,送终的主要义务由儿子承担,并由所有儿子共同分摊丧葬费用。丧葬在村中是一个非常隆重的仪式,村里几乎每家每户都会随礼,用来表达对逝者的哀痛之情。在举办葬礼时,子女会在家门前摆放账本,记录礼金的来源,并明确划分礼金的归属,以便将来还礼。

◇◇4 财产纠纷

财产纠纷源于财产的所有者或分配者的"理想状态"与"既有现实"之间的冲突。纠纷的发展过程展示了多方诉求,纠纷的激烈程度暗示了财产对纠纷者的重要程度,同时,解决纠纷的过程从侧面反映了权力关系和制度风俗。

在城市中,财产纠纷通常指在多个子女之间的遗产继承纠纷。然而,在霍刘庄村,这种关于遗产的纠纷并未出现。首先,在老人去世或丧失劳动能力时,可能没有财产需要被继承,因为财产分配可能在家庭分家时已经结束。其次,霍刘庄村村民表示,此地民风和谐,兄弟之间不愿意也不会因为财产的分配而产生纠纷,尤其是在父母已去世或年老无力劳动时,更应当共同照顾而非争夺财产。

基于此,本节将讨论霍刘庄村存在的三种财产纠纷类型,并介绍村民处理财产纠纷的方法,随后进一步探讨财产纠纷的当代趋势和成因,从而了解财产纠纷问题在不同环境下的演变。

4.1 财产纠纷的类型

4.1.1 分家纠纷

分家纠纷指在多子家庭中,大儿子和二儿子分家时获得的家产不均等导致的纠纷。具体情况是,在生养老大时,父母较年轻、家产积累较少，因此在大儿子分家时可分配的财产较有限；在生养二儿子时，父母较年长、家产更丰厚、育儿经验更丰富，也有更多的时间陪伴孩子，因此能够将更多精力和财富倾注于对二儿子的培养中。因此，二儿子分家时分得的房产和车辆等可能比大儿子分家时价值更高。这种两个儿子在客观财富获取和主观关爱感受上的不均等，并不一定是父母主观偏心所致，更可能是家庭财富和父母精力等因素在时间轴上分布不均造成的。然而，大儿子未必能够理解这一点，因此可能认为父母对二儿子偏心。在二儿子分家时，大儿子可能希望重新分配家产，如再分得一块土地，由此引发纠纷。

4.1.2 赡养纠纷

赡养纠纷可分为两类：第一类是兄弟之间的纠纷，兄弟之间对父母赡养义务的划分不明确或不公平，导致有的子女感觉自己吃亏；第二类是老人与子女之间的纠纷，子女未能按老人的期望履行赡养义务，使得老人感到子女不孝。赡养纠纷看似与财产无关，实际上，其本身也涉及转移支付（如衣食住行、医疗等支出），而且赡养义务的分配也极大程度上决定了遗产的分配方式。因此，我们将赡养纠纷纳入财产纠纷范畴进行讨论。

4.1.3 地皮纠纷

地皮纠纷，指在地皮划分不明确的情况下，村民争夺交界处的空地而导致的纠纷。在之前的描述中，我们指出村民对村庄边缘的荒林地的耕种权态度较为含混，并对明确有承包主人的空地也没有明显兴趣。只有在涉及边界划分不明确、分配不均等但十分重要的地块类型（如耕地和宅基地）时，才有可能爆发地皮纠纷。

4.2 财产纠纷的处理办法

财产纠纷如能通过当事人自行协商解决，自然是最好的。但是，在当事人无法自行协商解决时，他们会依次使用如下三种处理方式。

4.2.1 亲人长辈劝解

在村里，负责初级调解的角色通常由亲属如大伯、大姨，或者在村里享有崇高威望的长者担任。他们常以"邻里和谐""万事和为贵""家丑不可外扬"等道理劝解当事人，借助道德准则、社会面子和亲情纽带的力量来化解纷争。这种调解方式可以维护家庭及邻里的融洽关系，促进相互理解与合作。

4.2.2 村委会调解

在财产纠纷无法通过亲属调解时，村委会将介入调解。村委会在进行调解时坚持"帮理不帮亲"的原则，从而维护公正与公平。这是因为在农村这样的"熟人社会"，村委会若"帮亲不帮理"，将失去村民的信任，难以继续有效履行村务工作职责。举例来说，在前面提到的发生地皮纠纷的情况下，村委会的村干部会参考双方提供的产权证书，亲临实地进行丈量，明确划分土地归属。若双方对村委会的划分结果表示认可，则调解工作取得成功；若一方不同意，村干部会对该方做重点思想工作，讲政策、讲道理、讲本质；再不听，就劝说双方各退一步，交界处的地谁都不去用，就留一块空地在那里；要是还不听，就只能走法律程序。毕竟村委会的职能主要是调解纠纷，并不具备执法权，所以在调解无效时，只能引导当事人走法律程序。

4.2.3 诉讼法律

当亲属和村委会的调解未能成功解决纠纷时，当事人可能会选择通过法律的手段来解决。然而，在农村社区中，财产纠纷涉及法律程序会成为家庭的丑闻，因此只有在亲属决裂、朋友绝交等极端情况下，当事人才会不得已而求助于法律。

农村社区往往秉持邻里和睦、和为贵的传统价值观，受此影响，当事人通常会尽力避免通过法律途径解决纠纷。这种观念使得当事人更倾向于通过亲属和村委会的调解来解决问题，从而避免因上法庭而导致的不和谐氛围。这种态度，也表现出农村社区中个人和家庭荣誉的重要性，避免因财产纠纷而损害家族的声誉和社区形象。因此，农村社区的调解方式在一定程度上反映了文化和社会关系的互动情况，影响着当事人在解决纠纷时的选择与态度。

4.3 财产纠纷的当代趋势及原因

行走在村庄中，可以观察到家家户户大门贴的横联中出现频率最高的内容是"家和万事兴"。当询问本村是否存在财产纠纷时，大多数村民的回答是"现在没有了"。这一回答的潜台词是该村过去曾存在财产纠纷，但近年来这类问题已逐渐减少。总体来看，霍刘庄村的财产纠纷在当代呈现逐渐减少的趋势。从村民的口述中，我们可以归纳出以下四个原因。

4.3.1 生活水平提高

问及财产纠纷时，村民回答："现在有吃有喝，吵啥咧？"这反映了霍刘庄村财产纠纷减少的主要原因之一是生活水平的提高。过去，由于生产力相对较低，社会发展水平较为滞后，生存问题十分紧迫，家产继承在很大程度上影响着人们的生存可能性和生活水平，因此村民对家产的分配更加重视和计较。如今，随着生产力的提高，以及国家大力推进扶贫政策，村民温饱问题基本得到解决，同时人均受教育程度也有所提升，村民对家产的依赖程度有所下降。

4.3.2 就业方式变化

村民还提道："农村有啥财产哩，不如外面一个月挣得多！"这表明，随着城市化和工业化的推进，村民外出进入城市务工的薪资水平明显较高，而农村地区的务农收入通常相对微薄。这种趋势导致继承的老房和耕地能带来的经济利益逐渐失去吸引力，年轻一辈对财产的重视程度大大下降，也就不会过于计较继承分配问题。

4.3.3 价值观念转变

村民感叹："现在的人和以前不一样，见过世面咯！"这反映了过去农村村民的生活相对封闭，与外界接触有限，这使得他们的价值观念相对传统和保守。然而，随着越来越多的村民进入城市务工，他们开始接触不同的生活方式和文化，从而逐渐拓宽了视野，形成了更为开放和包容的心态。与此同时，信息传媒的快速发展，也使得村民可以更便捷地获取外界的信息，了解更现代化的价值观。这些新经历和信息的融入，使得村民开始重新审视自身的生活和社区，更加注重精神层面的满足，强调和谐共处和相互理解，而不只局限于物质利益。

4.3.4 乡村结构变迁

村民还感慨道："远亲不如近邻呐！"这暗示了农村结构变化对关系网的影响。如今，农村年轻人口大量外流求学或打工，农村呈现空巢化、老龄化趋势，家庭成员间的相互依赖度减弱。在这种情况下，邻里之间的合作与支持变得尤为重要。村民们意识到，远亲的帮助可能有限，而与身边的近邻共同协作和互相帮扶可以更有效地解决日常生活中的问题。因此，和邻居搞好关系、避免财产纠纷，也是客观需要。

5 关于财产和继承问题的深层思考

在从实然层面对霍刘庄村财产内容、分配和继承等相关信息进行记述后,本节将对霍刘庄村现有的财产继承习俗展开一定的反思和讨论,同时纵向探讨霍刘庄村财产观念的时代流变。

5.1 财产继承习俗与现行法律、政策的关系

5.1.1 继承权

霍刘庄村目前的财产继承习俗与现行法律之间存在一定冲突。《中华人民共和国民法典》第一千一百二十六条规定:"继承权男女平等。"该规定明确了继承权应当平等适用于男性和女性。然而,霍刘庄村仍然坚持着"传男不传女"的传统财产继承方式,即财产主要传给男性后代而女性后代受到限制。

这种冲突表明,虽然国家法律规定了男女平等的继承权,但在一些农村地区,传统的家族观念和社会习俗依然对财产继承产生影响。传统观念中可能认为男性后代更有能力继承和管理家族财产,而女性后代被视为嫁出去的一方,是"泼出去的水",对家族财产不再享有继承权。这种观念的传承,导致了现实中男女在财产继承中的不平等待遇。

对这种冲突,需要逐步加强法律教育和宣传,从而引导村民了

解和认识现行法律的平等原则。同时，需要重视农村地区的文化传统和习俗，努力推动社会观念的转变，促进男女在家庭和财产继承中的平等地位。这样的努力，将有助于解决现有财产继承习俗与法律之间的冲突，实现财产继承的合理、公正和平等。

5.1.2 彩礼习俗

霍刘庄村朴实节俭的彩礼习俗与国家移风易俗的政策相协调，顺应了国家政策导向。根据《中共中央 国务院关于做好2022年全面推进乡村振兴重点工作的意见》[1]，国家倡导在农村地区开展高价彩礼等移风易俗的专项治理工作。为了响应这一政策，鄢陵县于2022年6月28日被确定为河南省婚俗改革实验区，着力打造婚礼办理新风尚，弘扬节俭养德、文明理事的社会风尚。2023年7月初，《鄢陵县婚俗改革试点工作方案》发布，从指导思想、工作目标、总体要求、主要措施、实施步骤、相关要求等六个方面深化婚姻领域移风易俗的改革工作。

在霍刘庄村，未观察到高价彩礼攀比现象，多数家庭通过双方商量决定彩礼事宜，甚至有些家庭是"零彩礼"婚姻。这与国家政策的导向相一致，体现了当地朴实、节俭的婚俗传统。在国家和地方政策的指导下，霍刘庄村的彩礼习俗在逐渐调整和适应新时代的社会发展要求，积极响应婚俗改革的号召。

---

[1]《中共中央 国务院关于做好2022年全面推进乡村振兴重点工作的意见》，中国政府网，https://www.gov.cn/zhengce/2022-02/22/content_5675035.htm，2022年2月22日。

此种态势反映了当地文化传承和社会价值观的发展趋势，也彰显了国家政策引导对乡村地区的积极影响。霍刘庄村以朴实的婚俗传统为基础，与国家政策的推进相结合，逐步形成了更为节俭、文明、包容的婚礼习俗，为农村地区的婚俗改革树立了良好的榜样。

5.2 财产观念的时代流变

5.2.1 对财产概念的理解更加多元

村中年轻人对家族财产中的家谱有着与老一辈人不同的理解。老一辈人认为家谱属于财产，他们认为只要是祖宗传下来的就是家产。然而，年轻人认为家谱属于财产，是因为其背后承载了亲情纽带和家族传统的价值。家谱对于年轻人而言，是一种家族历史的象征，代表着对家族成员的认同和关怀。

除了物质财产外，村中年轻人将精神财产也视为财产的一部分，如家风家训、名誉和信誉等。家风家训不一定需要明确的定义或书面形式，而是通过潜移默化、润物无声的方式传承，如勤奋、忠诚、善良等美好品质，这些品质在日常家庭生活中得到教导和传递。对年轻人而言，这些精神财产是家族的宝贵财富，塑造了他们的价值观和行为准则。

此外，年轻人认为家庭的声誉也是一种财产，因为良好的声誉和信誉可以在困难时获得他人的帮助和支持，从而对未来的生活水平产生积极的影响。因此，他们将家族的声誉看作一种隐性的、潜在的财产,对家族的持续发展和繁荣具有重要意义。

这些不同的理解,反映了不同年龄群体对家族财产概念的认知差异。年轻人也开始注重家族的情感纽带和精神价值,并将家谱、家风家训、声誉等非物质财产看作家族传承和繁荣的重要组成部分。这种意识的变化,对于家族的文化传承和发展具有积极意义。

5.2.2 对财产继承的观念更加前卫

在霍刘庄村,年轻人对财产继承的观念具有前瞻性和进步性。他们强调男女平等享有继承权,并主张在家庭中平等履行赡养义务。这种观念的转变,显示出村中年青一代在家族财产传承和家庭价值观方面有着新的认知和态度。

目前尚未观察到针对财产继承观念差异的冲突,可能是因为年轻人大多尚未进入实际的财产继承和赡养阶段,相关问题尚未在现实凸显。然而,这并不意味着他们对于这些问题的看法不重要或不具有影响力。随着时间的推移,当年轻人进入继承和赡养的实际阶段时,他们对平等继承和赡养的观念可能会更加明确,并在家庭中积极推动这些观念的实现。

年轻人对财产继承观念的前卫态度,反映了社会观念的演变和家族传承的变革。随着社会的发展和文明的进步,性别平等和家庭和谐成为越来越受重视的价值观。年轻人对于财产继承和赡养义务的新观念,有望促进家族内部的和谐与团结,并为村庄的发展和稳定做出积极贡献。

虽然目前尚未出现针对这些观念差异的冲突，但这种观念变化仍然值得重视。村中长辈作为家族事务的重要参与者，应积极倾听年轻人的声音，并为平等继承和赡养义务的实现提供支持和鼓励。通过与时俱进的家族传承观念和法律制度，霍刘庄村有望实现更加公平、和谐和稳定的社会发展。

5.2.3　对彩礼和嫁妆习俗的态度较为保守

与我们事先设想的不同，村中年轻人对于彩礼和嫁妆习俗的态度较为包容，他们认为这些传统习俗有其存在的道理。一位大学生认为彩礼和嫁妆习俗有其合理性，将彩礼视为对女方父母养育女儿多年的一种补偿。同时，一位高中生认为彩礼和嫁妆习俗有其必要性，因为它们可以为新家庭提供物质支持。这种观点强调嫁妆在新婚家庭中的实际作用，如帮助新婚夫妇建立家庭、提供一定的生活基础等。

这些观点反映了在特定社会和文化背景下，传统习俗对年轻人仍然具有一定的影响力。这些年轻人对传统习俗的认同可能源于家庭和社区的传承，以及对家族传统和价值观的尊重。这启示我们，在处理这些观念差异时，应该充分尊重不同的观点，不可一味地指摘旧的习俗，也应看到其合理性，平衡传统文化的传承和现代社会的发展，并在社会不断前进的过程中逐步对传统习俗取其精华去其糟粕。

◇◇6　小结

　　财产在村民的日常生活中扮演着极其重要而又富有多面性的角色。财产既是生产的基础，又是消费的保障；既是代际关系的黏合剂，又是亲属纠纷的导火索；既是展示家庭经济现状的横截面，又是贯穿家族传承变迁的脉络线。财产的继承模式，指导着财产在代与代之间的分配与传递，体现了权利与义务的关系和归属，反映了风俗习惯、价值观念乃至乡村结构的变迁。

　　霍刘庄村的村民家庭主要在结婚、分家与遗产继承的过程中进行财产的分配与传递，并且财产传递受到赡养与送终的影响。随着时代的进步与信息媒介的发展，霍刘庄村虽地处偏远乡野，在财产继承方面整体仍保留着传统的风俗习惯，但受到现代法治观念与前卫思想的影响，财产纠纷的现象在日渐减少，年轻人的财产观念也已发生了时代流变。在城市化的进程中，村中年青一辈多数外出务工并在城市安家，农村的耕地、宅基地、房屋等财产吸引力下降，这在一定程度上加剧了农村的老龄化和空心化问题。

　　这启示我们，在我国持续推动乡村振兴战略的过程中，既应引导农村村民探索更加多样化的就业方式，打通现代化的就业渠道，又应重点关注日趋扩大的代际鸿沟，妥善处理农村留守老人与儿童的生活问题；既应开展移风易俗活动，对乡土习俗取其精华去其糟粕，又应尊重当地的现实状况，在照顾村民情感的基础上逐步展开计划。随着时代的发展，村庄在现代化和传统之间面临着平衡与转型的挑战。为实现乡村振兴战略，应继续探索与促进传统习俗与现代文明的协调，促进乡村社会的和谐与繁荣。

本章参考文献

《中共中央、国务院关于做好2022年全面推进乡村振兴重点工作的意见》，中国政府网，https：//www.gov.cn/zhengce/2022-02/22/content_5675035.htm，2022年2月22日。

第四章

乡村治理结构、社会资本

原紫昂、蔡睿杰、陆苏扬

中国传统乡村里,村民的社会生活基本依托土地、家庭、邻里与民俗展开。在霍刘庄村,我们发现村民最关注的日常事务是土地经营与家庭生活,平常最重要的特殊娱乐活动就是红白事等民间活动,便有力证明了这一点。土地、家庭、邻里、民俗,从空间与时间上涵盖了村民生活的大部分内容,因此他们围绕这四件事务构建社会网络,形成社会资本。与 20 世纪相比,行政权力对村民生活的介入明显增强,与乡土社会的社会网络、社会资本结合在一起,造就了现有的乡村治理结构。透过村民的社会生活与村庄治理的具体事件,我们得以管窥村民们主要的利益关切,村庄利益分配与纠纷,从而展现出乡村的整体面貌。

◇◇1 家户邻里

在中国乡村,家户邻里关系扮演着极其重要的角色,不但是社会生活的基本单位，而且是乡村社区凝聚团结和稳定发展的关键因素之一。自古以来，乡村生活以亲情纽带、睦邻友好等独特的传统文化深入人心。家户邻里关系在这片土地上融入人们的日常生活，成为人们共同分享喜怒哀乐、互相帮助、共同发展的重要纽带。

每个家庭都是乡村社区的一个基本单元，他们不仅互相之间有着血缘关系，还有着更深厚的历史渊源。这些家庭常常代代相传，从祖辈开始，就根植于乡土之中，构成了丰富多彩的乡村家族网络。邻里之间的友好关系也在中国乡村中举足轻重。在乡村生活当中，邻里之间的关系往往不只限于简单的来往，更倾向于形成一种亲如家人的关系。这种亲如家人的关系，为村民的生活带来了更多便利。

1.1 村民家庭成员构成

在我们调研的霍刘庄村，家庭成员的构成具有很大的相似性，每一家的结构大致为老人，或者老人和子女，或者老人和子女以及孙辈。

一个家庭中是否有孙辈，只取决于子女是否养育了下一代。一个家庭中子女结构主要有三种情况，一是一些家庭的孩子选择了分家，二是家庭的孩子没有分家且跟长辈一起生活（在我们调查的村民中这种情况较少），三是子女选择进城务工从而获得比居村务农更高的收入，因此家中也就只留下了老人。

此外，一部分家庭的老人还会跟随子女一同进城，进城的目是照顾自己的孙辈,让子女有精力专心打工,为子女打下手做辅助,而这些老人跟随子女进城后,村中的土地便会承包出去,每隔一段时间才会返回自家的庭院一次。我们在调研中遇到了一家老人,他们正好由于暑假来临,孙辈放假,所以在城中没有太多需要他们帮助的事情,他们便回村中生活一段时间。

1.2 村民家庭土地

在霍刘庄村,每家每户村民几乎都有自己的土地,种植的作物主要是小麦、花生、大豆,有的还种辣椒,土地上的收益权、经营权完全归每家每户村民。同时,他们可以选择将土地进行流转,把土地承包出去。但是,在我们的走访中遇到了一位来自隔壁村殷坡村的村民,听他讲他此前上过学,他所学为畜牧业,毕业之后工作包分配。据这位村民表述,他由于国家包分配工作,便没有土地。

1.3 邻里关系与社会资本

霍刘庄村的邻里关系相当和睦,邻里之间除了极少数欠很多人钱不还的人,或者一些其他原因和大家不和的人,绝大部分邻里之间的关系融洽且亲密,但大家每天交流时间也并没有想象中多,大家一般白天都在干农活,只有在空闲的时候,如中午和下午天气特别热不适宜下地干活而休息的时候,大家才会三五成群聚在一起聊天。

有一户跟随子女进城,将农田全部承包出去的家庭,他们在暑期孙辈放假时回家。此时他们没有农活，只在院子里开辟了一小块田自己耕作，每天下午村中都会有很多人来他们家门前，聚在一起聊天，和邻里的感情非常好。

随着现代通信科技的发展，霍刘庄村的村民逐渐熟练使用微信进行交流。他们以自然村或行政村为单位建立了微信群，大家在群里互通有无、交流信息，附近超市的工作人员也加入了微信群，每天为村民提供鸡蛋、牛奶、水果等货物的实时信息，有时候一些家长甚至会在群里为孩子的教育培训班打广告。微信群的建立，扩大了村民的社交范围，为他们的生活提供了便利。

社会关系与社会网络不是脱离物质世界存在的无根之木、无源之水，处于社会网络中的人们创造互动的互惠规范，培养彼此间的信任，可以享受到社会网络带来的资源，即社会资本。在霍刘庄村，村民平常亟须用钱时只要数目不太多，都可以直接向邻里借款，不用支付任何利息。此外，如果有人大病需要手术，周围村民都会自发为他随份子钱。乡土社会中，大家重视情理，在别人有困难时力所能及地提供帮助在村民看来是理所当然的事情；由于大家都知根知底，村民相信自己坦诚地帮助别人，别人也会真诚地回报自己，不需要额外用法律手段提防别人损害自己的利益。村民相互信任、相互帮助的习惯，就像一种特殊的生产要素，为村民带来额外的资源。这就是乡土社会依照自身运行逻辑创造的社会资本。

然而，小组成员在调研中也发现，霍刘庄村的社会网络与社会资本不是解决每个村民生活问题的万能药。20世纪，在传统观念的影响下，夫妻结识主要依靠"父母之命，媒妁之言"，即依赖父母一手操办。这一时期从周围村庄出嫁到本村的中年女性,远离自己原有的社交圈,平时的社会生活主要依附于本村的丈夫,自己与本村的村民交流不多,平时不甚往来走动,生活比较单调。此外,一些上年纪的长辈,也在抱怨村民之间的凝聚力没有之前强。以前,如果有人过世,方圆十里村庄内的熟人都会前来吊唁,而现在丧事的参与范围小了很多。由于各家各户开支较大,过年时送红包的习惯也在逐渐消退。正如曾红萍在《农村内部劳动力商品化与社区社会资本变迁》中指出的①,村民逐步被卷入商品化、市场化的浪潮,市场交换在村民生活中的重要性正在逐步提高,不算计利益、不求回报的互惠性交换相对减少,这一现象对乡村社会资本的维持提出了挑战。

◇◇2 治理结构

2.1 自然村和行政村区划

霍刘庄作为一个行政村,由张堂村、霍庄村、刘庄村与小马庄村四个自然村组成,每个自然村内的村民聚居在一起。在张堂村、霍庄村、刘庄村,大部分村民属于2—3个主要姓氏氏族,如张堂村几乎全部村民都属于张、蒋、明之一,但小马庄村属于杂姓聚居。

---

① 曾红萍:《农村内部劳动力商品化与社区社会资本变迁》,《中国农村观察》2016年第4期。

一般来说,自然村与自然村之间有着较为明显的间隔,然而行政村的范围由上级政府决定,行政村之间的边界便没有自然村那样清晰。原来霍刘庄村还下辖官庄村,然而官庄村与其他村落之间距离较远且有河流相隔,往来交通不是很方便,因此被划出霍刘庄村的管辖范围。此外,霍刘庄村北部的行政村孟庙村管辖一片不相邻的"飞地",我们就这点询问村干部时,得到的解释是"飞地"原本属于无主荒地,20世纪孟庙村集体组织群众大规模开垦荒地,便将其纳入本村行政区划。由此可见,行政村的划分范围成因复杂,往往兼顾政策、历史、自然等多种考量,如图4-1和图4-2所示。

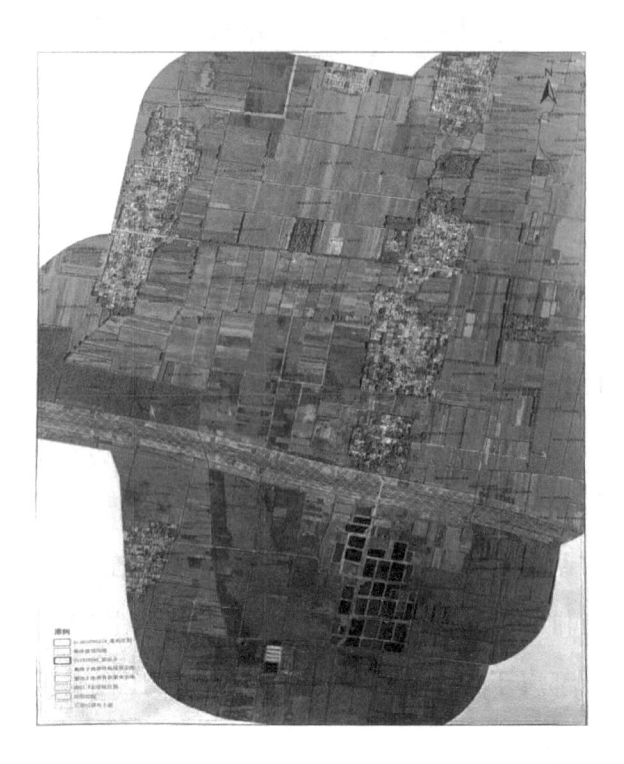

图4-1 彭店镇霍刘庄村土地所有权调查图像及村落分布

资料来源:实践团拍摄。

第四章 乡村治理结构、社会资本

图 4-2 将官庄村与其他自然村隔开的河流

资料来源：实践团拍摄。

2.2 干部结构及工作内容职能

霍刘庄村的主要干部由村党支部委员3人、村委委员3人与监察委员会3人组成。名义上，不同村干部之间的分工泾渭分明，村支书、村委会主任与监委主任分别负责领导村党支部、领导全体村民、监督村干部工作是否合法合规，除村支书外，四位村委委员分别分管民政，社保；会计，宗教，党建，妇联；治安，矛盾调解；人居环境，住建。实际上，乡村属于人数较少的熟人社会，大家平常相互认识，"低头不见抬头见"，分工明确的科层管理制度并不符合乡村实际情况，因此落实各项政策的过程基本上是村支书牵头带着干部一起干。

基于"村支书领头一起干"的实际治理形式，早在2002年，中共中央办公厅、国务院办公厅《关于进一步做好村民委员会换届选举工作的通知》就明确表示，中央鼓励在村委会换届选举中实行"一肩挑"（村支书与村委会主任由一人担任），首次将"一肩挑"作为一项倡导性的政策正式提出，2019年1月，中共中央印发《中国共产党农村基层组织工作条例》，第六章第十九条规定："村党组织书记应当通过法定程序担任村民委员会主任……村'两委'班子成员应当交叉任职"，将"一肩挑"政策上升为强制要求。霍刘庄村在2013年即开始执行"一肩挑"政策，紧跟中央号召，保证了村干部内部的凝聚力，提高了乡村治理的效率。

在全面脱贫攻坚工作中，中央发现许多村庄的村"三委"领导班子人员不齐，治理缺乏规范性，是脱贫攻坚工作落实过程中的阻碍。为解决这一问题，近年来县政府各机关向村派驻第一书记，落实脱贫攻坚、完善干部队伍、引导村庄治理规范化。

村"三委"与第一书记，为行政村所有有编制的正式管理人员。此外，四个自然村下一共设7个村民小组（每个自然村视规模设为1—2个小组），小组内部自行推举组长，（"小组"与"组长"即家庭联产承包责任制前的"生产队"与"生产队长"）负责村里事务的上传下达。事实上，一方面由于近年需要全体村民落实的计划生育、公粮上交等事务不再继续，另一方面村干部可直接利用微信将重大事项通知全体村民，因此村小组的管理职能逐步淡出，小组成员采访的部分村民甚至不了解所属小组的小组长人选。

2.2.1 矛盾的调解

费孝通《乡土中国》中《无讼》章节提到，村中纠纷一般由长老说和，而不是诉诸法律。① 在霍刘庄，村民之间的常规纠纷一般由附近有威望的长辈出面调解，不能解决时村干部会晓之以理，动之以情，说服当事人的亲人、朋友做当事人工作，只有很少的情况会亲自出面解决，与《乡土中国》中的情形基本类似。村委会中又设立"矛盾纠纷调解室"，但极少有纠纷在这里解决，这说明行政力量虽然介入乡村秩序，然而村民之间的关系仍主要由朴素的乡土逻辑维系。

2.2.2 重大事项的决策

在常规纠纷之外出现的、涉及资金流动的事项，如打井工程、五保户资格认定，管理原则是"四议两公开"，即党支部会议提议、"两委"商议、党员大会审议、村民大会决议后，将决议结果公告，实时结果公示。事实上，霍刘庄村既没有村办集体经济，又没有矿产等经济价值高的自然资源，因此主要重大经济事项即上级政府就打井、修路等事务的专项拨款。由于专项拨款视县乡政府财政盈余情况发放，来源不是十分稳定，因此不能很好地满

---

① 费孝通：《乡土中国》，北京大学出版社2012年版，第73—83页。

足村民对美好生活的需要，大多数村民也不是特别关注资金流动是否公开、正规。

2.3 村干部选任模式

村庄的驻村第一书记由县城的机关单位派出，统一受县委组织部直接领导。除此以外，其余干部都由选举产生。村庄的选举流程如下所示：村党员大会选举村支委3人，村支委内部推举村支书，村党支部组建选举委员会，村民召开村民大会在选举委员会的监督下选举村委、监委（在"一肩挑"政策要求下，必须保证村支书当选村委会主任）。一般来说，霍刘庄村临近村庄的两委领导班子90%以上具有参军经历，退伍军人不但与党组织靠近，而且思想觉悟高，能得到村民的拥护。

近年来，村内大多数青壮年外出打工，留守村民的经济利益不完全依赖本村，因此村民对村干部的选举不甚热衷，近10年内小组成员并未听说关于村级选举的激烈竞争。尽管如此，小组成员在访谈时仍能感受到普通村民在谈论村干部时会将他们当作与自己不一样的"他者"来看待。村民大致分为两派：对村干部较为乐观的人认为他们平常"是大忙人""要负责很多事情"，能力大、责任大；对村干部较为悲观的人以斥责的语气将他们称为"有钱人"，认为他们"与咱们不同心"。客观来看，村干部要处理村内许多综合性事务，不可避免地涉及很多利益纠葛，因此很难得到全体村民的一致认可。此外，他们属于村中的领薪阶层，每月工资1500—3000

元，远高于其他村民的务农收入，因此容易被村民当作与大多数村民异质的存在。简而言之，与其将村干部置于乡村治理的核心地位，毋宁将其作为从事管理工作的、异于普通村民的不同阶层来考察。

◇◇3 土地纠纷

中国的农村地区土地纠纷问题非常复杂且多样化，涉及的历史和地域背景非常丰富。1949年中华人民共和国成立后，中国进行了土地改革运动，旨在废除封建地主制度，将土地重新分配给农民。在这一过程中，涉及大规模的土地收归和分配，产生了诸多个人与个人之间，个人与集体之间的利益冲突，很多纠纷在此过程中产生。此后，中国逐渐实行了土地国有化政策，土地归国家所有，而非个人或家族私有。在改革开放之后，土地开始流转，中国推行农村土地流转政策，鼓励土地承包经营权的流转和转让，旨在促进农村土地集约经营和规模经营，提高农业生产效益。然而，土地流转过程中存在如流转补偿标准不一致、承包合同保护不完善等问题，这些问题也导致了大量纠纷和争议。中华人民共和国成立后，在土地国有化和承包流转的过程中，土地制度多次进行改革，局部产生了集体土地使用权和农民土地承包经营权的界定不清，土地使用权和收益分配不平等问题，也导致了土地纠纷的发生。这些纠纷通常涉及农民之间的土地边界争议、土地收益分配不公等问题。

中国农村地区的土地纠纷问题由来已久，各地土地纠纷虽然复杂多样，但这些土地纠纷很大一部分和我国土地制度不断改革相关，因此在全国范围内，这些土地纠纷问题也具有一定的普遍性。

我国政府一直在努力解决土地纠纷问题，并采取了一系列政策和措施，如加强土地管理和执法、完善土地征用和流转机制、加强农民的权益保护等。然而，由于中国的地域广阔和人口众多，土地纠纷问题的解决，仍然具有一定的复杂性和挑战性。

在我们调研的霍刘庄村，也存在土地纠纷，但是霍刘庄村并没有由于制度的不断变化而发生土地纠纷，其土地纠纷主要源于人为因素。霍刘庄村总计发生了两起较大的土地纠纷，均为土地承包款项没有按照预期发放到农民手中所致。通过解剖土地纠纷这一只乡村治理的"麻雀"，我们可以看到目前霍刘庄村治理体系的运行逻辑与挑战。

3.1 霍刘庄村当地土地纠纷现状

我们调研的村镇当地土地纠纷主要发生在霍刘庄村的南部，而北部张堂村和东部小马庄村[①]土地纠纷并不多，土地纠纷发生的原

---

① 霍刘庄村是行政村的称呼。霍刘庄村行政村中包含四个自然村：位于北部的张堂村，东部的小马庄村，南部的霍庄和刘庄。纠纷主要发生在霍庄和刘庄，其余两个村没有出现规模较大的土地纠纷。

因比较单一,均为承包土地过程中承包款拖欠。

霍庄、刘庄中有两起大的土地纠纷,一个是村集体将土地承包给某企业,而承包款未及时到达村民,另一个是村中某村民单独与很多村民承包土地,该承包款同样未及时到达村民。

3.1.1 与某企业之间的承包纠纷

某花艺企业通过村委会向村集体承包了一部分村中的土地,土地性质为国家储备林地,该企业最初与村集体达成承包协议,金额为每年每亩地 1030 元。然而,大多数村民对承包的详细过程及书面合同并不了解,只因为有钱可领便同意了承包。由于承包的土地为国家储备林,按照政府规定,公司必须将款项发放至县乡政府,再由县乡政府将金额打到村内"三资"账户,从而分发给村民。据随机访问的村民和企业代表讲述,一开始金额都按时发放,但近年县乡政府财政紧张,便将这笔钱挪用填补财政支出,造成了该乡镇企业支付了承包款项,但村民并未收到的现象,村民被拖欠款项已达一年半。因此,村民和该公司起了一定纠纷,村民反映他们前去县政府反映问题的时候,总会有种种事件发生,使得他们无法成功反映问题。目前情况是,杜仲树等经济作物已经种植在承包的土地之上,村民由于担心承担经济和法律责任,不敢随意破坏企业承包的土地上的作物。同时,由于村民的土地被占用,又未获得承包款项,农民没有收入来源,因此村民意见很大,情绪不稳。

周雪光在《基层政府间的"共谋现象"——一个政府行为的制

度逻辑》中分析基层政府挪用资金的行为时指出，[①] 基层政府挪用资金的用途有两种：一是将规定用途的专项资金用作其他必要的政府开支；二是将应当支出的资金中饱私囊。基层政府往往处于"上边千条线，下边一根针"的工作状态，需要用极其有限的资源处理管辖范围内的各方面工作，因此第一种挪用行为是资源限制下的必然选择。但是，两种不同的挪用行为之间缺乏明晰的边界，因此上级监管者无法分清两种不同行为，也就难以将所有第二种行为都绳之以法。也就是说，如果与村民利益直接相关的承包资金要经手县乡政府，就不可避免地容易出现资金被挪用的现象。

3.1.2 与某村民之间的承包纠纷

在村南部有一部分荒地，不适宜种植粮食作物。这部分土地最初为集体所有，后来分给各家各户村民，由于土壤质量较低，且距离村民家的位置较远，村中村民们达成一个不成文的共识，由较为有能力的村民承包这部分土地。后来，一位村民单独与各个村民沟通，承诺向其他村民支付承包款项，每亩地每年 800 元人民币，但是达成的为口头协议，并未留下书面协议。后来，在这位承包者将土地承包下来之后，这位承包者将该片土地上的土壤挖走很大一部分，将挖出的土壤卖向市场，留下了大坑，在这些大坑的基础上该承包者选择了经营鱼塘。但是，后期鱼塘经营不善，处于亏损状态，该承包者便开始拖欠农民的承包款，直到目前还未结清。

---

① 周雪光：《基层政府间的"共谋现象"——一个政府行为的制度逻辑》，《开放时代》2009 年第 12 期。

3.1.3 承包纠纷的解决

在土地纠纷的解决中,当地村委会一直在积极推进问题的解决。

在与承包鱼塘的村民拖欠承包款进行纠纷解决的时候,村干部表述,之所以形成目前的情况,来由脉络是由于鱼塘目前亏损,而承包时达成的为口头协议,并未落实到书面以及表述具体承包款项细节,因此当鱼塘亏损的时候,就暂时没有发钱,和村民商量延期支付,后续继续亏损,一直延期,双方半推半就,造成今天的局面。

在与某公司承包土地过程中发生纠纷时,当地村委会村干部还没有完全掌握当时签署承包协议时的全部材料和事件细节。同时,在村干部前往县政府和该公司去协商解决土地纠纷问题时,往往会被工作人员以较差的接待态度和较为恶劣的言谈所阻拦,使得该纠纷的解决一直没有取得实质性的进展。据村民表述,村民在前往县城尝试解决纠纷时,也会面临同样的问题,农民力量相对渺小,没有办法实质性推进问题的解决。

3.2 从治理的视角分析土地纠纷

为了有序、规范地对乡村进行治理,政府设置了一系列成文的正式制度与规范,如专项资金必须经手政府、民事仲裁需要以书面材料为基础。单纯依赖正式制度治理乡村存在两方面的隐患:一方面,大多数村民的生活以外出打工、在村农作为主,对成文的法律、制度、合同、契约了解不多,不能有效利用其作为自己的维权武器；另一方面，基层政府位于治理结构内的特殊位置，其工作目标并不是追求某个专业性的指标而是维持秩序这一综合性的目标，因此上级政府制定的制度约束在面临基层政府的实际工作时往往会"事急从权"。

霍刘庄村的土地纠纷，可以看作单纯依赖正式制度治理乡村时产生隐患的集中暴露。村民在承包林地、鱼塘没有得到具有法律约束力的合同，利益被侵害时维权便显得势单力薄，县乡政府以"没有书面手续""不符合规则"为由，拒绝村民直接从公司支取承包金、强制鱼塘主补偿款项的要求。

◇◇4　民俗节日与文娱活动

4.1　民俗节日

鄢陵县的传统节日，① 见表4-1。

表4-1　　　　　　　鄢陵县主要传统节日

名称	时间	内容
春节	农历正月初一	一年之始
元宵节	农历正月十五	也称上元节，吃饺子、汤圆

---

① 司晓辉：《鄢陵县志》，南开大学出版社1989年版，第487—489页。

续表

名称	时间	内容
二月二	农历二月初二	龙抬头，春耕之始
清明节	按节气计	祭扫祖先坟墓
端午节	农历五月初五	纪念屈原
天爷生日	农历六月初一	祝愿天爷赐福
六月六	农历六月初六	蚂蚁生日，吃煎烙馍
七巧节	农历七月初七	牛郎织女相会日
中元节	农历七月十五	相传为鬼节
中秋节	农历八月十五	吃月饼赏月
重阳节	农历九月初九	登高宴饮赏菊
冬至	按节气计	吃饺子
腊八	农历十二月初八	吃腊八粥
祭灶	农历十二月二十三	祭拜灶王爷
除夕	农历十二月三十	贴对联，大扫除

资料来源：笔者根据《鄢陵县志》自制。

但是，在实际的访谈中，霍刘庄村村民所过的节日较少。通常只有在春节、中秋和庄稼收成之后渴望和家人团聚。清明节会祭祀祖先，其他节日一般不庆祝。一方面，留在村子里的这部分村民确实忙于农活，基本没有闲暇庆祝节日，对他们来说，即使国家在规定的法定节假日放假，他们也仍要按照往常的作息下地照看农作物。部分节日在霍刘庄村的这部分老龄农民看来，缺乏庆祝的传统。一位受访者表示，"端午节是南方传来的节日，我们这里不过这些节"，从侧面反映出传统节日也具有地域性，不是全国普适。另一方面，村民的生活还是比较辛苦，没有闲钱进行节日庆祝，村委会同样缺乏集体资金，无法在春节、重阳节等较具特殊意义的节日开展活动。

4.2 文娱活动

与民俗节日类似，受制于农业生产所需要的大量时间和精力与有限的可支配收入，村民的文娱活动比较单调。

4.2.1 日常文娱活动

村民的日常文娱活动主要是在天气情况不适合下地种田的时候一起聊天、互相串门，或者选择在家看电视、看抖音，特别是一些村民会选择打纸牌来消遣。但是，他们打纸牌不会赌钱，因为没有钱，他们会赌一些别的东西来增加乐趣，如玉米汁，赢的人才有资格喝。除此以外，村民们基本上没有什么娱乐活动，村中修建有运动器材，包括跑步机、扭腰器、太空漫步机等。然而，老人们普遍认为那些器材适合年轻人玩而不适合老年人。村中适合文娱活动的大块空地比较少，主要在村委会附近。因此对于小马庄的村民而言，从家里到村委会要经过一段路程且不是水泥路不便利。村中妇女也不会跳广场舞，因为白天干农活就已经消耗了大量的精力。

4.2.2 大型文娱活动

村中的大型文娱活动比较匮乏，一般只有在红白喜事的时候，才会有请娱乐团体来演出的机会。村中的红白事一般是由红白理事会组织、筹划，并请村子里的唢呐乐队进行演出。

4.2.2.1 红白理事会

红白理事会以行政村为单位，会长由一位村干部兼党员担任，他与一部分打杂头组成红白理事会，负责干预村中的红白事操办，其他人则由各个自然村选出的打杂头担任。一个自然村通常会有一两个打杂头，打杂头德高望重，有奉献意愿，负责张罗周边的红白喜事，打杂头参与红白事并没有特别的报酬，参与这些事务主要目的是一种成就感。

打杂头受到邀请后便出手张罗，首先选定若干德高望重、有经验的人组成委员会，负责统筹工作，其次为当事人有血缘关系的亲属分配工作（设礼堂、准备宴席等），最后代主家管理并记录所有的红白事资金往来（如设灵堂、请乐队、置办烟酒及宴席、收取礼金），在红白事结束后将资金流交还主家。除此以外，红白理事会还会对村中红白事所用的金额进行干预。例如，白事参与者不得超过200人，每桌宴席不得超过260元，礼堂、花炮等物件也有严格的资金规定（大致不能超过2000元），超过规定会被进行罚款处理。严格控制用度的原因是村民之间存在攀比心理，如果有一家超越了规定,很快便会有很多效仿者。

对于经济困难、家庭没法负担治丧费用的村民,红白理事会会帮助他们从简办理,降低灵堂、宴席的开支标准,对此村民都会表示理解。然而,如果家庭没有经济困难但在丧事的办理上过度从简(如不摆宴席、不设灵堂),会被全村人瞧不起,认为其不孝。治丧的费用一般来说受到严格限制,超越限制者红白理事会会派人去做当事人的思想工作令其控制用度,但如果逝者的子女生前对逝者不孝,红白理事会会要求子女在丧事上投入高额花销以弥补子女的不孝。对于婚礼的彩礼礼金,红白理事会通常不参与干预。

红白理事会作为基层组织,一直贯彻落实党和政府反对铺张浪费的意旨。通过观察其具体的工作方式,我们可以看出理事会并非严格执行具文规则的政府机构,在逝者子女对逝者不孝的情况下,为了维持"百善孝为先"的传统价值观,理事会做出变通,强制要求家庭开支超出规定额度,这体现出在乡村治理中传统价值观与党和政府对村民的期望一同维系着村民的生活秩序。

4.2.2.2 唢呐乐队

村中的文娱团体主要就是唢呐乐队。唢呐队长的技艺是家传的,家中世代组织乐队。由于祖代传承、在村中较有名气,有红白喜事都会联系他上门。其他成员则现学乐器。唢呐乐队成员都以农业为主业,唢呐作为副业。当下唢呐乐队处于下滑的趋势,年轻人的观念发生转变,红白喜事的规矩也在变化,因此村子里请唢呐乐队的需求减少,但并没有出现代替唢呐表演的大型文娱活动。

◇◇5　小结

5.1　权力的文化网络与组织网络

杜赞奇在《文化、权力与国家》中指出,① 传统中国的乡村社会不存在明确的领导核心,儒家文化、传统多神崇拜、伦理价值观互相交织,为村民的社会生活厘定了秩序与规范,即文化网络。支配乡村的精英,包括村委会主任、乡绅、退休官员在内,都在文化网络中处于重要的枢纽位置。国家权力在统治乡村时,必须以一个合作者的身份与乡村精英合作,尊重义化网络既定的秩序规范,利用这一套秩序规范施展权力。

在现在的霍刘庄村,村民的行为依赖三套不同的规范维持:传统文化与价值观,现代市场理性,对党和政府的认同。与过去不同,党支部、村民大会、红白理事会、村"三委"等组织成为治理霍刘庄村的主要主体,它们将大部分村民吸纳其中,规范他们的日常生活与政治生活。村民平常可以自由选择将传统伦理或市场理性作为自己的行为准则,但在重大事件上必须服从组织。这些基层组织像石榴籽一样,紧密围绕着党运转——它们的领导者都是共产党员,平时积极执行党的决策,持续吸引霍刘庄村的青年加入(据了

---

①　[美]杜赞奇:《文化、权力与国家:1900—1942年的华北农村》,王福明译,江苏人民出版社2020年版,第19—26页。

解,目前全村有超过10位年轻人正在申请入党)。党和国家依靠不同的组织行使对乡村的权力,"组织网络",取代"文化网络",成了行使权力的主要途径。

5.2 "如臂使指"与"权不下县"之间

封建时代的中国,皇权主要控制范围为县城及以上地区,对县下不能实行直接控制。与之相反的是,现代国家倾向于扩张自身的政府边界,实行对社会基层如臂使指的掌控。事实上,"如臂使指"与"权不下县"都只是基层片面的理想图景,只有深入乡村生活才能了解到基层治理的实际情况。

在霍刘庄村,可以看到,利用组织网络,国家权力能够对村民的行为进行了解与掌控。但是,作为熟人社会的乡村内,村民在交往的过程中形成一套价值观,这套价值观不以法律形式展现,也没有直接的强制约束力,但大家都自发认同这套价值观,通过歧视、排挤等行为约束不遵循价值观的行为。跳出每一个村庄,从宏观视角看,这套价值观形成了中国的传统文化。传统文化是"皇权不下县"的运行机制,在霍刘庄村,其没有完全淡化、影响力依然存在,因此"如臂使指"不能彻底取代"权不下县"。

"如臂使指"和"权不下县"在霍刘庄村以混合的姿态共存,其共存并非单纯的算术平均值。两种治理范式可能会创造出一个新现象——公权力的无序扩张,即一些人一边出任公职,利用国家赋予的权力从乡村汲取资源,一边利用基层社会的自治性与特殊性为辩护借口绕开公权行使的规则。这一现象，对今后国家的乡村治理提出了新的挑战。

5.3 乡村治理的重心转移

现代行政力量介入后，行政村通过建立村民小组等方式绕过自然村，将每一户村民直接纳入自身的治理框架内。同时，计划生育、公粮上交、村庄选举、资金流动、疫情防控，半个世纪以来一系列与每个村民息息相关的重大事件都以行政村为单位运转。因此，在今天乡村治理的中心不可避免地从自然村转移至行政村，这与《江村经济——中国农民的生活》中以自治为主的村庄治理有了非常大的区别。然而，无论时代如何变迁，村庄始终是由同姓、亲朋联结而成的熟人社会。一方面，在村庄治理中社会资本的重要性远大于严密的科层组织；另一方面，国家政权不可能有财力在每一个村庄雇用承担全部管理职能的公务员团队，因此村庄自治无论是在社会层面还是在经济层面都不可能完全被行政力量取代。在此客观背景下，国家权力与基层社会需要合理地联结在一起，即在"如臂使指"与"权不下县"之间找寻一个中道。在霍刘庄村，我们看到一批"乡村精英"在努力维系治理，他们紧跟党的步伐，有的年龄较大，有的有军旅经验。一方面他们与党和国家紧密联系，时刻将政策需求传达至乡村；另一方面他们熟悉当地事务，能够在得到本地人理解的情况下开展工作。以这些人为基干力量，党组织承担了连接的枢纽作用，将乡村自治牢牢整合进国家运行中。

本章参考文献

[美] 杜赞奇：《文化、权力与国家：1900—1942年的华北农村》，王福明译，江苏人民出版社2020年版。

费孝通：《乡土中国》，北京大学出版社2012年版。

司晓辉：《鄢陵县志》，南开大学出版社1989年版。

曾红萍：《农村内部劳动力商品化与社区社会资本变迁》，《中国农村观察》2016年第4期。

周雪光：《基层政府间的"共谋现象"——一个政府行为的制度逻辑》，《开放时代》2009年第12期。

第 五 章

乡村生活方式

张一丹、冯圣伟

在新时代，我国的"三农问题"站在新的历史方位，不再只是农民聚居一处搞农业生产生活的居住地域、从事行业和主体身份的三要素问题，而是包含了城乡关系、工农关系、农业农村现代化等结构性问题的"综合应用题"。所以，党和国家提出了乡村振兴战略，易"农"以"乡"，表现出了对村庄未来发展重心的倾向——不仅要推进农业改革，更要推动村庄各项事业的全面发展。从这个角度讲，乡村振兴的重要目标便是重建乡村生活空间，[1] 重塑乡村生活方式。

基于探究乡村振兴战略中生态振兴和文化振兴对乡村生活方式的既成影响与需求满足，本组通过入户访谈的方式向河南省许昌市鄢陵县彭店镇霍刘庄村的九户居民询问其消费趋向，衣食住

---

[1] 王晓毅：《乡村振兴与乡村生活重建》，《学海》2019 年第 1 期。

行、娱乐礼节等生活习惯,广泛地了解其生活方式,并以旁听其他组访谈的形式,从侧面印证本组的假设与结论。

◇◇1 乡村生活节奏

霍刘庄村共533户,其中233户主要从事农业工作,但也有副业的存在,由于规模小、时间短,仅作为农业收入的补充;300户主要从事非农工作,其家庭主要劳动力一般在外地务工,一年回来的时间比较少,但部分家户在特定时候,尤其是农忙、过年等时间段会返乡。所以,我们以一年待在村子里时间接近或超过2个月的具有劳动能力的人群为研究对象,研究其生活节奏。我们发现,无论家户农业收入占比多少,其在乡村的每日生活节奏具有高度的重复性与一致性,以日出而作,日落而息为基调,随从事工作不同而略有差异;其每年的生产活动安排是以农历历法为主线,"二十四节气"为节点[1]规划,具有高度的节律性。

接下来,我们将以每日生活线、每年生产线详细叙述霍刘庄村村民一天二十四小时以及一年重要时节节点的活动安排。

1.1 每日生活线

由于我们的研究对象中有超过50%的参与非农就业人口,并且

---

[1] 王加华:《节点性与生活化:作为民俗系统的二十四节气》,《文化遗产》2017年第2期。

第五章　乡村生活方式　**105**

这些非农就业人口中有相当部分的人全年大部分时间都不在村,当其不在村时,其生活节奏也就受到外界的干扰,脱离了乡村视域,而当其在村时,又处于农忙或重要节日期间,并不具有普遍性,所以我们并不研究这部分人群的每日生活线,仅描述前文划定的研究对象,并在村里长期生活的家户的"普通一天"。我们在描绘每日生活作息线时,会将以农业为主要收入来源的村民与以非农业为主要收入来源的村民进行对比分析。因为当地属北暖温带季风气候区,气候四季分明,冬季最冷月在 1 月,最低气温可低至 0℃以下,夏季最热月在 7 月,最高气温可高达 40℃以上,室内外温差过大,这也影响了村民的生活作息,所以我们也会对比其夏季与冬季的生活节奏,分析其共性与差异,如图 5-1 和图 5-2 所示。

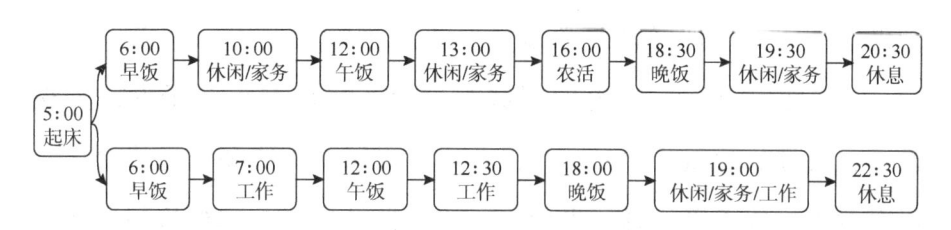

图 5-1　家户夏季生活线

资料来源:笔者自制。

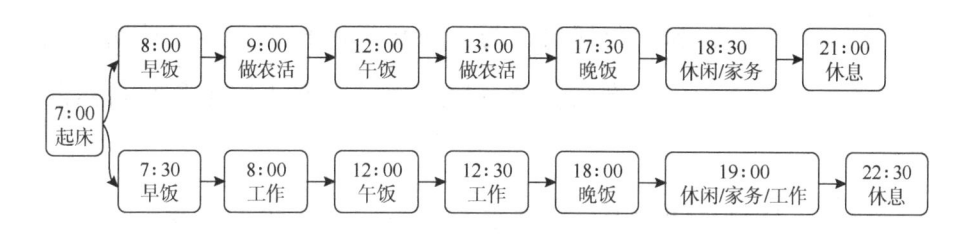

图 5-2　家户冬季生活线

资料来源:笔者自制。

我们发现有以下三种情况。

第一，无论个人是否从事农业工作，当日是否要下地干农活，其起床时间都保持一致性，夏季5点左右起床，冬季7点左右起床，符合"日出而作"。其中的特例是学生群体，对于无劳动能力的幼儿园、小学、初中学生，其夏季起床时间稍晚，为6点左右，因为多数人乘坐校车上学，其冬季起床时间随所属学校安排而略有差异，若所属学校冬季时间采取推迟上学时间，放学时间不变，学生会推迟相应时期的起床时间，若所属学校冬季时间采取提前放学时间，上学时间不变，学生起床时间不变。已有劳动能力的中专、大专、高中、大学学生的起床时间，也相对于父母长辈等较晚，而且起床后也没有具体的劳动安排，几乎均为休闲时间，有时帮父母做饭或一些力所能及的简单农活。笔者推断主要原因有以下两方面。一是主观观念，当地的家庭观念重。父母多疼爱子女，重视教育，父母认为孩子学习已经很劳累，回家就是要多休息放松，父母有意识让孩子多休息，少干活，孩子自己也并不觉得从事农活是自己的责任与义务。二是外界影响，高中、职校、大学这样的基础教育、职业教育、专业教育学院绝大多数地处城镇，生活方式城镇化，教育内容也是城市化建设，与工业化发展相关，学生长期处在这样的环境中，生活节奏与传统乡村的生活节奏不同也是很自然的结果。

第二，休息时间会因家户从事行业不同而有较大差异。从事农业劳动的家户在日落时分结束工作，在21—22点休息，符合"日落而息"，而从事非农工作的家户其工作时间以其具体工作量完成而结束，甚至会出现22点以后"加班"情况，如以皮包缝制加工（计件）为主要收入来源的家户表示，若一天的工作量没有完成，会把家务料理完后再加班完成，以电商直播卖水果为收入来源的家户表示，若一天进货的水果在16点发货前没有卖光，会选择在晚上继续直播直至23点，尽量将水果卖完。

第三，劳动时间总体以"饭点"切割为二段式（每天两大段劳动时间）。由于室外温度变化对农业活动影响较大，所以从事农业工作的家户，其劳动时间在不同的季节有较大差异，呈现夏天劳动时间早晚分散化，冬季劳动时间中午集中化的特点。夏天室外气温高，尤其在正午的时候，农业又为体力劳动，容易中暑，所以家户会选择避开这个时间段，甚至压缩早饭时间以"尽量赶早"，在清晨6点就下地干活，一直到上午10点左右，气温开始上升时暂停干活，回家吃饭休息，直到下午4点左右天气没有那么炎热时，再重新下地干活，直到天黑时收工，每日下地劳动时间大约8小时。冬季天亮得晚，室外气温又低，且冬天相对而言农闲，所以家户会调整为9点左右下地干活，正午吃完饭后就继续下地，直到16点左右，天变冷、路变黑时就收工回家，每日下地劳动时间大约5小时。而非农就业的家户其劳动时间的本质变化原因不是季节变化，而是根据其所属行业（大多数与商贸相关）淡旺季而变化，如过年前的2个月为农闲时，对于多数从事商贸相关的家户而言则是行业旺季。

1.2 每年生产线

河南省被誉为"中原粮仓",主产小麦、玉米、水稻,其中小麦产量为全国第一,这不仅是因为河南省地处平原,适合大型农业机械化作业,更是河南省为撑稳"中国饭碗"的责任。霍刘庄村的村民作为伟大的粮食安全战略中不可或缺的一分子,其以农业活动为重心的每年生产线安排也展现了顶层设计辐射到基层个人上的具体影响。

霍刘庄村的村民有从事农业、林业、牧业的,从事农业的人口占绝大多数,所种农作物也各有差异,有种粮食作物如小麦、玉米、土豆的;有种经济作物花生、莲藕、西瓜的等。由于本村在分地时,一个劳动人口可以分到1亩多地,所以,一户普通的四口之家至少也有1亩多地,若以农业为主要收入来源,还会再租种其他的人的耕地。虽然经济作物经济价值高,是作为农业收入的主要支柱,粮食作物价格比经济作物价格低,但家户还是坚持种植粮食作物,一方面所获粮食可以作为家户自己的口粮,另一方面是农民维护粮食安全的责任,所以本村的村民多以粮食作物与经济作物套种的形式种植。笔者以本村最普遍的"小麦—花生"套种为例,讲述霍刘庄村普通农民与农民工每年的生产线,如图5-3所示。

河南省具有非常好的地理气候条件,产出的小麦和花生品质良好,是我国种植冬小麦和春花生的有利位置之一。冬小麦在秋分

第五章　乡村生活方式　**109**

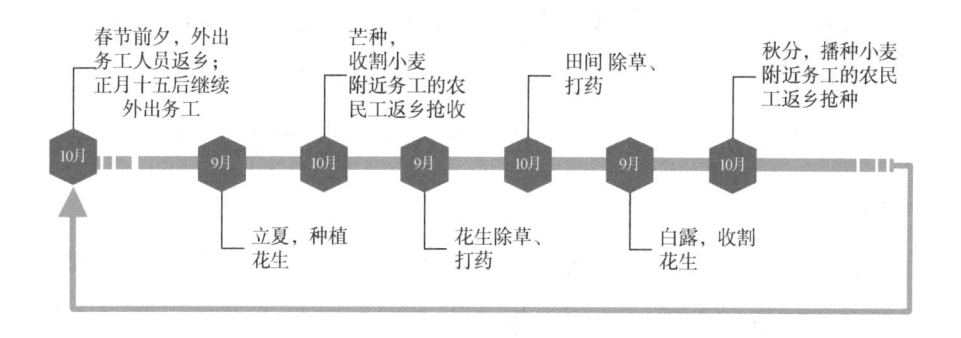

图 5-3　小麦—花生套种

资料来源：笔者自制。

后，即 10 月初播种；次年芒种时节，即 6 月初收获，生长期较长。春花生在立夏时分，即 5 月初播种；当年白露时分，即 9 月收获。"冬小麦—春花生"套种模式的优势在于有效、高效利用土地，在 5 月花生刚冒出土地，小麦即将成熟之际，田地形成了高矮成层、相间成行的空间结构，既改善了小麦间的通风透光条件，提高光能利用率，增加了小麦的边行行数，而边行的小麦一般都比中间的小麦颗粒饱满，从而达到高产高品质的目的；6 月，花生还较为低矮时，收割机收割高层的小麦而不会影响花生的生长，从而提高土地利用率，增加亩产收益。

总体而言，小麦的收割与播种以及春节，是乡村全年生产活动安排最重要的三个时间节点，直接决定了长期劳动安排，尤其是农民工的返乡计划。在秋分播种小麦的时节，作为家里主要劳动力的农民工会返乡，进行种麦工作，完成后再出发务工，直至春节前夕返乡；春节直至正月十五才算结束，村里几乎所有的农民工出发，开启新年的第一次外出务工；收割小麦时节，在附近城镇甚至外地务工的农民工返乡，割麦、晒麦、卖麦、储麦，完成一系列操作后，有些会再次出发务工，有些则会留在家里与留守的劳动力（多为妇女）共同负责花生地中的除草工作和花生的收割工作，直至新一轮的冬小麦播种完成。

值得一提的是，源于农村村委会主任及村支书记任期稳固和相对闭塞的环境，农民工的找工渠道大多源于同村人介绍，通过电话与正在外地的同村人、邻村人联系，询问是否缺人，如果价格合适，时间合适，便前往，一般不会贸然出去，一方面是源于对于外界陌生环境的不安全感，另一方面是外出找工的食、住、行花费对于农民家庭来说是一笔高投入高风险的投资，一旦外出五天内找不到合适的工作，来回路费、住宿、吃饭花费就逾千元，对于人均可支配收入2万元[1]的普通家户而言，这是一笔不小的损失。

◇◇2 乡村生活习惯

2.1 饮食习惯

我们走访了十余户，总结出他们的饮食习惯呈现高度的一致性，不为经济水平差异而有所变化。

---

[1] 新华社北京1月20日电（记者 王悦阳、于文静） 农业农村部总农艺师、发展规划司司长曾衍德20日表示，2021年农村居民人均可支配收入达18931元，实际增长9.7%，高于城镇居民收入增速2.6个百分点。

正餐方面，早餐，多为稀饭和馍，如果家里有蔬菜会炒一些菜；午餐通常为面食，多为烩面、卤面、炒面、汤面等种类，也会有炒菜，最为常见的蔬菜是豆角、茄子、西葫芦、土豆；晚餐与早餐相差不大，同样为稀饭和馍，搭配剩菜或小菜。零食方面，家家户户都准备有很多西瓜，供客人和自己随时食用。

其中值得一提的是以下四点。第一，村里人所说的稀饭，并非用水和大米煮熟，而是小麦粉煮成的主食。首先，在碗中放入少半碗小麦粉，搅拌成糊状。其次，起锅烧水，依照人口的增加而添加，一般一个人添一碗半水。最后，等锅中水烧开，冲入小麦粉，用勺子在锅中搅拌开，并且不断搅，十分钟后即可出锅。第二，村内的饮食与本村的种植结构相关性很强，小麦和花生是本村的基本农作物，因此面食是本村最重要的主食，花生油是村中的常用油，许多家户摘下花生后自留的部分直接送去榨油。村中还有大片西瓜种植，家户院子里也常种植葡萄，因此西瓜和葡萄成了农民家中常见的水果。第三，本村人的口味偏咸，我们在访问中有幸被家户留下吃饭，无论是吃馅食还是炒菜口味都比较重，同时在调查消费结构中的食品支出方面，我们发现了调料品支出不少，每月可以达到百元。第四，家户重视幼儿、上学的孩子[①]和老人的营养补充，会注重孩子的钙和蛋白质补充，如早餐为孩子增加鸡蛋和牛奶，平常为孩子购买钙片补剂，周末专门为孩子炖肉；条件好的子女会为老人购买钙片，而村里的青壮年只会在自己感受到身体疲劳不适时再

---

① 孩子即使成年了，只要在上学就会受到营养上的重视与关爱。

进行营养补充。

从居民的三餐中我们可以看出，此村的饮食结构主要由粮食和植物性食物构成，动物性食物较少，偏重碳水，并且口味偏咸。笔者推测这样的结果至少与以下三方面有关。第一，地域原因，河南是小麦产出大省，自古养成了偏爱面食的饮食习惯。第二，与从事农业有关，本村居民主要从事农业、体力劳动多，需要快速、大量补充能量有关。第三，收入水平低与消费水平低，与城镇居民饮食结构中的动植物食物并重对比发现，乡村居民的饮食结构还有较大的调整空间。这种偏重植物性食物营养结构与偏重调味料的饮食习惯并不健康，在访问的家户中许多50岁以上的居民有高血压和糖尿病问题，需要长期服药，笔者推测这与其饮食密切相关。

2.2 住房结构

本村的住房，最为常见的是两层"L"形建筑。其中"L"形较长的一边，即北边，为客厅和卧室。"L"形短边，为厨房和其他家户自由配置的空间。这些自由配置的空间可能是车库，也可能是工作间。这些住房有一些共同特点。

第一，房屋布局统一。为封闭式庭院，庭院西侧常有小苗圃，种植常用蔬果。庭院是各个家户相差最大的地方，往往反映着主人的生活情趣。在我们访问的家户中，有的庭院堆满杂物，有的庭院停放耕地用的三轮车、拖拉机，也有的庭院主人精心打扮，种树种菜种玫瑰花，将空间打造得温馨闲适。另外，厕所均在西南角，这是政府为本村提供的"无公害化厕所"工程，免费给大家修缮厕所，安装冲水装置。

第二，空间利用率不高。大多数家户都是两层，少有单层的家户，但是追问二楼的用处，得到的回答几乎都是放置杂物或空闲搁置的卧室。建造两层是一种"别人有我也要有"的从众心理，并不是真正的生活需要。另外，每家的卧室数量都很多，访问的家户中最少的也有三间，最多的有6间，普遍为4—5间。之所以安排这么多卧室，是因为农村人注重亲属关系，即使平常可能只有老两口常住在村里，但会给子女、孙子孙女预留房间，也会给客人来串门准备卧室，许多的卧室平时都是闲置状态。

第三，地基高。出于防洪涝考量，宅基地的地基都通过混凝土浇筑逐渐增高，通过地基的高低可以判断房屋修筑年的早晚，越晚修筑的房屋地基越高。

第四，大门高。本村房屋的大门有些高度甚至比配房还高，存在"不能比邻居家或对门家大门矮"的攀比心理。

第五，装有影壁。进大门以后几乎每家每户都安装了一个影壁，属于门内影壁，一进大门就可以看到。从实用角度看，它既能保护主人的隐私，不至于敞开大门就让院子一览无余，又能起到美观装饰的作用，其中画有风景山水、福字等。从风水迷信的角度来说，《水龙经》中记载："直来直去损人丁。"人们在大门内侧立一面墙，可以形成一道气流屏障，既可汇聚福气，又可阻挡煞气。

第六，客厅悬挂宽镜。各家客厅的装修风格各有不同。都喜欢在客厅放置一些装饰画，这些装饰画没有统一标准，有的悬挂毛主席画像，有的装饰风水，有的画大牡丹花。但是，也有共同特征——村民喜欢在客厅西侧的墙上悬挂宽镜，做装饰用，但根据风水学说，客厅挂镜反射家人即食物寓意丰衣足食，且不宜挂东边和正对大门处，所以只能挂西边。

总体而言，村中的住房风格大同小异，结构相近，面积统一且大，这是由于各家的宅基地的面积几乎差不多大小，均为15米×15米或14米×25米大小，而且大多在十多年前修建或修缮，村民对房屋布局设计并无具体的想法，顶多决定卧室数目，其余设计只是随大流，选择邻居、亲戚选择的装修队，装修队主持修建。这也出现了奇怪的现象：房屋一层挑高非常高，使得屋内无论冬夏，暖气和冷气都不能很快提升温度，造成了能源的浪费。

2.3 衣着及形象

霍刘庄村并非少数民族村落，因此没有传统服饰。村民们的服饰通常分为三季：春秋、夏季、冬季。从总体上来说，本村衣着朴素，追求结实耐穿，没有对布料新奇设计感的偏好。村民购买服饰的频率为一年一身到两身，大多都是原来的衣服出现破损等原因而无法继续穿着，对于金银首饰等，全村男女老少几乎都没有佩戴。

夏天的河南省，平均温度在30℃以上，因此夏季的服饰必须轻薄透气。此时，女性的穿着大致分为两类：一类是棉质衬衫和丝质的裤子，另一类是连衣裙。在颜色花纹方面，50岁以上的妇女偏爱花卉、碎花类的图案，几乎没有例外，而年轻女性往往穿着纯色的连衣裙。我们认为，这与购买衣服方式的选择有关，老年人认为网上的衣服质量不过关，因此选择到镇上的实体店铺购买，但镇上的店铺款式比较传统保守，多为碎花等，而年轻人更多偏好上网购物，她们认为网上的衣服款式新并且购买方便，因此在穿着上体现出较大的审美差异。男士的服装更加统一，他们往往穿着吸汗短袖衫、黑色长裤、皮鞋。年纪较大的一般会选择纯色立领的短袖衫，开衫也很受他们青睐，因为方便透气通风，清凉解暑。年轻、追求时髦的人不会选择立领，他们在服饰上展现自己的个性，如带一些花纹印花、破洞处理等。

冬天，河南省的温度平均在0℃以下，农村也没有供暖设备，因此到了冬天，男女的衣着就趋向于一致，不再有十分明显的性别区分。保暖衣、保暖裤、羽绒服成了大众选择，女性喜欢肉色、红色；男性喜欢黑色、灰色的居多。

夏天，如果你走到田间，可以看到正在耕作的人们，穿着布鞋，挽起裤脚，或穿背心，或赤裸上身，在田间劳作。如果在中午，走在街上，还能看见光着屁股的小孩奔跑，是一番乐趣的景象。

形象方面，村民剪发基本前往彭店镇，只有少数老年村民选择在村内的5元美发店理发。男性理发规律性强，除农忙时节外频率约为每月一次。男性发型以平头、寸头为主，年轻女性多为长发，扎成马尾，很少有烫染，都追求规矩得体，不寻求新潮个性。另外，身体清洁也已经是必需，每家每户都安装了太阳能热水器，夏天洗澡每天一次，冬天洗澡每周或半个月一次。

总体来看，无论是在穿衣还是形象管理上，村民都有追求得体、干净规矩的偏好。

2.4 节日及民俗

在霍刘庄村，村民们对节日十分重视，走亲访友是每家每户一年中必不可少的环节。我们访问的家户中都准备有成箱的瓶装水，从询问得知，这是村民们为来访的宾客特地准备的。在交通、通信如此发达的当下，传承下来的节日便成了维护邻里、亲属关系的纽带。在节日方面，霍刘庄村的许多重大节日跟全国的一致，由于河南是小麦生产大省，小麦的生产在人们生活中扮演着十分重要的角色，因此当地又有着独有的与小麦生产时令相关的节日。展开来说，按照一年中的时间早晚顺序，有四个较为重要的节日时间点，百姓们会携礼品走亲访友。

首先是农历正月初一，即春节。春节的习俗与全国几乎无异，从小年开始家家户户就开始准备春节，直到正月十五才算正式过完春节，不仅亲戚间会串门，邻里间也会相互走访送礼；其次是四至五月，即当地特有的与小麦种植相关的重要节日"麦梢黄"，俗话说"麦梢黄，女瞧娘"，在麦子收割之前，闺女携女婿会提前去看望母亲等娘家人，一般会带着麻花、松花蛋等，之后便投入农忙收割麦子当中；再次是六月，即收麦后，这是一年中唯一娘家人会去看闺女的时间节点；最后是八月十五，即中秋节，本村的习俗也与全国无异。

在民俗方面，村中也十分重视婚丧嫁娶礼仪，政府要求成立"红白理事会"专门负责。每个村出 1—2 个人组成小组、经常管事的有 3—5 人，管理整个行政村。结婚红事在其他章节有所介绍，这里不加赘述，主要介绍白事相关事宜。白事礼仪在疫情前后有较大的改变。疫情之前，通常找村中德高望重的人操办，孙子孙女去守孝。第一天，在客厅停灵，通知亲朋好友，当天都要来，尤其是娘家的人。农村白事讲求"风光"，认为人活一辈子辛苦不容易，在离开时寻求体面，因此在第一天，家里人也会找乐队，当地的白事乐队在 2017 年以前只有 2 个人负责和敲鼓，2017 年以后由 4 个人组成，分别负责吹唢呐、吹笙、拉弦、打梆；第二天，娘家人来吊唁，午饭要在村里吃，饭后要给去世的人烧纸；第三天，中午要聚在一起吃饭，现在都是承包给专门办席的来操办饭菜桌，用餐标准多为 200—300 元每桌，少则 25 桌，多则 40 多桌，总共可以 70 多桌，下午下葬，所有亲朋好友都来。疫情前的种种习俗被防控打破，疫情期间，都是电话通知，只有在下葬的当天直系亲属才会过来吊唁，若是紧急时，也不会准备宴席。长时间的疫情，让白事发生了很大变化，村中的乐队没有业务而改行，在放开以后，虽然允许了大办白事，但疫情的长时间影响让人们已经习惯白事简单化，许多家还是选择去世当天下葬。可见，疫情对本村的文化民俗影响还是比较显著的。

2.5 交通出行

霍刘庄村的地理位置特殊——与彭店镇相距8千米左右，与鄢陵县城距离20千米左右。距离镇和县城都不算远并且交通也较为方便，因此不少老人的子女在成年后都选择在镇上或县城工作、居住。

村民的出行按照距离可以分为四种。第一，村内出行，需求是走亲访友、村内接手工活、散步等，主要方式为两轮电动车、三轮电动车、步行。第二，村间出行，需求是走亲访友、购买生活用品、服务等，主要方式为两轮电动车或三轮电动车。第三，村镇出行，需求是购买生活用品及服务，这是最频繁的出行选择，因为镇上几乎涵盖了村民所有村内不能满足的生活需要，主要方式为两轮电动车和三轮电动车。第四，村县出行，需求是送小孩上补习班、老年看望子女，主要方式为两轮电动车、三轮电动车、新能源汽车或四轮油车和公交车。

村民对于不同出行方式的选择具有明显的倾向性，以最频繁的村镇出行为例，我们对十户做了访问。根据访问结果可以看出，村民绝大多数选择电动车出行，尤其是三轮电动车，较少选择汽车，极少数选择公交车出行，如图5-4所示。

造成以上结果的原因有以下五方面。第一，电动车购置成本低，使用成本也低，对于大多数家庭来说可以承受。第二，村内道路宽度约为3米，刚好足够两辆三轮电动车并排行驶。第三，三轮电动车既可以装载农具、采买物品还可以接送小孩，实用方便。第

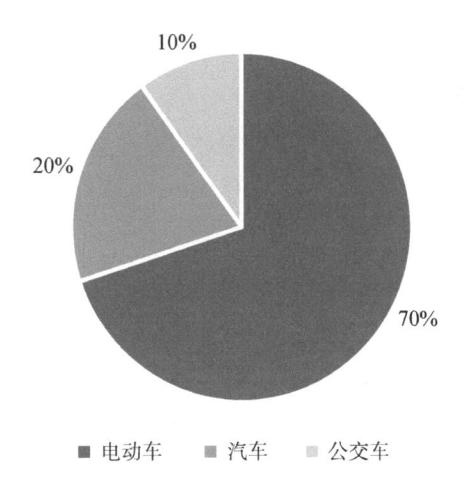

图 5-4　村镇出行方式选择

资料来源：笔者根据受访样本自制。

四，汽车购置成本高且油费高，对于一般家庭来说是一笔与建房支出相等的花费，许多家庭难以承担，尤其是有直接教育支出的家庭。第五，公交出行虽然花费不高，但公交站点距离人家十分远，要去镇上仍需要步行很长一段距离到站点，且班次少，不方便，如图 5-5 所示。

总之，村民出行追求经济且实用，因此电动车（包括电动摩托车、电动三轮车、电动老年车等）出行在本村中占有极大的比重，公交车本应该成为村民出行的选择，但是因为站点设计位置的不合理几乎被搁置，因此，公交站点的设计、班次应该进一步优化。

关于义务教育阶段的学生的接送问题，因为位于霍刘庄村里的唯一一所小学——刘庄小学于 2022 年停办，于是村里的小孩便主要在彭店镇、殷坡上学。幼儿园与小学均有校车接送，家长们在路口接送即可，极大方便了家长与孩子。

非载物载人（溜达、去镇上打零工、无大型采买需求的赶集）：两轮电动车、四轮油车、公交车

载物载人（带孩子兜风、下地做农活、采买东西）：三轮电动车、四轮电动车

按需求

出行方式选择

按需求

村—内：两轮电动车、三轮电动车、步行

村—村：两轮电动车、三轮电动车

村—镇：两轮电动车、三轮电动车

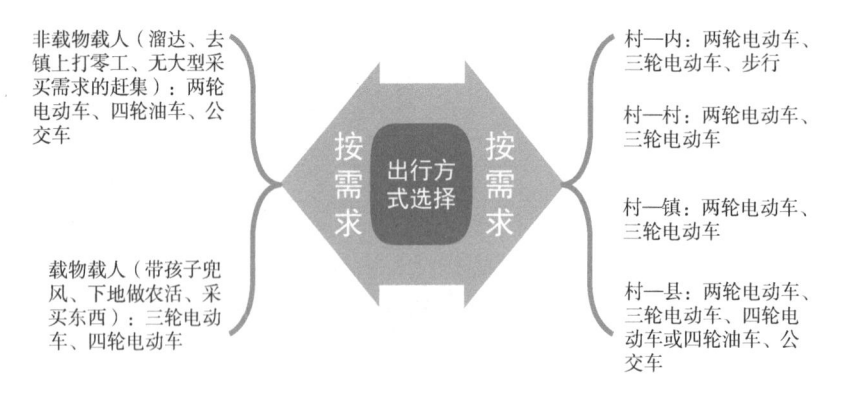

村—县：两轮电动车、三轮电动车、四轮电动车或四轮油车、公交车

图 5-5 家户出行方式选择

资料来源：笔者自制。

2.6 娱乐活动

村中的娱乐活动比较匮乏，大多都是少数个人性质的娱乐活动，很少有集体组织的活动。男女老少的休闲活动几乎为看电视、刷手机小视频，尤其是抖音。夏天，也会有许多老人在树荫下坐着马扎聊天，也会有人聚在一起打麻将。村中有一个广场，已经被搁置，里边的各种健身器材早已生锈积灰，篮球架前也被杂物堆满。据了解，村中的广场平时几乎没人去，只有在过年时大家团聚才会有人去广场玩。笔者推测主要原因是距离各家各户都不算近，并且广场周边没有树木，在夏天时十分炎热，如图 5-6 所示。

在我们访问的家户中，不少村民认为农村文化、娱乐生活需要提高，如建一些老年棋牌、广场舞、组织小孩集体活动等。在网络日益发达的今天，村中的文化活动承担了维系邻里关系，提升老年

图 5-6　村中闲置广场

资料来源：实践团拍摄。

人、儿童幸福感和故乡归属感的作用。因此我们认为，村干部和党委需要认识到村内娱乐文化活动的重要意义，充分发挥自己的作用，在村内娱乐设施建设与娱乐活动组织方面积极开展活动，来提高百姓的幸福感与归属感。

2.7　医疗

绝大多数村民并不清楚新型农村合作医疗政策，尤其是报销比例和条件。普遍认为"住院才能报销，不住院不能报销"，而村委会周围宣传栏也未有详细说明。

事实上，根据笔者网上搜索得到，门诊报销：在合作医疗定点村卫生室和镇街道卫生院均按25%报销，门诊补偿总额每人每年最高报销150元。二级（含）以上定点医疗机构的门诊医药费用不予报销。报销起付线：一级定点医疗机构100元，起付线以下的医药费用不予报销。二、三级定点医疗机构不设起付线。报销比例：一级定点医疗机构住院不实行分段补偿，符合报销范围内的医药费补偿比例为65%。二、三级定点医疗机构住院实行分段补偿，分为5000元以下（含5000元）、5000元以上至10000元（含10000元）和10000元以上三段。

截至2023年，村里已经没有专门的卫生室，但有两个药房，买药看小病可以去药房。

◇3 乡村消费结构及特点

消费结构方面，我们将所调查的家户分为两类：有直接教育支出家庭和无直接教育支出家庭。对调查的家户进行划分的主要依据有以下两方面。一方面，由于霍刘庄村与彭店镇距离（8千米左右）和鄢陵县距离（20千米左右）均不远且交通也较为方便，因此不少亲属关系家庭中的成员如老一辈的子女，他们多在镇上或在县城工作居住并且抚养孩子，只有在周末和节假日回到村中住几天，他们并非常住居民，而我们调查的对象是常驻在村中的居民。另一方面，在我们整理数据中发现，有直接教育支出的家庭和无直接教育支出的家庭在消费结构上存在较为显著的差异,在样本量较小的情况下,分开计算消费结构更能得到可以分析的结果。

我们将居民的消费结构分为食品支出、衣着、通信、交通、居住、人情往来、生活用品及服务、保险、教育及其他(主要为医疗)这几个方面。其中对部分指标附加一些说明。

交通:由于村中主要的出行方式是两轮和三轮电动车,较少数选择汽车和公交车出行。因此,计算交通支出时,对于电动车,我们根据居民平均月出行次数和距离估算耗电量,并在生活电费中扣除对应数额;对于油车,同样方法估计耗油以及保养费用;对于公交车出行,则直接按公交车费用计算。

居住费用:主要指标为用电费(扣除交通)、用水费、粪坑填补费用、更换燃气费用。

生活用品及服务:主要为理发、生活卫生用品等进行估计。

教育费用:调查户给孩子的教育支出大多都包含了孩子在学校或补习班的饮食,我们的估算方式是,将孩子教育总支出(包括饮食)减去其平均食品支出水平。

其他(主要为医疗):指生活中不规律的支出,如看病等。

娱乐:娱乐支出并没有体现在其中。原因是所调查户的娱乐项目都十分匮乏。全部为手机刷视频和看电视,甚至于没有娱乐项目,在闲暇时候休息。这项支出反映在居住消费的电费和通信费用中。

将调查的户划分为两组,每组内将户各项消费数据进行平均,计算在平均总消费支出中的占比,我们得到了一系列数据,如图 5-7 和图 5-8 所示。

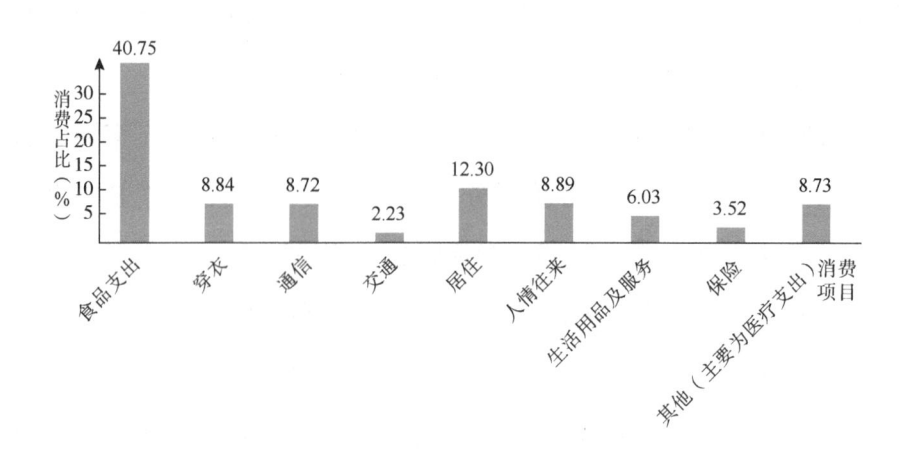

图 5-7　无直接教育支出家庭消费结构

资料来源：笔者自制。

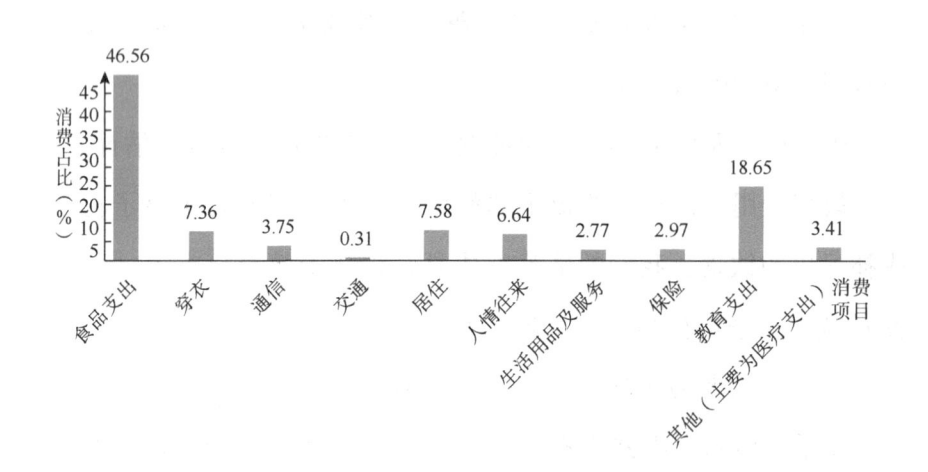

图 5-8　有直接教育支出家庭消费结构

资料来源：笔者自制。

总体来看，两组消费结构既存在一些共性特点，又存在组间差异。

第一，在两组消费结构中，食品支出均排在第一位。两组的食品支出分别为40.75%和46.56%，高于我国平均水平30.5%。略高于正常水平（20%—40%）。同时，因为农村的食品几乎都为自己加工，很少有为了改善生活去饭店的情况，这就少了很多加工过程中产生的服务附加价值，因此实际的食品支出应该会更高。

第二，两组的保险支出在人均水平上较为相近。主要反映在：所调查家户几乎全部参加了350元一年的新型农村合作医疗保险；社保方面，村民的缴纳意识较低，50岁以上村民几乎没有缴纳社保的行为，只有少数50岁以下的村民缴纳最低档的养老保险，因此家庭与家庭之间保险支出差距较小。

第三，两组的一大共同特点是人情往来支出不低且水平相近。在我们调查的家户中，人情往来支出基本都在2000—4000元每年这一区间内。人情往来支出主要分为三个部分：每年串门走亲戚携带礼品、婚丧嫁娶的份子钱和过年给小孩子的压岁钱。其中串门走亲戚每年大约有三次，每次携带的礼品包括牛奶、水果等估算为150元左右，婚丧嫁娶随份子每家每年参加1—2次，不同的事宜随礼不尽相同，若是婚礼则100—200元，小孩出生百日、丧事20元就可以，但是随礼随着亲近程度不同而有差距，如果关系比较近，份子钱可以到500—1000元。同时，随礼与个人的生活水平相关，如我们访问到的一位退伍老兵，三个儿子都在上海、苏州成家立业，生活较为富裕闲适，他特地向我们表示，每次战友的孩子，或者自己的亲戚有喜事，他至少也要500元的份子钱。压岁钱是人情往来支出的另一个大头，在河南许昌，给亲戚家的孩子压岁钱为

100—300元；远房亲戚压岁钱也会给100—200元。

第四，两组的交通支出也相近，均较低。原因在于，本村居民出行多为村—镇出行，主要交通工具是两轮电动车、三轮电动车，几乎很少驾驶机动车和乘坐公交车出行。原因是机动车购买成本高且用途少、公交车需要步行很远的距离才能乘坐，十分麻烦。电动车既实用又便捷，自然成了最佳选择。

第五，在两组间进行对比，很容易发现，在增加了"教育支出"这一分母后，有直接教育支出的家庭食品支出占比反而增高。原因可能是村中成年人饮食习惯几乎一致，因此对于成年人，食品支出差距不大，多为10—15元每天。但是，有直接教育支出的家庭有子女抚养的需要，会给子女提供奶制品、零食、丰盛饭菜来改善生活，调查样本中的某一家户人均每日食品支出甚至达到25元。

第六，在第二组引入教育支出项目后，教育支出占有一定的比重。这里的教育支出体现在孩子的学费、假期的补课费、假期兴趣班开展的费用和少部分孩子还有假期组织游学产生的费用。可见，父母对孩子的教育非常上心，在我们访问的家户中几乎每个小孩在假期均有补习班或兴趣班。同时，通过对比发现，有直接教育支出的家庭产生了一定的"替代效应"，主要反映在以下三个方面。其一，交通运输支出降低显著，往往有子女的家庭不会购买汽车而会选择成本更低的电动车。其二，居住成本也有所降低，体现在用电量上，有子女的家庭本身负担较重，会较少购买、使用智能化的高耗电电器。其三，医疗支出也有所降低，可能由两方面导致。一方面是有直接教育支出的家庭成员年龄相较于无直接教育支出的更低，基础病更少，免疫力更强；另一方面，也可能抚养子女的支出让本会去医院的小病"忍一忍"。

◇◇4 乡村生活变化

乡村的变化总是在润物无声中进行，我们从家庭生活、公共服务、群体现象三个视角以点带面地观察。

4.1 "让乡村更宜居"——无害化厕所建设

根据河南省人民政府办公厅2021年颁布的《河南省乡村建设行动实施方案》第五部分"实施农村人居环境整治提升五年行动"第一条："扎实推进农村厕所革命。切实提高改厕质量，强化后期管护服务，加强厕所粪污无害化处理与资源化利用。2021年年底前新改造农村无害化卫生厕所150万户；2025年年底前累计新改造农村无害化卫生厕所550万户、厕所粪污基本得到处理。"

在霍刘庄村，家家户户均修起了"无害化厕所"。根据走访得知，该厕所的修建是政府与家户协商，若家户同意，则为每家免费安装一个蹲便器和一个冲水器，并贴挂使用维护须知，之后水费自负。

无害化厕所相对于以往村内传统所用"旱厕"而言，既有好处，又有其不便之处。好处在于厕所的卫生有所提升，并且降低了老人或小孩在传统厕所里意外发生的概率。其不便之处在以下三个方面。第一，下水管道较窄，异物易堵塞。第二，冬季水管易冻易裂，冲水困难。第三，自来水费相较于之前的井水、废水更贵，村民们舍不得使用。所以一些奇怪的现象产生了，原本利好农村生态建设的工程却遭到了部分村民的拒绝与抵制，甚至有人故意毁坏蹲便器与冲水器。

这些现象，一方面表现了村民旧生活习惯对新生活形式的不适应，另一方面也意味着新生活形式的推进未贴合当地实际情况的"水土不服"。中层政府如何更好地因地制宜细化政策，基层政府如何更好地执行落实政策，并且向上级反馈问题，是乡村振兴战略做好做扎实需要突破的地方。

4.2 "生态振兴"——公共环卫建设

根据河南省人民政府办公厅 2021 年颁布的《河南省乡村建设行动实施方案》第五部分"实施农村人居环境整治提升五年行动"第三条："持续推进农村生活垃圾治理。健全生活垃圾收运处置体系，推进农村生活垃圾源头分类减量，完善资源回收利用网络。2021 年年底前实现农村生活垃圾收运处置体系全覆盖；2025 年年底前基本实现农村生活垃圾分类、资源化利用全覆盖。"[1]

霍刘庄村的村庄公共区域环卫是由环卫公司承包环卫任务，环

---

[1] 河南省人民政府办公厅：《河南省人民政府办公厅关于印发河南省乡村建设行动实施方案的通知》，《河南省人民政府公报》2021 年第 13 期。

卫公司设立一名大队长，统筹多个县的环卫工作，每个县分设一名中队长负责各村的日常环卫工作监督、检查工作，每天巡查垃圾桶是否清理完毕，周围是否有残留垃圾，若有垃圾，拍摄相应照片，联系对应负责的保洁员及时清扫，而具体的保洁员由村委挑选合适的人。霍刘庄村共3人，各自负责一个自然村（其中小马庄村区域小，村户少，不单独设立分管保洁员）。每个村的主路上均有垃圾桶，垃圾桶上会标明其具体属于的自然村保洁员负责每天打扫垃圾桶周围的垃圾即可。

据笔者走访观察，虽然村中主干道两旁均设有绿色大垃圾桶，其周围也无垃圾散落，但在支路的土坑、水坑、树边还会有成堆的生活垃圾堆放。笔者推测直接原因是垃圾桶摆放的位置距离家户较远，所以家户懒得将垃圾扔至垃圾回收桶，但深层原因还是卫生意识不强，旧有生活习惯没有及时改变。笔者还观察到村中也有关于不要乱扔垃圾的劝导标语，说明有点效果，但不是很强。

具体的关于环卫公司中标标准，其环卫费用拨付方面的信息，笔者无从得知。

4.3 房屋结构变革

根据走访及观察，该村的房屋风格形式存在以下四个变化阶段。
第一，在改革开放前，该村房屋风格主要是传统的土坯房结构。[①]

[①] 此为走访得知，目前该村已无土坯结构的房屋。

第二，在改革开放以后，随着经济水平的提高，1980—1990年，该村迎来第一次"房屋革命"，有能力的家户修起了砖瓦结构房屋，以普通的一排两层楼房为主要形式，而贴瓷砖、用大面积玻璃做二层走廊窗户还是当时有品位、见过世面的人的修建选择。

第三，在2010年前后，该村迎来了第二次"房屋革命"，一方面出于房屋老化，其设施跟不上快速发展的生活需求的硬性换房需求；另一方面也是出于从众心态，"人人都有新屋，我家没有新屋，心里不得劲"。此时"L"形两层房屋兴起，"复古的"的绘画瓷砖、影壁墙流行。

第四，在2020年前后，笔者在村中走访发现，兴修了很多偏西式建筑风格的小洋楼，总体建筑风格呈现"百花齐放"，并非如之前"集体主义"占上风时复制一般的模样。

村民对房屋的价值评判也有了新的观点。在以前，哪家人发展得好坏，最重要的判断依据便是房子修得阔气不阔气，而如今，随着商品房的经济价值远高于自建房，村内的房屋已经不再是家庭经济水平的唯一标准，取而代之的是城里的商品房数量。

房子是农村人的根，有房才有家，房屋结构的变化也是乡村生活方式变化的重要缩影。房屋结构的更新是经济水平提高、生活水平改善的必然现象，但是物质层面的提升最终会反映在精神层面的解放。从原来的攀比屋新、门高，到如今的房屋形式各异，部分房屋引入了西式房屋的特点，甚至在农村的房屋已经不是判断该家户经济水平的标准了，充分表现了农民内心面对旧思想和新思潮冲撞下的摇摆与斗争。

◇◇5 小结

我们发现位于同一村的农民的生活习惯具有高度的节律性和一致性，基本不因所从事职业不同而有较大差异，但随着时代的进步与经济的发展，不同年龄段的人也会在保守思想的基础上呈现不同程度的解放。这一点在其生活方式及观念上有所体现，通过对比可以侧面窥见城镇化、工业化带给乡村生活方式的扭曲与革新。

如何完成思想层面上的进步，是乡村振兴中的关键步骤与破局难题。

本章参考文献

王晓毅：《乡村振兴与乡村生活重建》，《学海》2019 年第 1 期。

王加华：《节点性与生活化：作为民俗系统的二十四节气》，《文化遗产》2017 年第 2 期。

封志明、史登峰：《近 20 年来中国食物消费变化与膳食营养状况评价》，《资源科学》2006 年第 1 期。

第六章

农村产业结构

冯婷玉、周琪森

霍刘庄村是一个主要以第一产业为主的传统农村，而本小组的调研主题是霍刘庄村的农村产业结构。所以，本章将首先对霍刘庄村的产业进行概述，其次细分行业进行详细介绍，最后对霍刘庄村当前产业的发展模式进行总结与展望。

◇◇1　乡村产业概述

调研发现，霍刘庄村的产业结构具有如下三个显著特点：以种植业为主，以家庭为主要生产单位，乡村劳动力老龄化严重。下面，我们对这三个特点展开介绍。

1.1 以种植业为主

霍刘庄村共有耕地 2947 亩，大部分耕地由农民自家耕种，主要种植小麦、花生、玉米、大豆等粮食作物，近年也有开始种植西瓜、大蒜、辣椒等经济作物。在耕地之外，共有林地 1294 亩，分散在不同的自然村之中，主要用于种植杜仲树。在国家储备林项目规划中，由附近企业承包，进行统一管理，并不由家庭种植。有四户养牛，共养了三十多头牛。有二十多户养羊，共有一千多只羊。还拥有一片鱼塘，两家箱包加工厂，一家花生榨油厂，一家燃料加工厂。总体来说，在霍刘庄村的数百户居民中，多数家庭都会选择种地以获得食物和一定的经济收益，只有少数家庭会选择搭建大棚进行牛羊养殖或选择开办加工厂。因此，该村的产业结构呈现"以第一产业为主，第一产业中又以种植业为主，以其他产业为辅"的主要特征。

1.2 以家庭为主要生产单位

霍刘庄村的生产结构还具有一个主要特征，即每个家庭独自完成生产，家庭与家庭之间在生产上的联系并不紧密。在该村，生产合作社并没有实际上发挥作用，不同家庭之间也没有自发地形成生产上的合作。由于各家种植选择的差异，村中并没有统一购买种子、化肥、农药等生产资料的渠道，都由村民在集市边上的商铺中自行购买，或选择在线上网购快递到村中邮电所。作物收成后的出售主要有如下两种方式：对于经济作物和部分粮食作物，村民在收获采摘后会自行运到集市，自行定价议价，在集市上进行出售；对于小麦等产量极高的粮食作物，在各种粮食收获的时间段会有收购企业（如面粉厂）前来村中进行规模收购，收购企业会与出售粮食的村民逐家单独商议价格，双方达成共识即可交易。由于不同厂商具有信息差，厂商与农民之间也具有信息差，对于粮食的品质考核也可能出现错漏，会导致粮食价格可能有较大差异，需要农民自行对价格进行判断，并且自负盈亏。其中，生产合作社并不起到集中沟通信息或联络销售渠道的作用。因此，从农业生产的各个环节，霍刘庄村都体现了以家庭为主要生产单位的特征。

1.3 劳动力老龄化严重

霍刘庄村现在居住的人口多为小孩和老人，主要有以下原因：首先，霍刘庄村一直以来没有村办中学，适龄学生需要前往外地读书；其次，由于种地更加辛苦，且收入更低，而在城市打工可以有更宽阔的眼界，还可能有更好的发展机遇，因此村中的壮年男性普遍不愿意在完成学业之后返乡务农，而是选择外出在城市务工；最后，由于老年人年龄较大，体力、技术、学习能力等条件均不如年轻人，即使在外务工也没有竞争力，很少有单位愿意使用55岁以上的工人，因此老年人大多留在村内种地。另外，也有部分老年人由于身体原因无法保持高强度劳作，这部分家庭宁可将土地以较低的价格流转给别的有余力种地的家庭，也不愿意让出门在外务工的子女回来耕作。因此，霍刘庄村的劳动力呈现严重老龄化的特点。

◇◇2 农业

农业在本村经济中的重要性，已经在以上章节中显示出来。要研究产业结构，首先要研究农业。本章所使用的"农业"一词，只是从狭义来说，主要指的是作物种植业，主要包含粮食作物和经济作物。

2.1 主要作物与生产模式

农田的安排取决于农民对风险的态度。霍刘庄村以种植小麦、花生、玉米、大豆为主，其中，按阴历来算，小麦在每年九月播种，次年五月收割，一年种植一次；花生在五月播种，同年八月收割。在每年小麦收割之前的五月，农户会在两列小麦的间隔种上花生，不仅可以延长花生的生长期，从而提高花生的产量，还能够使肥料、土地得到合理有效的利用，做到一肥两用、养分互分。[1] 近年来，也有农户开始尝试着种植辣椒、大蒜、土豆等经济作物，但目前规模较小。经济作物虽然产量高、收益多，但需要更精心地照顾，面临着更多的成本和更高风险。农户在播种、翻土、灌溉、施肥、除草、收割中用到的知识都是其在实践中长期积累下来的经

---

[1] 张珍:《小麦套种花生种植技术探讨》,《农民致富之友》2015年第20期。

验，因此，选择种植新作物意味着他们需要学习新的种植经验，一部分较为保守的农民会选择不主动尝试新的作物，直到看到同乡人种植成功后再向其学习。另一部分大胆的农民会尝试各种新作物。在一户农民那里，我们看到他同时种植了大枣、桃子、玉米、青茄、大蒜等多种作物，如图6-1和图6-2所示。

图6-1 花生和玉米

资料来源：实践团拍摄。

图6-2 花生与小麦套种

资料来源：实践团拍摄。

目前，霍刘庄村的农业生产实现了部分机械化。农户们可以选择用手推式家用播种机或租用邻村的播种车进行播种，如图6-3和图6-4所示。同样地，邻村也有持有各种机械化农业设备的租户，可为当地的农户提供相应的收割、翻土等机械化生产服务，大大提高了生产和播种效率，也减轻了农户的负担。据农户所说，用收割机收割一天，往往和农民自行收割十天的工作量相当。耕作与收割效率的提升也大大减少了农民们的劳作时间。在温度适宜的时候，农民们日出而作，日落而归。在炎热的夏季，农民们往往在凌晨五六点外出劳作，十点便回家中休息，直到下午五点左右太阳开始西下后再出去劳作，一直到看不见路了才返回家中。

图6-3 手推式家用播种机

资料来源：实践团拍摄。

图 6-4　播种车

资料来源：实践团拍摄。

家庭是最基本的劳动单位，而适龄儿童外出上学，年轻人外出务工，一户中的主要劳动力以老人为主，生产工具的提高使得农业不再主要是男人的职业。一对老年夫妇，若是不需要照看孙子孙女，往往都会下地干活，但若家中有年幼的孙子孙女需要照顾，则女性留在家中而男性外出劳作。当老年人体力不支无法劳作，或者该户经营有其他业务（如小卖部）时，他们往往会选择把土地以低价租给同乡的人，而不是雇用他人来种自己的地（我们在调查中并未发现这种雇佣关系）。

2.2 土地流转

2.2.1 土地流转的组织模式

调研发现，霍刘庄村的土地流转主要有两种模式。其一是村民之间自愿达成的流转协议，这种协议往往因为两户村民中其中一户由于身体原因或有其他工作而没有办法或不愿意在自家的土地上进行种植，另一户则因为家中务农人口较多或身体较好，在种植自家土地之后仍有剩余劳动力。这种土地流转通常是私人之间订立的约定，土地流转的租金和当地粮食的价格挂钩，基本上以三百斤小麦的价格为基础上下浮动，当前每年为400—500元。其二是村民与外来企业或养殖大户达成的流转协议，这种协议通常会是外来企业或大户直接联系村委会，由村委会与村民进行逐家沟通，对于部分不愿意出租土地的家庭，也会由村委会尽可能进行劝说，最终基本上都能达成流转协议。由于收购之后可以从事规模生产，土地带来的收益也会较高，因此这种流转的租金也会较高，每年为1000—1200元。不过，这种模式存在的缺陷是，由于村民和企业无法直接沟通，难以建立信任，一旦出现问题就可能造成双方的损失，带来无效率的生产。

2.2.2 土地流转的价格影响因素

根据上述分析，我们不难发现，土地流转价格的主要影响因素之一是买卖双方的关系。如果土地租用方也是本村的村民，这种邻居之间的人情和信任会带来较低的流转租金。如果要租给外来企业，由于农民对企业并不熟悉，对外地人也更有敌意，"肯定不能给外地人这么低的价格"，加上企业的生产收益往往高于农民以家庭为单位的种植收益，因此租给外来企业的价格会更高。

除双方关系外，土地质量和土地集聚程度也会很大程度上影响租赁价格。即使同处在一个村子，不同地块的土地依然略有差距，不同的土地可能肥沃程度不同，也可能会给作物带来不同水平的养分，最终会导致不同的质量和产量，因此价格会有一定的差异。但是，近些年化肥已经得到充分普及，化肥的质量也在进一步提高，不同土地带来的养分差异在逐渐被化肥的作用降低，因此土地质量带来的价格差异在近些年不断降低。其次，更加集聚的土地可能会带来更高的价格。如果出租的土地被划分成不同小片，分散的土地可能会带来生产上的不便，即更高的往返时间成本和运输、机械化生产等成本，因而价格相较于完整的土地更低。

2.3 成本—收益分析

研究农村产业，尤其是农业，就必须研究农民的种植选择。影响农民选择的最关键因素，则是何种作物可以带来更高的利润。因此，小组在调研时，分别对生产中的成本、买卖价格等因素询问了种植各种作物的村民，得到了一些价格数据。本节先对这些价格数据进行描述，再将平均价格、平均成本、平均利润等信息制成表格，以方便进行成本—收益分析，从而解释现在霍刘庄村农民的种植选择。

2.3.1 种植成本

对于大部分作物来说，种植成本主要分为三类：种子、化肥和农药。另外，可能会有租用农机，即机械化服务的使用成本。下面，我们将按照不同的粮食作物对种植成本进行描述。

第一，小麦。

小麦的种植需要的化肥价格较高，从播种到收获需要的化肥也较多，总价为每亩大约300元；所需农药每亩约60元，在套种小麦和花生的种植模式下，所需的种子每亩约为60元。小麦的播种和收割均可以用机械设备进行辅助，机械设备可以省去十天左右的工作量，播种机的租用价格每亩约为40元，收割机的租用价格每亩约为60元。同时，为了防止种子播种之后受到地下虫子的啃食，造成不出苗或苗弱的问题，因此，在播种之前需要把麦种与农药进行搅拌，让农药覆盖在种皮上，这一步平均每亩所需成本约为25元。经计算得知，小麦的亩均种植成本约为605元。

第二，花生。

花生相较于小麦，需要的成本更高。由于花生的抗虫能力较低，更易受虫害影响，因此种植一季花生需要打三遍农药，每次每亩的价格40—60元，需要化肥每亩约为200元。每亩花生大约需要8斤种子，花生种子的价格每斤约为45元，因此每亩大约需要360

元。租用农机播种的价格为每亩40元，而花生需要经过两次收割，采用不同的技术，其价格分别为每亩60元和每亩80元。经计算得知，花生的亩均种植成本约为890元。

第三，玉米。

玉米种子每亩大约需要60元，化肥每亩需要200元，农药大概每亩需要30—40元。玉米的机械化播种价格每亩约为30元，收割价格每亩需要50元。但是，收割后玉米需要将玉米与穗分开，需要每亩约50元的分穗成本。同时，种植玉米后的土地需要使用农机来翻平，方便进行下一茬种植，这也需要每亩50元的成本。经计算得知，玉米的亩均种植成本约为475元。

第四，大豆。

大豆的种植相对来说较为便宜，种子每斤大约6—8元，每亩地需要8—10斤种子，农药需要50元左右，化肥价格每亩约在90—120元，同时需要每亩50—60元的收割费用。经计算得知，大豆的亩均种植成本约为310元。

2.3.2 种植收益

从收益角度，由于农产品价格波动一直较大，小组调研时询问了近三年价格的波动范围和近期的价格。小麦近三年价格大约在每斤0.7—1.6元之间波动，近期价格约为1.1元每斤；亩产量大约为800—1200斤；花生价格每斤在2.6—3.6元，近期每斤价格约为3元，在不套种的情况下亩产量约为900—1000斤，套种时亩产量则大约为800斤；玉米的价格每斤在1.00元多波动，近期价格每斤约为 1.3 元，亩产量约为 800—1000 斤；大豆的价格每斤在 3 元附近波动，亩产量为 400—500 斤。

本小组根据调研的结果，将不同作物的成本与收益进行了分析，见表 6-1。

2.3.3 收益—成本分析

利用表 6-1 中的数据和农村生产政策的现状，我们不难解释目前农民的耕种选择。对平均利润进行分析可以发现，小麦和花生套种的利润相对是最高的，高于一年种两季小麦或不种小麦而纯粹种植花生。虽然在调研中发现，轮作西瓜和玉米的收益要高于小麦和花生套种的总收益，但农村承担了粮食生产的重要任务，村委会要求农户必须种植一定量的小麦，否则就会采取强制措施来影响农民的生产。另外，种植西瓜对土地要求较高，沙土地才能种出质量较高的西瓜。土地条件也是西瓜种植量较低的原因之一。因此，从成本—收益分析不难解释霍刘庄村农业的基本特征，即主要使用套种的模式种植小麦和花生，并有一部分土地进行经济作物的种植，不过现阶段这种经济作物仍然较少。

表 6-1　　　　　　　　农作物成本—收益分析

	小麦	玉米	花生(套种)	花生(不套种)	大豆
种子价格(元/亩)	120	60	360	360	60
化肥价格(元/亩)	300	200	200	200	105
农药价格(元/亩)	60	35	150	150	50

续表

	小麦	玉米	花生(套种)	花生(不套种)	大豆
播种价格(元/亩)	40	30	40	40	40
总收割价格(元/亩)	60	100	140	140	55
其他价格(元/亩)	25	50	—	—	—
平均总成本(元/亩)	605	475	890	890	310
平均亩产量(斤/亩)	1000	900	800	1000	450
平均价格(元/斤)	1.2	1.3	2.9	2.9	3
平均总收益(元/亩)	1200	1170	2320	2900	1350
平均利润(元/亩)	595	695	1430	2010	1040

资料来源：笔者自制。

2.4 农业发展遇到的困境

2.4.1 自然因素

霍刘庄村地处河南省许昌市鄢陵县彭店镇。彭店镇地处黄淮平原腹地、黄河和双洎河冲积平原上。许昌市属于北暖温带季风气候区，春季干旱多风沙，夏季炎热雨集中、洪涝灾害频发。据调查发现，村内的路面质量低，排水系统并不完善，下过雨几天之后道路上仍然随处可见积水。一旦发生大降水，会对农田与作物造成严重毁坏，不仅导致农户严重的经济损失，也会严重影响农户的生产生活。

2.4.2 社会因素

2.4.2.1 人口结构老龄化

霍刘庄村的人口外流现象十分严重,村中劳动力主要为60岁以上的老人,年轻人外出上学或务工。整个村面临着人口结构的老龄化。老年人受限于自身认知与身体素质,对新兴事物的接受度较低。比如,虽然家家户户都有手机,村民在闲暇时也会看一些短视频来娱乐,但当我们问及其是否有考虑直播带货或从网上了解一些新作物的信息或生产生活中的知识时,他们纷纷表示没有尝试过那种新鲜玩意儿。在他们的认知中,互联网只是用来娱乐的工具。人口老龄化导致村中的信息更新不及时,生产技术水平也难以跟上整个社会生产水平的进步。

2.4.2.2 缺乏统一的信息指导

村民对作物价格的掌握具有滞后性。他们往往选择模仿其他人的行为进行生产,具有很大的从众性和盲目性。比如,当他们看到村中有一户人种了大蒜并卖出好价格时,纷纷开始种植大蒜,到了第二年,市场上的大蒜供过于求,有很大一部分只能砸在农民自己手中或选择低价抛售。

此外,村委会和生产合作社在信息的共享方面也未起到应有的作用。当我们问及村委会在生产活动中扮演的角色时,农户纷纷表示,村委会并未提供任何关于生产的信息,全由他们自己去了解。因此,信息的缺乏导致农民在生产中获得的收益更低,也带来了更大的不确定性，使得农民抗风险能力降低。

2.4.2.3 分散化生产

20世纪70年代末，我国实行了家庭联产承包责任制，土地由生产队分得，之后村中又进行几次分地，最后一次分地发生在1997年前后。在这以后，每一户按家庭人口数分得一些土地，以家庭为单位进行分散化种植养殖。产品自产自销，农户只能被动地作为价格的接受者，而缺乏议价能力，产品的质量与产量也难以得到保证。村中有一户人家采用直播的方式卖货，所卖产品均来自外地果园，而他只作为中间商的角色。当我们问及他为何不销售村中产品时，他表示，一方面，农户生产的产品质量得不到保证；另一方面，产品缺乏特色，这样的产品无法吸引自己的粉丝购买。

2.4.2.4 收入结构单一

在收入来源方面，大部分家庭收入来源只有两部分，一是子女在外务工的工资收入，二是老人在家务农的收入，老人们很少有其他工作的机会，家庭收入来源单一且储蓄较少。一旦遇上疫情期间年轻人无法外出务工，或因旱涝灾害导致的庄稼减产等意外情况，家庭收入会被大幅削减，这直接影响了农户的幸福水平和消费水平。

2.4.2.5 信任危机

由于早些年发生过的企业拖欠农户租金等事件，农户对于企业极度缺乏信任，而村委会作为企业与村民之间合作的桥梁，同样失去了农户的信任。如今，村民对本地企业敌意较大，甚至以闹事的方式反对杜仲林企业雇用外地工人或其他村的村民采摘叶子售卖。"一朝被蛇咬,十年怕井绳",对于新来的企业,村民们同样抱着很强的戒备心理,不愿与其建立合作。这种信任的缺乏,已成为当地产业发展的一大障碍。

村委会目前已经意识到了发展的困境与方向,在采访中,村支书表示,未来将把"双绑"模式作为发展的重点,即推动农户与合作社"绑定"发展,合作社与龙头企业"绑定"发展。因此,如果"双绑"模式可以有效推进,分散生产、信息滞后、信任危机等问题都可以被逐步消解,霍刘庄村未来的发展就值得期待。

2.5 小结

总体上,霍刘庄村的农业以种植业为主,其中,主要以套种方式种植小麦和花生,利润相对较高,经济作物种植较少,农业生产已实现部分机械化,家庭是最基础的劳动单位,土地流转现象非常常见。

由于一些自然条件与社会条件的限制,霍刘庄村传统农业的发展面临挑战,依靠传统农业发展带动乡村致富的希望渺茫。但是,村支书对于未来村党支部的建设与农业的发展提出了新的构想,也让我们对未来充满信心。

◇◇ 3 林业

3.1 花木产业的困境

2008年国际金融危机全面爆发后，中国经济增速快速回落，为了应对这种危机，中国政府于2008年11月推出了进一步扩大内需、促进经济平稳较快增长十项措施。这一投资刺激了经济的快速复苏，也拉动了房地产行业的飞速增长，而花木产业在巨大的需求拉动下也随之发展迅速，鄢陵县全县花木企业数量激增，从而具有"中国花木之乡"的美称。

由于花木行业的需求主要来自房地产景观项目、市政绿化工程以及生态环境工程，随着2019年年底以来，疫情反复无常，宏观经济下行、房地产行业下行势头不减，众多开发商为了降低成本开始缩减景观绿化预算，对苗木的需求大幅减少。大部分花木企业都出现工程量减少、利润下降的情况。大部分花木企业选择转行，或退林还耕，在原有的林地上种植经济作物。如今，在霍刘庄村我们并未发现有种植绿化苗的企业或农户，而村民们纷纷表示以前种绿化林比较赚钱，但现在卖不出去了，大家都放弃种树，开始选择种庄稼。

3.2 杜仲林概况

霍刘庄村共有林地1294亩,目前全部用于种植杜仲。杜仲是我国的独有树种,树姿好,干形笔直,树冠浓密,寿命长,生长快,适应性非常强,只需种植一次便可稳定收获几十年,具有很高的经济价值。杜仲叶有着多种用途,作为中药,在我国的使用历史也非常悠久,《神农本草经》称杜仲"味辛平。主腰脊痛,补中,益精气,坚精骨,强志,初阴下痒湿,小便余沥";添加到饲料中,可替代抗生素,增强牲畜的抵抗力。此外,杜仲叶还可作为茶叶或饮料添加剂。其他杜仲产品,如果实、树干、树皮、树根等也均可得到高效加工利用,可以说杜仲全身都是宝,如图6-5所示。

图6-5 杜仲叶

资料来源:实践团拍摄。

国家储备林项目承包公司为鄢陵县花艺绿化工程有限公司，其通过招标承接了国家储备林项目。鄢陵县国家储备林项目规划林地面积10万亩，预计覆盖全县多个乡镇，目前仅试行两万多亩。花艺公司在各贫困村流转贫困户的土地，作为杜仲苗木基地，花艺公司负责杜仲林栽培技术的培训和幼苗的提供，采摘则由村民自愿进行，企业仅于次年以每斤3毛钱对杜仲叶进行统一回购，在晒干或烘干之后卖给四川、贵州、山西的生产厂家，加工成杜仲系列产品。

在村中的杜仲林项目开发成功后，带动了一批当地人的就业，也拉动了当地的经济发展。首先，花艺公司在霍刘庄村流转的土地每年以每亩1100元的价格支付给农户。其次，杜仲叶的采摘，能充分带动当地群众就业。村民们在闲暇时间可随时参与杜仲叶的采摘中去，村民自行采摘杜仲叶，一人每天能赚一百元左右。此外，花木公司还会雇用五六个人作为护林员，负责日常巡视，保证林木不被偷偷砍伐或烧毁，一天支付一百二十元的工资。这样，农民不仅可以获得土地租金收入，还可以获得工资收入，同时赚上了两份钱。

在调研中，我们发现杜仲林里种花生的套种模式，高杆的林木与矮生的农作物合理搭配，大大提高了土地利用率，且花生适宜在温暖湿润的土壤中生长，如此搭配，提高了花生的产量。

3.3 信任危机

国家储备林项目实际上也承担着一部分拉动周边地区就业的作

用。企业会对周边地区农户进行免费培训摘叶子的方法，让农民在农闲时间也有劳动赚取收入的能力，相当于企业以一定的价格雇用农民进行采摘。但是，价格在近年从3毛钱一斤涨价到4毛钱一斤，小组对突然涨价的原因进行了调查分析。调查发现，实际上，村民应得的土地租金并没有实际到手。虽然企业承包土地时向村民承诺按年提供地租，但是据村民所说，"2021年11月是最后一次发钱，发了半年的钱，后面就再也没有给过了"。由于一直没有拿到地租，一部分农民选择向各级政府直接索取欠款，甚至有在鄢陵县政府集中上访的情况出现。在多次尝试索要无果后，这些被拖欠租金的村民开始进行报复行为，赶走企业外聘的采摘人员，禁止他们采摘杜仲叶。企业虽然不满，但村民没拿到地租导致反抗情绪高涨，企业也无法采取强力措施，就默许了这种行为。由于企业仍然需要进行生产，便将向村民回购杜仲叶的价格提高，以此安抚村民情绪，并激励村民摘取更多叶子。

除采摘外，这种拖欠地租的现象还导致了农户对外来企业的不信任。由于村内普遍存在外来企业承包土地进行生产但拖欠租金的情况，农户不再信任外来企业，外来企业想要承包耕地进行生产的难度就更高。调查中发现，近两年该村不再有外包土地给企业的情况出现，这也不利于村庄以集体为单位进行技术创新和生产模式的创新。

此外，村委会和合作社的工作也会受到一定影响。由于在承包土地的过程中，一部分不愿意外包土地的家户是由村委会干部出面劝说的，因此现在这些家户对村委会的信任度也在降低。我们有理由认为，村委会在生产生活中影响力的下降也是导致目前村庄以家庭为生产基本单位的原因。

◇◇4 畜牧业

畜牧业在霍刘庄村的占比并不算大，却可作为养殖户的主要经济来源。

4.1 牛、羊的养殖模式

霍刘庄村的畜牧业较为简单，主要的养殖动物是牛和羊，如图6-6所示。在养殖模式上，我们也并未看到科技发展带来的改变与影响，农户们仍然用最传统的人工饲养方式。据了解，前两年，村中每年出栏七八十头猪，由于猪瘟，农户饲养的猪全部死亡，无法售出，只能埋在杜仲树下作为肥料，损失巨大。这次猪瘟后，村中便无人养猪。

村中的牛羊养殖均为各农户分散圈养。仅有四户养牛，养牛的收入在这几户农民收入中占主要部分。各户养牛数量从几头到几十头不等，最多一户人家饲养了20头牛。农民通过打配种针使得母牛受孕，若是诞下母牛，则一年左右便可出栏，若是公牛，则需养殖一年半才可出栏。之后，农户将牛牵到屠宰场按斤进行售卖。牛的饲料需要专门从市场上购买，有时，农民会将自己种的西瓜扔给牛

第六章　农村产业结构　**153**

图 6-6　当地饲养的羊和牛

资料来源：实践团拍摄。

作为饭后"甜点"以助消暑。尽管村中种植的杜仲叶可替代抗生素用于制作饲料，但据我们了解，添加了杜仲的饲料价格太贵，本地村民无法承担，因此只会选择普通饲料，并且每年还给牛接种疫苗。尽管一头肉牛能卖很高的价格，但其饲养成本也更高。

养牛同养猪类似，也面临着很大风险。首先，牛肉价格波动大，养殖周期长，投资多，养殖成本高，一旦价格下跌，养殖户会面临很高的经济压力和风险。其次，饲料价格昂贵，农民无法支付添加了杜仲的更优质的饲料。一旦在牛群中暴发口蹄疫等传染病，则会导致牛的大面积死亡，给养殖户造成非常大的损失。

村中养羊的人家较多，且各家平均养殖数量较多，每户基本在一百头以上。母羊受孕需要种羊的帮助，若母羊一胎只生下一只小羊，则小羊45—50天便可出栏，但最终算下来面临着亏损，若诞下两只以上小羊，需要3个月左右便可出栏，正常情况下最终会赚钱，具体的收益成本分析将在下节展开来讲。每天下午两点左右，农户便赶着自己的羊去庄稼地以外的荒地上吃草，一直到天黑了才返回家中。由于羊的饲养周期较短，饲养成本较低，即使染病，损失也会较小，因此，越来越多厌恶风险的村民开始选择饲养羊。不过，养牛更大的利润仍然在吸引着一部分农户。我们访谈的一户人家提到，自己去年卖出10只羊，共赚得13000元，低于卖出一头牛的价格。

除上述两种动物外，一些农户还会养鸡，全部用于自食，饲料也完全来自自己种植的玉米，但家中养鸡的农户非常少，在此不展开讨论。

4.2 成本—收益分析

本节中，我们首先对畜牧业进行成本—收益分析，然后结合农作物的分析，对于代表性农户，计算其一年之中可能获得的收益。

4.2.1 牛

养牛的成本主要分为两部分：配种与喂养。

从生物学角度来看，牛的繁殖方式有五种，分别是自由交配、分群交配、圈栏交配、人工辅助交配、人工授精配种。配种成功之后，经过怀孕期分娩就完成了繁殖过程。霍刘庄村的农户主要给牛采取人工授精配种的方式。人工授精是用假阴道采取公牛的精液，再用输精器将经过检查和处理的精液输入发情母牛的生殖道内。是一种先进的配种方法，可以提高良种公牛的利用率，减少种公牛的饲养头数，可以不受地域、时间的限制，随时配种，价格约为100元/针。

饲料喂养是畜牧业中最重要的支出部分。据了解，一头公牛每天吃的饲料价格约为7.5元左右，喂养周期约为2年，因此，一头公牛从出生到出栏所需的饲料价格约为5400元；一头母牛每天吃的饲料价格约为6元，喂养周期约为1.5年，因此，一头母牛从出生到出栏所需的饲料价格约为3300元。

由于传染病带来的影响难以估计，本书在进行成本—收益分析时先不考虑传染病可能带来的损失。在没有传染病的情况下，每头成年公牛的平均价格约为1.5万元，每头成年母牛的平均价格约为1.2万元。由于喂养周期不同，本书采取1年为统一计量单位，计算公式为：

$$年平均收益 = \frac{(总收益 - 总成本)}{(喂养周期)}$$

基于以上信息，笔者将养牛的成本与收益进行了比较，见表6-2。

表6-2　　　　　　　　养牛成本—收益分析

	公牛	母牛
饲料价格（元/头）	5400	3300
从生育到成长所需平均时间（年）	2	1.5
配种方式	打针	打针

续表

	公牛	母牛
配种价格（元/针）	100	100
平均价格（元/头）	15000	12000
平均总成本（元/年）	2750	2267
平均总收益（元/年）	7500	8000
平均利润（元/年）	4750	5733

资料来源：笔者自制。

4.2.2 羊

与牛类似，羊的养殖成本也主要分为配种和饲料。与牛的繁殖方式不同，霍刘庄村的居民主要靠借用种羊来给母羊配种繁殖，每次配种的价格约为30元。一只羊在生长过程中一天所需要的饲料价格约为2元，生长周期根据母羊一胎产下小羊的个数略有不同。一只母羊若一胎生育一只羊，则大约需要45—50天生长周期，而一胎生育2—3只羊则需要90—100天生长周期。一只成年羊（45斤以上）可以卖出的价格约为500—700元。本书将对一只母羊一年繁殖养育所需要消耗的成本和带来的收益进行计算。

由于母羊生育一胎需要5—6个月，我们假定一只母羊一年生育两胎，其中一胎生育1只小羊，另一胎生育2.5只小羊（按照2只和3只的平均值计算），则其配种价格为60元，小羊的饲料价格约为 $(2 \times 50 + 2.5 \times 100) \times 2 = 700$ 元，母羊的饲料价格约为 $2 \times 365 = 730$ 元，共需大约1430元，因此总成本约为1490元。而平均

可以卖出 $3.5 \times 600 = 2100$ 元,因此一只母羊带来的年均净利润约为 610 元,见表 6-3。

表 6-3　　　　　　　　　　养羊成本—收益分析

	母羊
单只羊饲料价格(元/天)	2
一年平均生育小羊只数	3.5
小羊平均成长时间(天)	85
总饲料价格(元/年)	1430
配种价格(元/年)	60
平均总成本(元/年)	1490
平均价格(元/只)	600
平均利润(元/年)	610

资料来源:笔者自制。

4.2.3　代表性农户的成本—收益分析

在本节中,我们对一家抽样出来的代表性农户进行年收益的计算。农户信息设定如下。

第一,家中有一对老人,其育有三子,均在外务工,三个儿子的子女均由老人照顾;

第二,分田指标为人均 1.8 亩,一家五口人共拥有 9 亩地;

第三,以每年每亩地 300 元的租金承包村中其他农户的 5 亩地;

第四,8 亩地用来进行小麦与花生套种;

第五,2 亩地用来轮种玉米和西瓜等经济作物;

第六,2 亩地用来种植大豆;

第七，剩下2亩地搭建牛棚和羊棚，养育5头牛和10只用来生育的母羊。

依据表6-1、表6-2与表6-3，该农户每年在种植小麦和花生上的净利润约为16400元；种植玉米和西瓜的净利润约为8000元；种植大豆的利润约为2000元；养牛的收益约为28000元；养羊的收益约为6100元，减去需要交给其他农户的1500元租金，该农户每年在农业上的总收入约为59000元。

4.3 总结

从总体上讲，霍刘庄村的畜牧业占比并不高，仅有几家农户在从事畜牧业。畜牧业相较于种植业利润更高，但选择畜牧业的农户依然不多，可能的原因有如下几点。

首先，畜牧业相较于种植业风险较高，牲畜一旦被传染病影响，可能导致一年的努力血本无归，而农民抗风险能力较低，因此农民一般不会选择畜牧业。

其次，畜牧业所需的固定成本较高。搭建牛棚、羊圈等都需要成本，若农户家中没有足够的存款，则不会选择投资进行牛羊的养殖。

最后，政策对养殖业进行了一定的限制。据农户所说，有部分村禁止占用耕地搭建牛羊棚。

为应对农业的高风险，农户可以加大在抗生素方面的投入或给牲畜喂养一定的杜仲叶，从而降低传染病出现与传播的风险。

◇◇5 其他产业

5.1 渔业

2021年,来自外地的承包者将村中一块本用来种植水稻的土地承包下来,修建为鱼塘,签订了800元1亩、期限20年的承包合同。据村民反映,鱼塘所租地本归村集体所有,后经层层转包关系,如今土地所有权已不明确,"谁占了那块地所有权就归谁"。因此,鱼塘的租金只交纳给之前这块地的承包者,并未流入生产合作社或多数村民手中。

尽管使用了霍刘庄村的土地,但鱼塘的员工都来自外地,产出的鱼也销往外地,村民买鱼也只能去市场,并未与鱼塘有任何经济或人员上的往来。

5.2 加工业

5.2.1 皮包加工厂

霍刘庄村目前有两家箱包加工厂,均为本地人外出务工后返乡所建。由于当地劳动力价格较为低廉,箱包厂已开始越来越多地招用本村人。箱包厂目前雇工十一二个,根据工作时间支付工资,台面工5—11元/小时,平车工7—13元/小时,高车工10—15元/小时。尽管箱包厂目前规模较小，员工仍处于学习期，而且招不到高技术员工，产能较低，但老板对该厂发展乐观，有信心未来能带动当地经济发展。

5.2.2 燃料加工厂

燃料加工厂是鄢陵县林业局局长为了完成村中经济建设任务所建，但在刚完成招商引资阶段便暴发了疫情，工厂停工，直到最近几个月才重新开工，规模非常小。该厂从建材公司和木材公司采购木屑，粉碎并加工后出售给工厂用作染料，所雇用工人均来自内蒙古，与当地村民的经济往来也仅停留在支付土地佣金。但是，老板同样对未来发展充满信心，认为在工厂规模扩大后便可雇用更多本地村民，给村中带来收益。

5.3 服务业

霍刘庄村老年人居多，他们对娱乐活动的需求并不高，闲暇时也会选择在家中刷短视频或看电视。村中共有两家餐馆、两家理发店、五家超市、一家快递收发站，基本能够满足村民的生活需求。疫情期间，年轻人无法外出打工，只能在家中帮父母务农，极大地增加了本村餐馆的收入。疫情结束后，餐馆收入又恢复从前。可见，人口结构老化问题是霍刘庄村服务业无法发展的根本问题，因此，在未来，通过服务业带动本村经济发展的可能性并不大。

5.4 小结

霍刘庄村的其他产业占比非常低，加工业规模较小，服务业未来发展潜力较低。这主要是老龄化的人口结构制约着产业的发展与转型。但是，霍刘庄村也有其独特的优势所在。首先，土地租金便宜。在子女外出务工后，很多老年人受自身健康情况限制，会将家中土地以非常低的价格流转出去。其次，人力成本低，闲置劳动力多。农户们在农闲时，往往乐意去做一些零活来补贴家用。最后，当地工厂老板信心充足。尽管工厂未来的发展具有很高的不确定性，但外出务工的经验、当地老乡的朴实憨厚、村委会的大力支持等，都将成为其发展的不竭动力。我们相信主观能动性的正确发挥，会促进产业的发展。

6 小结

6.1 产业结构总结

根据刘易斯（Lewis）提出的二元结构理论，霍刘庄村目前正处于第一产业刚刚开始向第二、三产业发展的阶段。目前霍刘庄村的产业结构仍然以农业为主，并且不同家庭之间联系较弱，没有形成起到实质作用的生产合作组织，整体上依然处于小农经济阶段。粮食安全是一个国家的命脉，国家必须重视本土粮食的生产，因此，霍刘庄村的生产选择也一定程度上受到国家政策的影响。在种植粮食作物收入相比畜牧业和种植经济作物较低的情况下，该村居民依旧以种粮食为主，家中正在种田的农户大多都种有小麦、花生等作物。

除作物种植外，霍刘庄村的一部分土地被国家储备林项目承包，种植杜仲树林。杜仲树林起到保护环境、净化空气的作用，并且其树叶、树枝、树皮等均有多种用途。另外，项目允许周边村民自行采摘杜仲叶卖给企业进行生产加工，起到拉动周边村民就业的作用。

有少数村民目前也在从事牛、羊的养殖业生产。养殖业需要的照顾成本更高，相应地，带来的收益也更高。不过，由于传染病的原因，养殖业的风险较大。据村民所说，之前村中有养猪的家庭，但因为猪都患上传染病，卖不出去，就放弃了养殖业。此外，村委会对养殖棚的限制也是村中从事养殖业家户不多的原因。

此外，村中也存在渔业和少数第二、三产业。由于霍刘庄村本地居民大多一生种田，受教育程度较低、掌握的技能较差，鱼塘和皮包、燃料加工厂与霍刘庄村当地村民并没有经济上的往来，仅使用霍刘庄村的土地，其余劳动力、原材料均来自外地，生产之后也会运到外地进行销售。

我们注意到，霍刘庄村已经有居民开始进入直播电商行业。行业运行模式是，从附近的果园购买水果，再在淘宝上进行直播销售。不过，直播电商并没有为本村的农产品销售提供线上渠道。据该主播说，由于线上销售渠道的积累需要很多资源投入，售卖价格也较高，导致对产品质量的要求就更高。本村村民由于缺乏先进的生产技术和统一的生产模式，产品质量良莠不齐，带来了更高的品质考核费用，因此无法通过线上渠道进行销售。主播认为，如果霍刘庄村想要通过直播电商模式拉动当地农业发展、提高农民收入，则必须提高产品的质量。

6.2 未来展望

调研发现，霍刘庄村的产业结构仍然存在许多待发展的地方。因此，霍刘庄村未来可以考虑从如下几个方面发展。

首先，加强基层治理能力，完善基层治理体系。基层治理是村庄发展的先决条件，由于政府和企业拖欠地租等原因，导致村民对村委会的信任度较低，合作意愿较差。村委会应该加强与村民的联系，努力与村民建立信任，促成进一步合作发展。

其次，加强生产合作社建设，提高当地农业生产能力。目前霍刘庄村的生产技术仍然不够先进，在产品的数量与质量上仍有较大进步空间。霍刘庄村应该加快合作社建设，通过合作社，在生产的各个步骤对农民进行技术指导与帮助，实现农村增产增收。

最后，与外地企业合作，拉动当地第二产业和第三产业的发展。目前，霍刘庄村的工业建设刚刚起步，受到疫情打击较大，该村可以加大招商引资力度，加速当地工业发展，既拉动了当地经济进步，也带动周边农户进行非农就业。

总体来说，霍刘庄村的产业结构虽然存在较多问题，但由于其充足的土地资源和劳动力，优越的地理位置，所以霍刘庄村未来的产业发展依然值得期待。

本章参考文献

张珍：《小麦套种花生种植技术探讨》，《农民致富之友》2015年第20期。

第七章

非农就业

刘昱甫、黄熠、白旭峰

非农就业,指有就业资格和就业能力的公民从事非农职业,并从中获取报酬。20世纪80年代,中国农村逐渐出现了农民参与非农就业的现象。进入21世纪,随着城乡统筹发展战略的提出以及就业法律的颁布,非农就业达到一个高峰。《2016年农民工监测调查报告》显示,截至2016年年底,我国农民工总量达到了2.81亿人,较2015年增长了1.5个百分点。[1] 就业问题关乎百姓生计问题,关乎民生民本问题。农民生于农村,长于农村,农村在历史上扮演了其安居乐业的家园角色,农业也成为农民的根。然而,农村青壮年劳动力逐步减少与农业结合,转而向第二产业和第三产业流动,这说明农业和农村的发展面临掣肘,难以满足青壮年居民的生活需求。以农民的需求为核心,关注村民的生活状况和现实需求,

---

[1] 国家统计局:《2016年农民工监测调查报告》,国家统计局网,https：//www.stats.gov.com/sj/zxfb/202302/t20230203_1899495.html,2017年4月28日。

成为我们调研的侧重点。

鄢陵县地处华北平原腹地，属亚温带季风性气候。一年四季分明，作物熟制为两年三熟及一年两熟。优越的地理和气候条件适于鄢陵人开展农业活动。霍刘庄村位于鄢陵县北部，村庄产业结构以农业为主。经调研发现，该村常住人口以老年人为主，青壮年劳动力大多流失，非农就业和外出务工现象较为典型，并由此引发相关的社会问题。

非农就业是农民生活的重要组成部分，也是我们研究霍刘庄村居民的重要侧面。非农就业分为本地非农就业和外地非农就业两个部分。本章以非农就业为核心切入，以霍刘庄村村民为主要调研对象，分析和概括村民非农就业的主要原因，归纳和整理非农就业的主要特点和具体内容，并分析农村非农就业带来的一系列社会问题，同时尝试提出积极的可行性建议。

本章重视宏观视角和微观视角的结合，同时关注内生和外生变量的联动关系。在宏观上，我们根据霍刘庄村人口普查表和村民基本信息调查表，通过数据整合和统计，得出霍刘庄村的年龄结构、产业特点和不同年龄段的从业结构。同时，结合时代的变化和发展，统筹就业数据的变化，得出非农就业的时间演变特点。在微观上，我们通过走访调研十户居民，并参访了当地的非农产业（手工作坊、理发店等），通过访谈和记录，从微观上理解村民的真实需求，并与宏观数据和该村基本情况做对照。

在宏观和微观视角相结合的基础上，本章概括总结了非农就业的主要原因，解释了农民为何离开生长多年的"根"。本研究同时以地域为划分依据，将非农就业分为本地就业和外地就业，总结和概括其主要内容和特点。由于本地非农就业数量较少，影响较弱，本章以外地就业（特别是外出务工）为主。值得注意的是，农业就业和非农就业并不是割裂的，当地农民普遍有农闲时打零工的习惯；本地非农和外地非农也不是割裂的，外出务工人员随着年龄的增长和劳动能力的下降，常常有劳动力回流的趋势，他们回到村里后也常把非农就业所需的技能传授给村里人，其中也有一部分人在回村后依然从事着类似的非农行业。

在总结非农就业基本情况的同时，本章关注农民的呼声和需求，关注外出就业带来的老人赡养和子女抚养问题，结合非农就业的正反两方面分析，以政策为导向提供可行性的建议，让农民工外出就业"走得安心""走得放心"。

◇◇1 宏观视野和影响因素

1.1 非农就业——霍刘庄村的宏观情况

此处以霍刘庄村人口普查表和基本信息登记表等为数据来源，通过宏观的数据整理，归纳概括霍刘庄村非农就业的基本情况。

1.1.1 年龄结构和人口分布

霍刘庄村共533户，1941人，户籍年龄结构以青壮年为主。

15岁以下有388人，占比约为20.0%；15—60岁有1055人，占比约为54.3%；60岁以上有498人，占比约为25.7%。常住人口和户籍人口并不一致，该村常住人口以中老年人为主，年龄结构偏大。同时，低于15岁的幼儿和青少年亦占据一定数量，如图7-1所示。

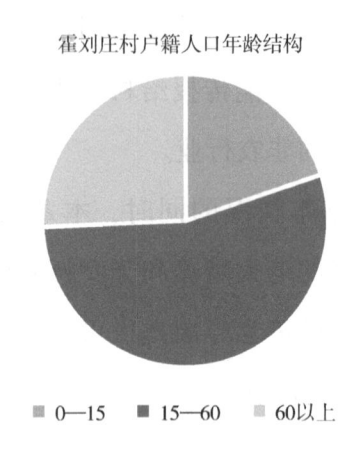

图7-1 霍刘庄村户籍人口年龄结构

资料来源：笔者自制。

户籍年龄结构和本地常住人口年龄结构的差异并不让人意外。从户籍人口数据来看，霍刘庄村的年龄结构符合中国村庄户籍人口的基本特点。但是，从常住人口来看，由于本地缺乏充足的就业机会，大量青壮年劳动力选择外流，外出就业占比显然较大，村中鲜有青壮年长期居住和生活。值得注意的现象是，尽管村中青壮年劳动力较少，但15岁以下幼儿和青少年并不少见，可见在青壮年外出就业背景下其子女抚养常由老人承担，存在留守儿童和空巢老人问题的可能性。

不同年龄结构的就业情况是不同的。青壮年以外出就业为主，且以非农就业为主；老年人多以农业为生，负责耕地种植和养殖。这便是该村典型的就业特点。

1.1.2 外出就业和本地就业

我们提到，非农就业分为外地就业和本地就业两类。在霍刘庄村，外地非农就业为主而本地非农就业数量较少。根据霍刘庄村人口基本信息普查表，经过归纳和总结，我们发现外出就业覆盖301户居民，共有1023人参与外地就业，其中部分常住村民有过外出就业经验，但因年龄较大等因素难以在外地找到工作，从而选择返乡过活。在外出就业方面，当地村民外出就业的产业结构以第二产业为主，亦有部分从事第三产业，较少从事农业等相关产业，而在年龄较大的族群中，外出就业的村民们大多从事建筑、加工等附加值低并依赖体力劳动的工作，而在年龄较小的族群里有着更多样的行业分布，其中也有一部分从事附加值和技术要求相对较高的工作。

1.1.3 历史发展和时间变化

通过与当地村党支部书记的访谈，我们发现了霍刘庄村的外出非农就业有以下三类变化趋势。第一，学历的提升促进了外出就业比例的上升。从村里的学历—年龄结构看，50—60岁的村民大多是小学、初中学历，35—50岁则多为初中、高中学历，而20—35岁多为高中、大学及以上学历，随着上大学以及上高中比例的提升，更多的村民有了外出的机会,其中也有不少村民在他们的大学就读地找到了人生中的第一份工作。第二,学历的提升为外出就业职业类别带来了改变,更高的学历使得这些村民有了更多从事白领职业的机会。第三,随着时代的变化,自主创业也逐渐成为外出就业年轻村民的新选择。随着学历水平、认知水平、对网络的掌握程度等的提升以及现代网络技术和消费结构的变迁,现在外出就业的年轻村民,也有一些选择了自主创业,其中有学习美容技术开美容店的,也有开设淘宝店等线上店铺的。

除此之外,村党支部书记也指出,在外出就业上也存在显著的前辈提携后辈的现象,如在村里最常见到的箱包加工业,其最早起源于村里一批在2000—2005年前往河北省保定市高碑店白沟镇做包的年轻人,伴随着他们经验的积累和产业信息的传播,也有了越来越多的村民前去白沟镇等地从事箱包加工工作,后来随着部分人员的返乡,箱包加工业也在村里兴盛起来。

1.2 非农就业——长期的拉力和动力

1.2.1 "农业—本地非农—外出非农"三部门

从行业角度来看,就业可分为农业就业和非农就业,其中非农就业又由第二产业和第三产业两部分构成;从地域角度来看,非农就业大致可以分为本地非农就业和外出非农就业,考虑到附近农业状态基本一致并且本村外出农业就业的比例极低,因此在地域上不区分本地和外出农业就业,默认农业就业皆为本地农业就业。根据这两个分类，我们大致可将村民们潜在的就业部门区分为：农业就业、本地非农就业和外出非农就业三部门。

1.2.2 农村发展状况和困境

从需求侧来看，根据农业经济学的基本原理以及国内外经济发展的具体实践，我们不难得出农产品收入需求弹性较低的结论。在改革开放后，随着经济发展以及居民可支配收入的增加、恩格尔系数的不断下降，我们确实也看到了农产品占消费比重的逐年下滑，这成了在需求侧农业占我国居民收入比重不断下降的一个原因。从供给侧来看，第二产业和第三产业作为非农就业的主要组成部分，相较于农业有着更高的技术增长率，其劳动生产率也相应提升，这也为非农就业的扩张和工资率的增长创造了条件，并使得农业就业人均收入进一步相对下降。由于上述需求侧和供给侧两方面的原因，农业就业较非农就业出现了工资率和人均收入相对下降的趋势，同时也呈现劳动力逐渐从农业部门转移到非农部门的趋势。

反映在现实生活中，上述因素导致我国农民平均收入远远低于社会其他阶层平均水平，且收入差距呈不断扩大的趋势。同时，如果以务农收入在农民收入中的占比作为划分标准，主要依靠劳动报酬作为收入来源的土地劳动者，其收入又处于农民收入的底层。从社会生产分工的角度看，农民是农产品的生产者，其总收入源于出售农产品所得的报酬，而净收入是总收入减去物质生产成本以后的剩余部分。通过调研和访谈，我们发现，近年来农民的净收入并没有明显变化，这表明虽然总收入有所上升，但是化肥、农药等投入品的成本的上升，相应抵消了总收入上升中的部分，成为农民增收的一大制约因素。因此，在现实生活中，大部分农民在条件允许的状况下，都会在农闲时从事非农生产经济活动来获取额外收入，这体现了农业从业者和非农就业相互结合的趋势和特点。从以上现象出发，我们认为这说明农业的低附加值、低收入需求弹性和低技术增长率限制了农民的收入增长。

结合鄢陵县霍刘庄村的具体情况分析，该村土地平旷，但人均可支配收入较低、人均土地面积较少、农业器械的使用率较低、农业机械化程度较低，呈现典型的小农生产模式。小农的生产模式较为脆弱，具有极大的不稳定性，受到自然灾害的影响较大。霍刘庄村土壤以沙土为主，土质并不优渥，加上季风气候雨热同期，干旱和洪涝成为当地农民的"心头病"。加之农业附加值低，农业收入难以满足生活需要，这进一步促使更多青壮年背井离乡，踏上外出就业和外出务工之路。

1.2.3 非农就业的发展背景

如上文所述，非农部门相较于农业部门有着更高的技术增长率，从而连带非农部门的劳动生产率和工资率相对于农业部门有所上升，劳动力逐渐从农业部门转移到非农部门。从要素禀赋来看，由于改革开放后我国资本的快速累积，相对于土地数量相对有限的生产要素，资本的丰富程度有着十分明显的提升，这又使得工业等资本相对密集的非农部门，相较于农业有着更大的产值增长速率，外加人均收入提升背景下对工业和服务业需求的不断增加，以及工业及其相关的服务业整体能形成总长度更长、附加值较高的产业链，在非农部门中，更多的就业岗位和就业机会得以诞生，从而使得非农部门能在工资率和人均劳动收入相对于农业部门有所增长的同时，还进一步从农业部门吸收了更多的劳动力。从上述推论和现象出发，不难发现农民参与非农就业是产业结构优化调整的历史趋势，是时代变迁下的必然结果。

1.2.4 本地（乡村）非农部门的现况

霍刘庄村作为一个地方乡村，其本地非农部门大致有超市、小卖部、理发店、饭馆、农具维修厂、箱包加工、农产品电商等。我们大致可以将以上产业按性质区分为以下两类。第一类如超市、小卖部、理发店、农具维修厂等，这类商铺的存在是基于本地村民们采购物资、理发、请客吃饭、农业生产等事务的需求，基于内生于本村居民的消费或生产需求。因此具有较强的在地性，从而在运营方面风险较低，不存在大量的潜在竞争对手。然而，由于这类产业内生于本地本村的消费和生产需求，在常住人口大量外流、留守村民人均消费增加不显著、年龄结构高龄化的大背景下，这类产业的发展前景极为有限，同时该类产业的工资率和工作收入，也和本地人均收入有极大的关联，缺乏带动本地发展、为全村显著增收的潜力。第二类如箱包加工业和农产品电商，并不内生于本地的消费和生产需求，由于其具有极为明显的向外销售的倾向，这一类产业有望不受制于本村的常住人口规模和人均收入水平，从而独立地发展旺盛起来。然而，其潜在的竞争对手较多，面对的风险因素也较杂较大，因此其运营难度和盈利稳定度也相对较差，但也依然有望为本村村民起到增收的效果。

1.2.5 外地（城镇）非农部门的优势

乡村的本地非农部门和城镇地区的非农部门有着巨大的差异，正是这些差异使得产业结构转型和农村劳动力外流这两个现象之间产生了必然的联系，从而使农村劳动力大量向城镇转移并成就了城镇地区非农部门的兴旺，而农村自身并未发生显著的工业化现象。

许多现代的工业产业皆需要大量的资本投入和劳动力投入，才可达到规模经济并形成竞争力。这在一定程度上解释了为何富士康在河南郑州设厂，而非在人口密度仅为郑州一半、人口规模仅为郑州三分之一的许昌设厂。这些特征使得这些工业部门最先在人口相对聚集的城镇地区兴盛起来，并从原先的农村地区吸收了劳动力。当这一产业在一个特定区域生根后，其配套的产业链也容易在该地区发展，这一系列因素都导致许多劳动极为密集的产业和资本密集型产业皆在城镇地区发展，而农村地区大多只能出现如服务业或轻工业等对资本密集度和劳动力密集度要求较低的非农产业，这样的约束导致了农村地区的非农部门的发展状况远不及外地许多城镇地区的非农部门，从而使得村民们在条件允许的情况下，更有可能会选择前往城镇地区从事非农工作。由以上推论和现象得知，由于许多非农产业要求较高的资本密集度和极高的劳动密集度，而这一类产业多萌芽于城镇地区，并在城镇地区蓬勃发展，这样的局面使得霍刘庄村这样的乡村地区的非农部门难以跟上外地城镇地区的迅猛发展，这为农民工的进一步增收提供了机会，却也引发了劳动力外流及其引发的留守儿童、空巢老人、乡村空心化等一系列问题。

◇◇2 外出就业基本情况

2.1 外出就业的典型人生

霍刘庄村大部分外出就业者都是务工人员，根据十多位受访者的描述，我们总结出霍刘庄村外出务工人员的典型人生：他们首先在本地完成初中或高中的学业，其次在 16—18 岁时外出务工，最后在 60 岁左右返回家乡。

外出务工的起点之所以是 16—18 岁，是因为他们的受教育水平大多为初中或高中，因未通过升学考试获得接受更高一级教育的机会而选择开始工作。其中，大部分人是初中学历，只有少部分人完成高中学业。由于本地的就业机会少且工资低，他们倾向于到其他城市寻找工作机会，也普遍存在"要趁着年轻多出去闯闯"的观念。

外出务工的最终归宿，大多还是家乡。由于他们学历普遍较低，所从事的职业对技术要求也不高，这就导致他们的薪酬往往处于较低水平，无力在就业地定居，最终不得不回到家乡。结束外出务工生涯的时点在 60 岁左右，是因为他们大多从事体力劳动，年龄的增长对体力劳动而言是不利的，往往被认为会造成劳动生产率的下降。因此，外出务工人员在60岁左右发现工作机会越来越少，身体也难以胜任繁重的劳动，于是决定返乡。而返回家乡之后，他们大多选择务农，这一方面是出于农民的本能，另一方面是由于没有退休金等保障而需要通过务农维持生计。

少年远行，花甲归乡，霍刘庄村为数众多的外出务工者大半生都是城市的劳动力，只有儿童与老年时期属于乡村。虽然这样的人生轨迹不能概括霍刘庄村所有外出务工者，但其与大多数人的实际情况相符，可认为是该村外出务工人员的典型人生。由此可知，霍刘庄村外出就业人员的年龄范围大致在16—60岁，其中以青壮年（30—50岁）居多。

另据我们了解，外出务工这种人生选择在30—50岁阶段的人中尤为普遍，而对于他们的上一辈（目前60岁以上的人）来说，年轻时仍以务农为主，农闲时打零工，并未出现如今这样大规模的外出务工现象。对于未来的趋势，村民大多认为农村缺乏产业，农业收入过低，会有越来越多的年轻人外出就业，甚至在外地安家不再回来。在村干部处，我们也了解到，从整体趋势看，该村年轻人拥有比前辈更高的受教育水平，这可能更有利于他们走出家乡，在外地寻找就业机会。另外，随着数字技术覆盖范围不断扩大、使用深度不断加大，年轻人通过网络获取信息、学习技能，越来越倾向于外出寻找更多样的就业机会。因此，霍刘庄村外出就业人员的占比可能越来越高。

2.2 职业、行业与教育、技术

在村委会提供的名单上，我们发现，非农就业人员有 109 位被登记为"打工"，而仅有 20 位被登记为"上班"。在当地村民的语境中，一般将从事学历和技术要求较低的体力劳动称为"打工"，将从事学历和技术要求较高、工作场景为办公室的劳动称为"上班"。由于名单记录的模糊性，我们无法精确分辨外出务工和本地就业，但据村委会工作人员及受访者的描述，上述人员大部分是外出就业人员，由此我们推测该村外出就业人员从事的职业集中于体力劳动，属职业分类中的第六大类：生产制造及有关人员。[①] 当然，该村也有少数外出就业人员成为公司职员或事业单位工作人员，从事脑力劳动。

从行业分布上看，我们发现该村外出就业人员从事第二、第三产业中许多不同的行业。从国民经济行业分类看，霍刘庄村的外出就业人员从事制造业的最多，其次为从事建筑业。[②] 在制造业中，名单显示霍刘庄村有 26 户存在有家庭成员在外地从事箱包制

[①] 中华人民共和国国家质量监督检验检疫总局、中国国家标准化管理委员会（SAC/TC 353）：《职业分类与代码》GB/T 6565 – 2015，国家标准全文公开系统网，https：//openstd. samr. gov. cn/bzgk/bzgk/gb/newGbinfo? hcno = 26D453E518AFC7A826331A251E7EB1F9，2015 年 9 月 10 日。

[②] 国家统计局：《国民经济行业分类》GB/T 4754 – 2017，国家统计局信息公开，国家统计局网，https：//www. stats. gov. cn/xxgk/tjbz/gjtjbz/201710/t20171017_ 1758922. html，2017 年 6 月 30 日。

作的情况，箱包制作产业是该村外出就业人员集中度最高的产业。在访谈的 12 户中，3 户中有家庭成员在外地从事箱包制作产业，可见箱包制作的确是该村外出人员的重要就业方向。据村民所说，村中有很多人都在河北省保定市高碑店白沟镇从事箱包产业，虽然近年来有人回到村里开箱包作坊，但就工资而言依然是白沟镇更具吸引力，制作箱包的工人更愿意去白沟镇打工。据了解，白沟镇已形成集原材料供应、研发设计、生产、销售于一体的区域特色产业集群，箱包生产销售经营主体有 3 万多家，年产箱包 8 亿只，占全国产量 1/4 以上。① 结合曾在白沟镇从事箱包制作的村民所言，我们发现白沟镇因箱包产业集聚实现规模经济，在原材料供应、成品运输等环节具有成本优势，从而使箱包制作的工人能获得更高的报酬，且由于市场占有率高，白沟镇能提供大量就业机会，吸引许多霍刘庄村的村民前往务工。

此外，霍刘庄村还有许多外出就业人员在外地做生意、开设店铺，行业多样，大多凭借自身技术自雇经营，如开理发店、饭店、手机维修、电脑维修、水果店等。

一个人进入什么行业、从事什么职业，与其受教育水平和技术水平有密不可分的关系，霍刘庄村的外出就业人员的去向很好地证明了这一点。该村大部分外出就业人员都属外出务工群体，从事体力劳动，这很大程度上是由其受教育水平决定的。因为只有初中或高中（含职业高中）学历，他们人力资本低，无法胜任需要较高文

---

① 张腾扬：《箱包产业走上转型升级路》，《人民日报》2023 年 7 月 20 日第 10 版。

化程度的白领工作,不得不从事体力劳动,流向制造业和建筑业,而技术水平进一步限制了其职业与行业。特定行业需要特定技术,缺乏行业所需的技术几乎不可能进入该行业,这也许是大部分外出就业的人员选择务工而非自雇的重要原因。拥有特殊技术的外出就业者,凭借技术往往能在所属行业获得不错的收入。

近年来,随着拥有大学及以上学历的年轻人越来越多,霍刘庄村外出就业人员中出现更多非体力劳动者。村民也逐渐认识到掌握技术的重要性,越来越多的家庭选择让未考上普通高中的孩子去技校学习技术。也许未来该村的外地就业人员会拥有更高的人力资本,从而从事更具专业性的职业。

2.3 就业地点

外出就业者的就业地点分布有何特点?外出就业者更愿意选择哪些就业地点?我们结合对家户的访谈和该村的名单做如下梳理。

外出就业者就业地点分布的最显著特征是在河南省内较少,在河南省外较多,且基本在国内,极少在国外(有2人在缅甸)。具体而言,河南省内就业集中在郑州。省外有两种不同的选择,一是在邻省,即山西省、陕西省、河北省;二是在中国的经济发达地区,如珠江三角洲、长江三角洲,其中珠江三角洲居多,珠江三角洲中选择广州的最多。

河南省内就业集中在郑州市的原因是显而易见的,郑州市是河南省经济最发达的城市,不仅提供许多就业机会,还在收入水平上具有明显优势。对比2022年人均可支配收入，许昌市为65702.08元，郑州市为92594.30元，①郑州市人均可支配收入远高于许昌市。另外，郑州市有以富士康为代表的吸纳大量无特殊技术优势的劳动力的企业，与该村外出就业人员的学历结构和技能情况相适应。

河南省外就业在临近的河北省、山西省、陕西省出现集聚现象，其主导原因依然是相对收入水平。受访村民普遍认为，河南省的收入水平不如邻省，去邻省能获得更高的工资。甚至有村民认为，河南省省会郑州市的工资也不如人意，去郑州市不如去邻省。2022年河南省的人均可支配收入低于河北、山西、陕西三省，在收入水平上处于劣势，这也削弱了河南省对劳动力的吸引力，促使劳动力外流，见表7-1。

表7-1　　　　2022年河南省和邻省人均可支配收入比较

省份	2022年人均可支配收入(元)
河南	69137.00
河北	76511.00
山西	71078.00
陕西	75650.00

资料来源：经济数据库（CEIC）。

收入本是该村劳动者最关心的问题，选择外出就业的最重要考量就是收入水平，所以在就业城市的选择上都偏好薪资更高、收入

---

① 数据来源：经济数据库（CEIC）。

更高的城市。选择在中国经济发达地区就业用收入因素可以很好地解释,但该村在省外就业者依然更多选择在临近省而非中国经济发达地区。这主要出于两方面原因:一是外出就业大多需要熟人带领,熟人大多去邻省就业,使整体上大部分劳动者选择临近省份就业;二是临近省份经济发展程度虽不及珠江三角洲等中国经济发达地区,但生活成本低于经济发达地区,劳动者在临近省份就业面对的生活压力较小,收入中有更大比例能存下并供在村中的家人使用。离家近,似乎不是选择邻省就业的重要原因,我们访谈的家户中的外出就业者不论在临近省份还是在珠江三角洲地区,都只会在春节回家,全年只回家一次,并未因为相对距离近而增加回家的频率。

综上所述,影响就业地点选择的最重要因素是收入水平,相对收入水平低成为该村劳动力外流的推力,而上述热门的就业目的地因相对收入水平高而对该村劳动力产生吸引力。

2.4 就业求职渠道

根据访谈,我们总结出年龄较大的外出就业人员多通过以下两种渠道找寻工作:一是熟人带领,组团外出就业,这也是外出务工的主要手段;二是到外地接受大学教育,在大学毕业后选择留在大学所在地工作,这部分外出就业者具有较高的人力资本,在劳动力市场上具有更强竞争力,从事专业性强的工作,获得较高的收入。

2.4.1 熟人带领、组团外出——学历较低人员的主要外出求职渠道

外出务工以熟人带领为主,往往出现家庭成员、同村人组团外出的现象。在我们访谈的农户中,有一家兄弟二人一同外出务工,都在一个同乡人做包工头的工地做建筑工人。有两家夫妻二人一同外出务工,都是受同村人带领。受访的外出务工人员都表示,自己选择当前的就业地是受到熟人的推荐。事实上,不仅是就业地的选择,甚至职业选择也受到熟人的影响,该村有许多从事箱包制作的劳动者就是早先去河北省做箱包的人带动的。

熟人带领、组团外出的就业渠道,对外出务工者而言具有两个突出优势。一是通过熟人能获得就业信息。我们访谈的所有家户均表示就业信息获取主要通过熟人介绍和看招工广告,基本没有从政府、网络等其他渠道获得就业信息,熟人是该村外出务工者获得就业信息的重要依靠,因此为了找到合适的工作,在熟人带领下外出务工是有必要的。二是和熟悉的人一起组团外出可以在生活上节约成本、互相照顾。外出务工人员积蓄较少、收入也不高,在就业地需要租房生活,而就业地基本是租房价格较高的大城市,所以他们会与相熟的人一起租房,平摊租房费用,节约生活成本。一位受访者告诉我们,他的儿子和年龄相仿的村里人一起外出打工,五六个人一起租一套房子居住。居住在一起也可互相照顾,并且由于是同乡甚至同村,也能在心理层面产生归属感,在异乡获得精神慰藉。总之,不论是从就业角度还是从生活角度来看,熟人带领、组团外出对外出务工者而言都是正确选择。

2.4.2 就读高校、对口就业——学历较高人员的主要外出求职渠道

外出就业的另一种渠道是通过在外地高校就读，直接在外地找寻专业对口的相关岗位，该渠道更多见于村中接受大学教育的人，其中又以35岁乃至30岁以下的年轻人为主。由于许昌市乃至河南省高校资源较少，该村接受大学教育的人基本都选择了省外的大学。大学不仅是他们积累人力资本，提高在劳动力市场上的竞争力的地方，还为他们提供就业信息和就业资源，便于他们在大学所在地就业。在上大学的同时，他们也对大学所在城市逐渐熟悉，能够适应在当地的生活，为留在当地做准备。我们访谈到的一位暨南大学（本科）毕业生在广州当地成为公司技术人员；另有一位即将继续留在大连攻读硕士研究生的受访者表示，未来也会选择留在大连就业，因为自己对大连已比较熟悉且在大连能获得同学资源。

2.4.3 小结和展望

随着受教育水平的提升，霍刘庄村有越来越多的年轻人因升学走出家乡，并在外地工作和生活，未来这种外出就业渠道可能占据更大比重。因此熟人带领、组团外出在某种程度上是应对劳动力市场中信息不对称的权宜之策，随着数字经济的深入发展，也许外出就业者能通过互联网获得更多的就业信息，找到更理想的工作。此外，随着更全面的社会服务体系建设，政府会提供更多的就业支持，进一步拓宽外出就业者的就业渠道。

2.5 婚姻情况

2.5.1 寻找结婚对象

外出就业者大多是在外出后才寻找结婚对象，建立婚姻关系。他们大多在16—18岁外出务工或接受高等教育。这个年龄段外出，未到结婚年龄，因此无法在外出之前结婚。对于这种情况，父母大多认可其子女在结婚对象选择上具有自主权，接受子女在外地工作时通过自由恋爱找到结婚对象，对子女结婚对象的要求基本都是人品好、易相处，对对方的经济条件没有太多要求。但是，父母会偏好子女与同乡人结成婚姻关系，认为同乡人可能易于相处，且每年过年能一起回家，在年老后能一起回到家乡，这或许也是村民们落叶归根的朴素思想的体现。名单显示，仅有19对夫妻中的妻子不是鄢陵县本地人，这些女性大多仍为河南人，这表明该村大部分村民都有与同乡人结婚的习惯，外出就业的村民也是如此。为了在外出就业的同时找到同乡人作为结婚对象，相亲成为主要方式。未婚的外出就业者春节假期回到家中后，父母会安排他（她）与本地人相亲，若合适则互相交换微信进一步交流。

对于在外工作的未婚子女，留在村中的父母往往非常关心他们的婚姻问题，在子女到一定年龄后会更加着急，因为他们认为应当早点组建家庭，如果30岁依然没有成家就是一个严重的问题。访谈中一位村民表达了对在广州做白领的29岁儿子仍未成家的担忧，虽然他知道大城市中结婚年龄普遍推迟，但他坚持认为孩子应当早日结婚生子。该村的未婚外出就业者大多通过村里人介绍相亲的方式寻找结婚对象，对进入工厂成为工人的群体来说，相亲是最主要的方式。

2.5.2 婚姻带来的家庭分工与就业决策

婚姻形成家庭，家庭的责任有时影响外出就业的决策。在霍刘庄村，结成婚姻关系后，男方外出就业的倾向更强，女方则可能回到本地就业或成为家庭主妇，负责照顾老人和孩子。在当地的社会期待中，丈夫应当承担家庭的经济义务，成为家庭收入的主要来源，所以霍刘庄村的男性在结婚后认为自己更应当到外地就业，获得更高的收入，从而在家庭中拥有更高的地位和更大的话语权。我们访谈到一位因病暂时回到家中的男性村民，他说身体恢复后仍会选择外出工作，能得到更高的收入从而承担大部分的家庭经济责任。女性在结婚后有可能不再外出就业，而选择更多承担养育子女、照顾老人的义务，留在本地。据了解，村中有许多妇女因为照顾家庭而放弃了外出就业，而已外出就业的也有一部分计划回家照顾孩子。我们还发现，近年来村民做出丈夫外出打工、妻子回乡的决定，一个重要的考量是辅导孩子的功课。正如一位在外打工的村民所说，"打工赚钱还是为了孩子能读书"，因为孩子的爷爷奶奶没有能力辅导孩子，而家庭对孩子的学习寄予厚望，所以妻子回家督促和辅导孩子学习成为主要的解决办法。

2.6 劳动保障

劳动保障为以保护劳动者的基本权益所采取的一切措施和行为的总和。我们发现，霍刘庄村外出就业的劳动者得到的劳动保障情况不容乐观，尤其是外出务工人员。外出务工人员大部分没有成为正式员工，而是流动在不同工地、工厂的临时工，基本没有得到任何劳动保障，我们常说的"五险一金"（养老保险、医疗保险、失业保险、工伤保险和生育保险及住房公积金）对他们而言甚至是从未听说过的名词。外出务工人员在寻找工作时也很少关注劳动保障，主要通过绝对收入的比较选择工作。他们对于没有劳动保障这件事也显得有些自暴自弃，认为自身条件限制只能从事替代性强的工作，工作不稳定是正常情况，不奢求获得劳动保障。但是，也有部分外出务工人员获得了一定的劳动保障，如所工作的正规的建筑公司为他们提供的体检和保险。

我们还了解到，部分外出务工人员面临工资被拖欠的问题。近期房地产行业整体低迷，一些地方建筑业资金困难，无法按时给建筑工人发放工资，霍刘庄村部分外出从事建筑业的工人就面临这样的情况。据受访者说，工资拖欠问题仍未解决，而被拖欠工资的同时，工人仍然在工地上工，由于工地包工头是同乡人，工人和包工头之间存在乡土联系，彼此照顾情面，不愿撕破脸，即使撕破脸也无法解决问题，反而造成关系破裂，以后无法合作。受访者认为，目前邻近工地都面临相同的情况，即使换一个工地也拿不到工资，

"有活干总比没活干好",只能等待建筑业整体状况的好转。

在对短期情况感到悲观的同时,我们也了解到劳动保障方面出现了一些长期性的、趋势性的改善:根据和村党支部书记的访谈,我们了解到随着建筑业的日渐规范,基本每一家正规公司都会按照相应规范配置与工地安全相关的安全措施,并依规为工人投保相应保险。而遭遇工资拖欠的时候,除去用人单位经营状况极度恶化、资金链接近断裂者,劳动局的干预在一般情况下都能够让工人们拿到被拖欠的工资,这也使得2018年前后成了拖欠工资这一陋习的分水岭,使得时不时发生的略带些常态化色彩的拖欠工资,骤然转变为在极端情况下才会发生的情况。然而,从我们访谈到的这一例子中可以看出,在极端情况下,工人权益的保障依然有其盲点,依然有着亟须改进或予以兜底的环节。

2.7 收入与支出

2.7.1 收入分层

霍刘庄村外出就业人员的收入以工资性收入为主,有明显的收入分层:从事体力劳动与低端服务业的劳动者月收入为3000—6000元,成为技术人员或白领可获得一万元左右的月收入。具体而言,该村外出从事售货员等职业的人员月薪在3000元左右,以女性为主,这类劳动无须特殊技能且较为轻松;外出成为流水线工人的人员月薪在5000元左右,根据劳动数量有工资浮动,如订单量大时可获得加班工资,在实行计件工资制的工厂中多劳多得;从事建筑业、运输业等的工人月薪在5000元左右，虽技能要求不高，但属重体力劳动，非常辛苦。上述几类劳动者基本都因教育和技能水平低而在职业选择上受到限制，从事的工作普遍收入较低。拥有高教育水平或技能的劳动者，如我们调研中遇到的本科及以上学历的人员，大多流向专业性强且工资高的职业，如技术人员、教师等。我们也发现个别劳动者虽受教育程度和掌握技术水平都有限，却还是通过自己的辛苦劳动获得一万元左右的月收入，这可能是较长的工作时间换来的。

为了解释收入分层，可能应当回溯人力资本理论。人力资本是体现在劳动者身上的资本，包括劳动者的知识技能、文化水平、健康状况等。高人力资本往往能带来高劳动质量和高劳动生产率，从而获得高经济收益，促进经济增长。对微观主体而言，拥有较高的人力资本，便可以在劳动力市场上获得更强的竞争力和更高的工资收入。霍刘庄村外出就业群体的收入分层，大部分可被人力资本理论解释：低技术水平和文化程度造成低人力资本，由于人力资本低而在劳动质量和劳动生产率上有所欠缺，导致创造的经济价值低于高人力资本群体，从而获得的收入也低于高人力资本群体。低技能劳动者内部的工资差异，也能部分地被健康状况解释：身体健康强壮的劳动者拥有更高的人力资本，能从事更重的体力劳动，拥有更高的劳动效率，从而获得更高的报酬。

2.7.2 主要支出

外出就业人员的支出项目相对固定，除了自己在就业地的衣食住行等满足基本生活需要的花费外，占比最大的是子女教养费用，包括子女生活开支和教育支出。另外，还存在医疗费用这一项难以预测又常常数额较大的支出，外出就业人员普遍都考虑到这项支出的存在，尤其担心家中老人会出现重大疾病。下面以外出务工人员为例具体分析各项支出。

首先是外出务工人员在就业地的衣食住行费用。外出务工人员若无工作单位安排的宿舍，则需要租房居住，而他们的就业地大多在房价高昂的大城市，租房价格也较高，即使有合租等节省成本的方式，居住费用依然成为他们在就业地的最大开销。对于衣、食、行，他们都较为节俭，一方面是就业地物价较高，另一方面是他们以供养家庭（尤其是子女）为外出务工的最重要目的，所以往往选择节省自己的开支。外出务工人员一年仅在春节回家一次，也是受交通费用的限制，平时没有非常重要的事情则不会回家。

其次是子女教养费用。作为外出务工人员最重视的支出项目，子女教养费用既是作为父母履行抚养子女义务的体现，又饱含着他们对子女学有所成的期待。在霍刘庄村，一对夫妻往往有两个及以上的孩子，在我们访谈的家户中也出现有四个孩子的情况。虽然外出务工人员基本都将孩子留在家中，且鄢陵县当地生活成本较低，但同时负担多个孩子的教养费用依然不轻松。在子女生活费用上，由于子女和爷爷奶奶一起生活，所以部分生活开支会由老人分担，而老人的收入主要是耕种自家土地所得。子女教育费用主要包括书本费用、学习用品费用、辅导班费用等，若学校离家较远则会产生寄宿费用或租房费用，都由外出务工的父母承担。子女教育费用对外出务工人员来说的确是很大的负担，但是他们在教育费用上毫不吝啬，他们认为教育是子女摆脱现有的家庭经济地位的唯一出路，因此愿意尽已所能地使子女享受教育的机会，并非常期待他们接受更高层次的教育。

最后是医疗费用。作为不可控的支出，医疗费用令外出务工人员担忧。据我们了解，村中老人基本都参与新型农村合作医疗，用医保买药能报销70%，可以减轻不少医疗费用负担，所以日常情况下外出务工人员不必为老人支付太多医疗费用，但发生较严重的疾病时依然会产生较大的医疗费用。另外，外出务工人员也可能出现健康问题。我们访谈的一位外出务工人员由于生病回到家乡做手术，手术花费几万元，这对家庭收入而言是很大的数目，但这相较于在就业地接受治疗已经较为便宜。

2.7.3 量入为出

对比外出就业人员的收入和支出，大部分情况是收支相抵，尤其是外出务工人员，收入较低而开销较大，收入中只有很少一部分能转化为储蓄。

在收支相抵的情况下，村民们都强调量入为出。事实上，他们在一般情况下都以满足基本生活需求为目标，没有太多更高层次的消费，因此除出现重大特殊情况外，消费基本保持平稳。外出就业人员在收入增长时会适当增加消费改善生活，在收入减少时则节约非必要开支，但总体上并无太大波动。

3 代际关系

3.1 代际的定义

由于本研究更加着重于代与代之间的抚养、赡养关系，因此我们选择以亲缘关系为基础，重点考察外出就业人群和他们子代、父代之间的关系，其中，我们又以外出就业人群与其未成年子代、已退休父代的抚养赡养为考察重点。

3.2 子女抚养

3.2.1 主要的抚养模式及其影响子女培育的几个因素

根据本研究定义，外出就业人群为因工作需求无法定居在村里的人群，由于无法在村里定居的这一特性，其与未成年子女之间的生活联系和抚养关系主要有以下三种可能的模式。第一，子女随外出就业的父母一同搬往外地生活，在这一模式下并不会导致留守儿童的问题，然而因全家搬至外地，本轮调研无法访问到此类模式；第二，子女同祖父母（或母亲）等家中长者一同待在农村，这一模式常见于学龄前和小学阶段的子女，到了初中由于通勤距离的增加，这一模式的比例有所下降，到了高中由于通勤距离的进一步增大，这一模式已经基本不可行；第三，子女同祖父母一方或母亲，一同前往学校所在地居住,这一模式更多见于就读初中或高中的子女。

通过访谈,我们认为这几种模式可能通过以下两种途径对子女的抚养和培育产生差异。第一,为父母抚养或隔代教养。若为隔代教养,由于祖父母容易心软而不严格要求孩子,容易出现宠坏孩子的问题,相较之下,由父母教养的小孩,由于接受较为严格的管教,有可能会在学习上有更好的表现,并在未来获得较高的学历。第二,所在地学校的办学质量。办学质量会对学生的学习表现产生显著的影响,而人口相对集中的城镇地区,由于资源和生源的相对聚集,也容易催生出办学条件较好的学校,因此留在本地农村还是前往外地居住、当地具体教育资源是否充沛,都会影响学生接受到的教育质量,进一步影响其中考和高考的表现。

除此之外,父母工作之余的闲暇时间和精力情况亦会对孩子的抚养和培育产生差异。以父母教养为例,父母从事的工作岗位在很大程度上决定了其每日工时、工作天数。由于霍刘庄村外出就业人群多为低技术劳动力,其每日工时和工作天数一般较高,这就导致了父母在下班返家后容易缺乏充足的时间和精力陪伴孩子,这显然不利于孩子的健康成长和培养。除此之外,由于工作天数高、缺乏休假等原因,这些父母也可能会缺少闲暇时间陪同孩子前往其他地方旅游和学习,这也不利于孩子眼界的开阔。以隔代教养为例,由于祖父母年龄较大、体力精力下滑,本就难以负荷管教孙辈的工作,在农闲时和学校寒暑假时祖父母也无便利条件带着孙子女前往其他地方旅游学习、开阔眼界。

3.2.2 外出就业人群及其留守子女的感情联系

通过调研，我们发现许多外出就业人群，由于工作天数高、缺乏长假等因素，在一年之中常常只在年节时返乡，每次返乡时长大致一周，一周结束后便回到外地工作。这样的情况使留守本村的子女缺乏与父母在线下的交流机会。由于具有联系感情的需求，同时缺少线下交流的条件，在通信技术发达的现在，通过微信进行语音或视频通话便是外出就业人群及其本村留守子女的主要感情联系渠道，这在一定程度上补上了部分情感联系的需求，但仍无法完全替代直接线下的交流。

3.2.3 当地村民对子女教育的态度和困境

对于子女的教育，我们访谈到的每一户人家都在理念上认同教育的重要性，认为子女唯有接受好的教育，获得一定的学历，才有可能跟上现代社会的步伐，并且有较高的收入和生活质量。然而，和理念上的支持相矛盾的，是其子女教养方式的粗放，这种教养方式上的粗放又具体体现为学习成绩较低、辍学率较高等。我们认为这样的理念和实际的矛盾，主要来自以下三个原因。第一，现实经济因素的无奈。在劳动力外流的情况下，家长确实有动力让孩子们在农忙时协助农活，或者在特定季节捕蝉贴补家用。第二，当地教育资源的匮乏。一方面，这会导致教育的投资报酬率下降，从而减少人们的教育投入；另一方面，家长和孩子们就算希望在课余进行补课或才艺学习，他们也难以找到相应可以提供这类服务的学习机构。第三，隔代教养下祖父母对孙子女的纵容。这也不利于孩子们的学习和升学。

3.3 老人赡养

3.3.1 老人的收入来源

在本次调研中，我们主要访谈到的老人年龄大多在60—65岁，年纪相对较轻，身体状况和自理能力较好。在身体条件允许的情况下，我们访谈到的老人大多还在工作，其中家里依然有田地可供种植者，大多依然会下地种田，而家里没有田地可种者不乏从事小卖部、理发店等行业。由于这些老人们依然在工作，因此也相应地能够挣得一定的收入，足以维持生计。此外，老人们出于体谅子女在外打工的辛劳，除开大病治疗等特殊需求外，基本不太希望从外出就业的子女那边拿取太多的钱。因此，在一般情况下老人收入多通过自行工作挣得。

3.3.2 老人的生活照顾和生活观念

我们访谈到的老人，大多和伴侣一同居住于村里，彼此互相照顾扶持，大多会自己料理自己的餐食需求。当被问到"若您的儿女想要带您一同到城里居住，您是否愿意搬到城里和儿女一同居住"的时候，他们大多表示不愿意，回复道："只要身体条件允许便希望留在村里生活。"在进一步的访谈中，我们了解到他们出于乡土情感和邻里之间的熟识，大多都希望在条件允许的情况下留在村子里面生活。他们尽管希望同子女一块儿生活，但更担心前往城镇生活后相应而生的适应问题，以及缺少街边的好友而变得孤单的问题。

3.3.3 外出就业人群和留守老人之间的情感联系

许多外出就业人群仅在年节时回到村里，其他时间鲜少返家，因此外出就业人群和留守老人之间也极度缺乏线下交流的机会，而微信语音和视频通话也相应成了许多外出就业人群同留守老人之间联系感情的主要渠道。

3.4 本次研究在代际议题研究上的不足

由于本次调研所采取的抽样方法的限制，我们认为在代际研究尤其是留守老人的议题上，未能获得一个具有代表性的抽样，从访问到的老人大多为60—65岁便可看出，我们抽到的样本很可能为年纪较轻、自理能力较好的老人，这一现象或许源自入户方法上的不足。相较于中国家庭追踪调查（CFPS）等调查采取随机决定家户再试图登门拜访的抽样方式，本次研究的入户多为村委同志带路引导或自行进门拜访，这两种方式通常都要求家户大门敞开，而这一条件通常又以家里有生活自理能力较好人员为基础，而这很有可能便是本次研究抽样不具代表性的潜在原因。

◇◇ 4　小结

4.1　非农就业——农民增收的主要动力

在农业收入难以满足生活需要的背景下，非农就业成为农民增收的重要动力和主要来源。在农村居民家庭人均纯收入中，来自农业的部分从20世纪90年代中期以来基本停滞不前，农民收入的增长几乎完全来自非农经营和外出打工。

从农户个体视角出发，其最大的呼声和需求便是生活的满意和富足。当农业收入难以为继、难以满足人民群众日益增长的美好生活的需要时，选择向非农产业转移是理智的、积极的选择。一方面，农户可以获得更多的可支配收入；另一方面，投身于城市工业化大潮之中，他们也能拥有更多的发展机会，也为提升自我素质、实现自我价值创造了条件。从需求侧出发，向非农转移有利于满足人口多元的需求，从而提升生活满足感。

从产业发展的视角来看，农业劳动力向工业和服务业流动，符合产业转型和升级的要求，符合工业化建设的需要，顺应了城市化发展的磅礴动力。农村的剩余劳动力与工业产业相结合，可以创造更多的社会财富，创造更多的社会总剩余，对社会主义现代化建设而言也是一大福音。

结合霍刘庄村的基本情况，我们发现，当地生活富足、达到小康水平的农户多有外出务工的经验，而相对贫困的家庭往往由于特殊原因（如身体状况），阻碍了外出务工的决策选择，从而影响了家庭的收入和幸福。

人口的大量外流以及村庄常住人口以老年人为主，势必带来村落的萧条。农村社会结构的松散，导致农村出现自然消亡和瓦解的可能。经过调研发现，霍刘庄村作为行政村，是近年来由四个自然村合并而成的。霍刘庄村的合并有政治上管理效率的考量，也是人口外流、村庄凋零的现实例证。在现代化的过程中，阵痛和改变时刻上演，城市和农村的嬗变从未停歇。从发展观的视角来看，村落的松散，往往服务于现实的需要，也是时代所趋。农村本是村民安居乐业之根本，但农业的发展若难以满足村民的需要，大量青壮年劳动力便会向非农产业转移，村庄也可能会走向消亡。

4.2 非农就业——面临棘手的社会问题

非农就业以外地就业为主，而外地就业又以外出务工为主，农民工现象往往引发家庭的代际问题，尤以子女的抚养和老人的赡养最为突出。考虑到农民工工作岗位的不稳定性，大多数农民工外出务工以经济收入为主要目的，并不以在外地定居和生活、工作为目的。在外出务工的时间段，其往往无暇照顾子女和老人。以霍刘庄村为例，外出务工的青壮年多结群外出，而将老人、孩童留在农村。这便引发了严重的空巢老人和留守儿童问题。若农民工放弃外出务工，则难以获得足够的收入满足家庭的需要，这成为摆在无数农民工面前的巨大的矛盾。

代际问题不是孤立存在的。在外出务工背景下，留守儿童数量较多，家庭教育和父母关爱的缺失容易造成留守儿童的心理问题，性格柔弱内向，存在自卑心态，从而影响其作为个体的健康幸福生活。童年的不幸、自卑的心态将伴其一生，在影响个人发展和健康生活的同时，也会带来社会的不安定因素，提高了犯罪率，影响社会团结，影响社会主义社会的长治久安。

除了因外地务工带来的家庭代际问题外，人口外流带来的对农业、农村和农民的冲击也不容小觑。农村大量的人口外流，出现无人耕种的现象，大量土地被荒废，农业生产力受到破坏，难以保障粮食需求，在产业链的传导下，容易出现粮食及其相关产品价格走高，引发关乎国计民生的粮食安全问题；人口大量外流，使农村的社会群体的约束不断弱化，农村的规模不断压缩，并呈现消亡的发展态势，农村自古以来约定俗成的民风民俗和社会契约也趋于瓦解，引发一系列社会伦理问题；农民的收入难以保障，农民与其他阶层的收入差距不断扩大，植根于农业的农民数量不断锐减，引起社会分化等，增加社会不安定因素。这都是农民工外地务工带给"三农"问题的巨大挑战。

值得注意的是，经济社会的转型，是考察"三农"问题及其解决措施的基本背景。破旧方能立新，经济社会的转型往往意味着中国经济社会需要经历"阵痛"与"蜕变"。这种转型既符合社会演进规律的由农村向城市、由第一产业向第二产业变迁的常规进程，又是一种在中国特定的国情所决定的从二元社会结构向一元社会结构变迁的特殊进程。以霍刘庄村为例，中国社会不乏以霍刘庄村为代表的典型农村，其"三农"问题的解决都将潜移默化地嵌入经济社会转型的过程之中。

基于现存的城乡二元社会结构，面对着市场扭曲和自然资源环境粗放使用的巨大压力，传统的发展模式已难以为继。在可以预见的未来，中国的农业仍将长期具有重要的基础产业地位，农村仍将长期承担农业生产、农民生活、生态循环等基础功能，农民仍将长期是中国最为庞大的产业劳动者群体。中国的社会基础体现在广大农村的稳定发展以及众多农民的经济社会状况上。因此，必须重视"三农"问题的解决，实现"工业反哺农业、城市支持农村"的转型。这种转型势在必行，这将是对经济社会格局的巨大调整，是对市场、政府和社会多方力量和资源的重新洗牌和整合。①

4.3 非农就业——路在何方？

非农就业的潮流是不可逆的，但伴生的社会问题是可以纾解的。根据调研，当地政府在非农就业问题上存在感不足，政策的完善存在着巨大的提升空间。非农就业的路在何方？笔者认为，以农民工的需求为核心，以政策为导向，着重解决农民工外出务工的后顾之忧是关键。

针对大龄农民工返乡返农现象，当地政府应当制定产业政策，

---

① 宁光杰：《自选择与农村剩余劳动力非农就业的地区收入差距——兼论刘易斯转折点是否到来》，《经济研究》2012年增2期。

因地制宜发展特色产业。以霍刘庄村为例，当地不少青壮年有皮包加工的技术，则可以利用劳动力资源开展手工作坊建设，创造就业岗位，从而提高村民收入。针对农村建设和农村发展，应当完善交通等基础设施建设，开展普惠的公共工程，让条条大路成为经济发展和农村进步的先导。在棘手的空巢老人和留守儿童的关照上，政府应当增加政策倾斜力度，着力完善社会保障体系，着力完善医疗服务体系，确保村民有医可诊，保障居民的养老和健康。着力推动教育体系建设，兴办学校，使得乡镇具备配套九年义务教育的资源。只有完善教育和医疗保障，才能在一定程度上纾解青壮年劳动力的心结，才能够释放农村非农就业的巨大动力。

本章参考文献

费孝通：《江村经济——中国农民的生活》，商务印书馆2001年版。

费孝通：《乡土中国》，生活·读书·新知三联书店2021年版。

国家统计局：《2016年农民工监测调查报告》，国家统计局网，https://www.stats.gov.com/sj/zxfb/202302/t20230203_1899495.html，2017年4月28日。

国家统计局：《国民经济行业分类》GB/T 4754-2017，国家统计局信息公开，国家统计局网，https://www.stats.gov.cn/xxgk/tjbz/gjtjbz/201710/t20171017_1758922.html，2017年6月30日。

宁光杰：《自选择与农村剩余劳动力非农就业的地区收入差距——兼论刘易斯转折点是否到来》，《经济研究》2012年增2期。

张腾扬：《箱包产业走上转型升级路》，《人民日报》2023年7月20日第10版。

闵维方、马莉萍：《教育经济学》，北京大学出版社2020年版。

中华人民共和国国家质量监督检验检疫总局、中国国家标准化管理委员会（SAC/TC 353）：《职业分类与代码》GB/T 6565-2015，国家标准全文公开系统网，https://openstd.samr.gov.cn/bzjk/gb/newGbinfo?hcno=26D4453Es18AFC7A826331A251E7EB1F9，2015年9月10日。

孙江明、钟甫宁：《农村居民收入分配状况及其对消费需求的影响》，《中国农村观察》2000年。

北京大学国家发展研究院：《经济学社会实践》调研团：《云南弥渡牛街调研报告》，中国社会科学出版社2023年版。

钟甫宁、何军：《增加农民收入的关键：扩大非农就业机会》，《农业经济问题》2017年第1期。

钟甫宁：《我国能养活多少农民——21世纪中国的"三农"问题》，《中国农村经济》2003年第7期。

第八章

个体工商户

潘阳、王天一

"产业振兴是乡村振兴的重中之重",外出务工也许可以解决传统农村家庭的收入与风险承受问题,但随之产生的子女抚养、老人赡养的现实问题与日趋增长的二元身份认同张力,连同不稳定的就业环境,使得"农民工市民化"的鸿沟愈发难以跨越,现实与传统共同指向落叶归根的归宿。而在农民工"乡—城—乡"逆流动趋势与城乡协调发展的大背景下,乡村振兴的战略目标首要在于产业兴旺,即在保障农业生产的前提下,通过非农产业的发展,带动本地非农就业与基础设施建设,在为农民增收创收的同时提升农村消费水平、生活水平与便利程度。进一步地,利用非农产业带来的要素集聚与资源增长,通过产业融合、农村金融、新型集体经济等形式实现农村现代化,从而实现新型城镇化与城乡一体发展的远景。

鄢陵县彭店镇霍刘庄村位于河南省中部黄泛区,地势平坦,在花园口决堤前,土质疏松易耕,肥力高,气候适宜,故历来以农业为支柱,也频繁受旱、涝、风、沙、碱、虫与黄河决口等自然灾害影响,加之历史上战争频仍导致的人为破坏与大规模人口迁移,并无发展工商业的资本积累与区位条件,也自然不曾有置业经商的传统,故除开历史上短暂存在的集体经济产业及其孑遗外,村中的本地非农产业均处于创业的初步发展阶段,以个体工商户形式经营,目前并无正式注册的乡镇企业与公司,也尚不存在集体经济。

基于霍刘庄村的现实状况,结合考察非农产业发展与乡村振兴的目标,本书将调查对象定为霍刘庄村各非农产业经营者(同时也是创业者),通过走访村中箱包作坊、饭店、超市、建筑队、电商销售点等外出务工人员返乡创业产业,以及理发店、小卖部、卫生室、农机店等本地农民自雇产业,了解了村内各非农产业经营性质、经营模式、社会效益及政策环境等概况,也经由与经营者的深入交流,获悉了经营者的个人与家庭资料,以及创业决策过程、商业思维及行业认知等较为主观的信息。此外,我们还访问了村党支部书记,了解了当地非农就业产业的发展历程与政策扶持的现状。

产业振兴重在产业,但终归需要以人为本,从创业出发。本章的内容将分为以下两部分来进行综合讨论:第一,以物为中心,即客观而描述性的"宏观产业视角";第二,以人为中心,即主观而能动性的"微观创业视角"。本章第一部分将以产业视角对几个典型的非农产业的历史、经营模式、区位条件、市场需求及发展趋势等方面进行依次描述,力求构建一个以农业为主的农村非农产业发展画像。本章第二部分将以创业视角横向比较几个典型创业者的禀赋、人力资本、家庭及观念等创业条件的异同,在产业发展画像中添上人像。本章第三部分将综合产业视角与创业视角,总结出影响创业者决策,进而影响村内非农产业发展的外在与内在因素,并据此分别提出针对外出务工人员返乡创业与本地农民创业的政策建议。

◇ 1 本地产业概述

霍刘庄村属彭店镇,位于镇东北5.8千米,有四个自然村,1800多人,耕地面积2947.131亩。霍刘庄村地处黄淮平原腹地、黄河和双洎河冲积平原上,地形以平原为主,海拔60—70米。在村南侧,康沟河由西向东流过。平坦的地势加之温和的气候,适宜多种植物生长。河南是全国农业大省,霍刘庄村所处的鄢陵县一直也是一个农业大县,2021年全县粮食总产量达到53.6万吨。得益于其地理环境和农业传统,全村以种植业为主。也正因为如此,霍刘庄村的商业不算发达,目前村内并没有企业的出现,全部为个体工商户。霍刘庄村目前有生活超市2家(张堂村1家、刘庄村1家),小卖部3家(刘庄村2家、霍庄村1家),饭店2家(刘庄村2家),卫生室1处(张堂村),诊所1处(刘庄村),箱包加工厂5家(刘庄村3家、张唐村2家),农药化肥店1家(刘庄村),电子商务店1家(刘庄村),农机修理店1家,理发店2家(张堂1家、刘庄村1家),驾校1家(刘庄村),榨油店1家(刘庄村),快递收发点1处（刘庄村）。店铺集中分布在 Y001 乡道附近，部分分布在村内。

霍刘庄村曾出现过集体经营。康沟河南侧有 1000 多亩黄沙地，不适宜种庄稼。20 世纪末，在外出考察后，村委成员决定将此处加以利用，将该处土地收购为集体所有、统一管理。通过学习其他村庄经验并从信用社等获得贷款，该处改造为鱼塘养鱼并种藕。该产业从 1996 年开建，在 1998 年进一步扩大规模，如增设了观赏性鱼塘和莲藕、养殖甲鱼、建立起百果园等。最终，这里成为特色旅游景点，吸引许多人前来参观。鱼塘由村民经营，收益也由其自行分配。不过，随着当时的村支书的离职和承包合同的到期，在 2000 年前后，该产业最终停办，此后再未出现大规模的经营活动。

为了对霍刘庄村当前个体工商业的全貌有更好的了解，我们访谈了村内 10 位店铺创办者。尽管他们所属行业不同，却仍存在共性。例如，他们在创业前的经历大多为外出务工，也有部分始终在村内经营；他们的资金来源主要是创业者以往的储蓄或向亲友的借款，少数会选择使用信用卡；店铺经营形式大部分为个体经营或家庭经营，少数有合伙经营、请亲戚帮助或雇用长短期工。在本章第二部分，我们将对这些特征进行更深入的描述与分析。

不同行业既有共性也有特性。霍刘庄村的十位从业者的经营经历，让我们看到了整体行业趋势对个体的发展影响。向阳与夕阳产业在霍刘庄村内均有其缩影，这也导致了不同个体工商业者的营收状况和未来规划有所差异。下文将对几个代表性行业展开详细描述。

1.1 箱包加工业

受"同乡同业"模式的带动，鄢陵人一直以来都有前往河北省等地从事箱包生产加工的传统。从我们的访谈对象来看，建筑施工队包工头、饭店老板和箱包加工厂老板均有河北省箱包行业打工的经历。河北省与河南省接壤，交通的便利和生活习惯的相似是原因之一。同时，河北省的箱包行业在全国领先：河北省保定市高碑店白沟镇箱包生产销售市场主体3万多家，年产箱包8亿只，占全国产量1/4以上。[①] 该地也有广泛的国际业务，截至2023年上半年，白沟新城出口62.93亿元。[②] 广阔的市场意味着更多的劳动力需求，加之老乡间的抱团行为，人们纷纷前往河北省务工。随着务工经验的累积，掌握了箱包加工技术的人们，出现回乡开厂的想法，并纷纷予以尝试。观察到该趋势后，鄢陵县政府进行了积极引导。

为吸引在外工作的务工经商人员和专业技术人员等返乡创业、助力家乡发展，2008年，鄢陵县政府主持建设箱包产业园，以打造中部箱包皮具基地为目标。该综合型专业园区占地35万平方米，集箱包研发、生产、销售、出口贸易等于一体，被河南省人民政府列为"十二五"重点扶持发展的特色产业和"四大"特色专业市场之

[①]《走向世界的白沟箱包》，新华网，2023年7月13日，http://www.xinhuanet.com/fashion/20230713/409d62aa095a4b0ea01ef8ea2c609059/c.html。

[②]《加快建设世界箱包之都》，中国经济网，2023年7月7日，http://views.ce.cn/view/ent/202307/07/t20230707_38621407.shtml。

一。至2013年，该产业园入驻生产型企业59家，年生产能力300万箱（件），年产值达30亿元，产品远销日韩以及欧美、中东、东南亚等30多个国家和地区，直接安排劳动力就业3600人。同年，鄢陵县人民政府主办的第二届中国鄢陵箱包皮具博览会在该产业园举行，有1000余家商户参加展示和交流。

然而，箱包产业的竞争较为激烈。除河北省白沟镇外，浙江省等地也拥有较为庞大的产业体量。因此，尽管有政府的支持政策，鄢陵县的箱包产业在当时仍面临很大的发展困境。施工队包工头就曾在那段时间返乡建箱包厂，但因整个行业的不振，最终被迫转行。总体而言，鄢陵县的箱包产业面临三种发展困境：销路不通，营销渠道难以拓展和配套行业发展不足。

销路不通，意味着市场难以进入。河北省等地的箱包产业已搭建起较为完善的产业链条。作为后加入者，鄢陵县需要提供与之相当的条件，才可以获得原料供应商和产品销售方的青睐。根据规模经济，这对初出茅庐者是一个较为困难之事，因为其意味着利润空间的被迫缩小。这进一步阻碍了潜在厂商的进入，更加不利于产业规模的扩大。

营销渠道难以拓展，主要体现在互联网经济的使用上。目前河北省等地积极采用直播卖货形式。通过与直播平台建立合作关系，箱包的销售额进一步提升，且更好地掌握市场需求，从而及时推出更多的爆款产品。然而，直播对产品的品质、多样性和成本的要求更高，进一步阻碍了鄢陵的产品进入该市场。

配套行业发展不足，指鄢陵县箱包生产的上游产业，如五金配件和皮材等，无法支撑当地箱包的原料需求。因此，鄢陵县仍需依靠河北等地供应相关产品，发展受限。

近几年，鄢陵县的箱包产业出现新机遇。随着前往河北省务工的人员在外时间进一步增加，他们在当地积累的人脉关系有了更多发展，且老人与孩子的照料问题也促使很多人决定返乡创业。与此同时，尽管皮料仍由河北省等地提供，但金属制品产业在河南省逐渐实现自给自足，使在河南省本地生产箱包变得方便。此外，河南省本身存在劳动力优势。许多村中妇女在农闲时，十分愿意在箱包厂从事缝纫的工作来补贴家用。相较于河北省的工厂大量聘用外地人员，鄢陵县的加工厂主要是本地人打工，并不需要顾虑员工的吃住，且不用担心没有活儿时的工资发放等问题，节省了经营成本。目前，几乎每个村庄都有几家箱包厂，箱包产业处于高速发展期。霍刘庄村的加工厂老板正是关注了这种返乡潮流、看好市场前景，所以选择在本村进行经营。目前，该加工厂的雇员从创业初期的四五个，发展到如今的十来个。也有村民选择在自己家里缝纫，再将成品卖给工厂。加工厂每月净利润在一万元左右，订单量充足，经营状况稳中向好，老板也向我们表达了"三年之后大变样"的对本行业的乐观态度。在未来，随着工人技能熟练度的提高，工资形式将由计时向计件转变，进一步提升工人工作时间的灵活性与经营利润。

机遇与挑战相伴，我们仍需看到目前鄢陵县箱包发展的痛点。受制于其规模与销售渠道，目前鄢陵县箱包的原料与销售仍与河北省对接，鄢陵县只在箱包生产中负责加工环节。同时，农民的缝纫技术主要靠老板教授，使得目前生产力受限。箱包加工地的分散，导致原料的采购与成品发货地点需要花更多精力。缝纫机器维修工的缺少，时不时让生产工作中断。因此，鄢陵县箱包产业的发展仍需相应政策支持，包括让产业园区更好发挥作用以方便进货发货、提供缝纫技能培训以提高生产效率等。

1.2 电子商务

随着抖音、淘宝等电商平台的发展和直播带货的兴起，电子商务行业的规模迅速扩大。近年来，电商以其低廉的价格与丰富的品类吸引了农村的消费，同时，以其巨大的市场规模，吸引了一批人探索直播推广农产品的新销售模式。

随着生活水平和健康意识的提高，人们对消费品的质量要求有所提升。反映在食品方面，则体现为对标有"纯天然""无公害""有机"等字样的食品的购买需求上升。农村电商搭建起农业生产和消费者之间的直接桥梁，让天然、优质产品从生产源头直达消费者手中，满足了人们对食品新鲜度的要求。农村电商还把直播间搬到田间地头，让消费者走进耕种现场，既提升了顾客对产品的信赖，又满足了消费者对农产品生产的好奇。霍刘庄村农业电商的从业者曾在外地从事相关平台的运营工作。在工作过程中，他发现近几年消费者对零食等预包装、含较多添加剂的食品的需求出现上限。这种对食品质量要求的提高，正是他选择农产品带货的原因。他将直播开在田地间，向人们展示种藕挖藕等过程，吸引了许多购买者。

在国家政策的支持下，绿色农产品供应潜力巨大。作为指导"三农"工作的中央一号文件，《中共中央 国务院关于做好2022年全面推进乡村振兴重点工作的意见》将农业农村绿色发展放到"聚焦产业促进乡村发展"的议题中，将绿色包含在产业发展内。质量兴农、绿色兴农战略的深入推进，促进了农产品品质的提升。截至2018年年底，我国无公害农产品、绿色食品、有机农产品和农产品地理标志产品总数达12.2万个。高品质农产品的供应有所保障，有力支持了农村电商的发展。

同时，农业电商的准入门槛不高。霍刘庄村的电商从业者告诉我们，他的启动资金只是买手机花的三千元。电商的日常运营不需要额外投资，一个人、一部手机就可以完成一场直播。电商也不太需要考虑产品的滞销问题，只需根据粉丝数量估计销售量告知生产者，根据生产商的产量规定订单量上限，随卖随发即可。农村电商固定开销不高，因其没有租店铺的需求且农村的电费等较便宜。因此，农业电商是一个较易上手的行业。

鄢陵县给予本地电商大力支持。鄢陵县开展"电商进农村"项目，通过集中培训、乡镇巡回培训、分类一对一指导培训等方式，至2021年年末，开展培训300多场，培训人员3万多人次，培育农村电商带头人300多人，带动电商就业、从业人员1万多人。村内电商从业者提到，他曾数次被政府邀请当电商培训班讲师，为人们分享直播带货的技巧，还获得相应的劳务报酬。同时，鄢陵县重视特色农产品销售和直播带货之间的联系发展。县商务局根据对当地产品信息和资源的了解，向电商分享可以合作的厂家，促进电商产品丰富度提升的同时，将当地优质农产品有效推广开，助力乡村振兴。电商从业者表示，品类拓展是营收的推动力，肯定了商务局给予的帮助。

传统的农产品售卖，受地理位置影响较大。处在集散地的产品不愁销路，几乎生产多少就可以卖出多少。相反，对于不在集散地附近的生产来说，销售渠道较为有限，时时会出现滞销。电商这种销售方式，对产地的聚集性无特殊要求，可以帮助分布零散的厂家贩卖。同时，线下销售一般为一次性贩卖较多，而电商贩卖频率更高，从走货量而言后者更大。因此，电商为农民打开销路、让优质产品得到宣传，同时为生产者提供更稳定的收入流，从而受到他们的青睐。目前，霍刘庄村的直播带货者帮助本村的花生、土豆和玉米等农作物进行销售，同时与本县乃至本省其他农户有所合作。

农产品的充足需求、供应，政策支持和较低的准入门槛，让农业电商行业向好的方向发展。霍刘庄村电商从业者表达了对发展前景的乐观态度，并认为目前行业仍较好进入。手机成为新农具，进一步拓宽群众的致富路。

1.3 零售业

霍刘庄村零售业以代销店为起源。代销店是为了方便农村人购买生活用品，基层供销合作社委托村或农户开办的商店。出售的商品由委托代销者（如供销社）供应，代销人员只需经营商品的销售环节，而不必拥有出售的商品。随着市场的开放，商品的供应不再需要依赖于供销社分配，代销店逐渐被个体经营的小卖部或超市取代。农民收入的提升，促进了本村零售业的发展。在霍刘庄村，超市于20世纪90年代初出现，当时贩卖的产品较为基础，如香烟、方便面、饼干、调料等。十年前，超市在该村开始兴旺，出现了贩卖产品种类更为丰富的生活超市，如馒头、面条、蔬菜、礼品等商品逐渐出现。现在村里主要的两家生活超市，均为当时开办。小卖部则为2017年开始营业。

不论是商店或小卖部，其经营均受限于村民的生活水平。2022年，鄢陵县地区生产总值为400.5亿元。全年全县社会消费品零售总额为108.7亿元，比上年下降3.5%，其中乡村11.6亿元，比上年下降1.6%。分行业看，批发零售业为83.8亿元，比上年下降1.1%。同时，批发和零售业的固定资产投资比上年下降16.8%。

从居民收入消费水平来看，2022年全年全体居民人均可支配收入27900元，其中农村居民人均可支配收入为22722元，增长4.8%。根据鄢陵年鉴（2022）的数据，2021年彭店镇城乡居民人均可支配收入24386元、年增长6%，在鄢陵县下属的12个镇中位列第十。2022年，鄢陵县居民人均消费支出16148元，其中农村居民人均消费支出14775.1元。

村民有限的消费水平，决定了超市和小卖部利润空间的有限。超市经营者告诉我们，大部分村民在消费上能省则省，这让超市在结算商品时常常需要将零头抹去，进一步压缩利润。同时，产品供应商会统一规定贩卖价格。与本村或镇上超市的竞争，导致商店无法在此基础上提高出售价格，而售价与进价之间本身微薄的差额也让它们不愿降价。因此，村里超市和小卖部的盈利只能依靠"薄利多销"的手段。

超市采取了在节假日等时间不定期进行促销活动的做法，以尝试拉拢村民到本店消费，兼有帮助村民改善生活的心愿。但是，本就微薄的利润，让这些促销活动常常是亏本买卖。因此，每次准备的特价商品数量十分有限，对销售额的促进作用也不明显。小卖部位于霍刘庄村下属的最南端的自然村——霍刘庄村之内，主要为有购买生活用品之需又不愿费工夫走到位于最北端刘庄村的两家超市的人们解决购买愿望。因其开办时间较晚，且并不像两家超市位于乡道附近，导致其进货并不方便。同时，小卖部主要由老板一人经营，而非超市的家庭经营模式，从而限制了其销售种类与数量的拓展。据小卖部老板估计，店铺收入大部分为一天二三十元，较少能达到五十元以上。

综合而言，霍刘庄村零售业盈利情况较为稳定，其需求主要源于村内，发展趋势与村民的收入消费水平息息相关。

1.4 餐饮业

与零售业情况类似的，还有村内餐饮业。2022年，鄢陵县住宿和餐饮业固定资产投资比上年下降81.1%，社会消费品零售总额为24.9亿元，下降10.6%。餐饮业除受村民消费水平影响外，还与村民的外出就餐习惯和年龄分布有关。2022年年末，鄢陵县常住人口54.7万人，其中城镇常住人口25.6万人，乡村常住人口29.1万人。城镇化率46.74%，比上年年末提高0.67个百分点，反映了乡村人口向城镇迁移的趋势。全年全县新增农村劳动力转移就业6182人。更宏观地看，河南省作为人口流动大省，2022年农村劳动力转移就业总量为3182.02万人，其中省内转移1905.97万人，省外输出1276.05万人。① 外出务工大多为独自外出或夫妻同行，家中老人与孩子一般留在村内。饭店老板提到，前去就餐的一般是老人与孩子，点菜量均不大，且大部分是周末为了改善生活。平常，傍晚会有村里在镇上打工的年轻人下班后光顾，但一般是聚餐，少有人单独来吃饭。

虽然受到上述状况制约，但目前饭店的经营状况在向好的方向发展，一个月收入在数千到一万之间。一方面是村民收入的提升，让他们可以不时选择去饭馆。霍刘庄村在十多年前曾出现过饭店，但因消费水平不足、客流量少，最终倒闭。我们采访的要辉饭店于2017年开办，期间因店铺过小和卫生条件等原因翻新过三次，可见近年来村民的餐饮需求和质量需求有所提升。另一方面，村庄道路的整修也为饭店带来客源。乡道未翻修时，路面较为坑洼不平，限制了人流量。饭店开办时，乡道已被铺平，且旁边就是两家超市，可以吸引更多客源。目前，除老板夫妻二人及其母亲打点外，还聘了一位长期工负责清洁等工作。

新冠疫情暴发期间，因人们不易移动，一些原来在城市或乡镇发挥的消费力转移到村内，饭店营业状况较好。饭店老板表示，疫情宣布结束的第一年，人们的消费较为疲软，盈利一般。村内饭店

---

① 河南省人民政府网：https://www.henan.gov.cn/2023/03-23/2712576.html。

也与农业收成挂钩,如 2021 年"7·20 郑州特大暴雨"等灾害使庄稼收成受损,饭店受到影响。上述两种冲击,在本质上都与农民收入相关。霍刘庄村零售业和餐饮业和农业的紧密关联,主要原因在于消费对象限于本村村民。

1.5 农机维修

农机维修店与村卫生室的经营者,原均在生产队从事相应工作。生产队是一种农村集体经济组织,随着家庭联产承包责任制的推行,在 20 世纪 80 年代消失。维修店老板曾是大队机械修理厂的一名维修工,凭借当时学得的技术和获得的人脉,在 20 世纪 90 年代开办了本村第一家农机维修店。

包产到户后,随着生产力的进一步解放,农民的收入提升。收入除部分上缴给集体和国家外,全部归于农户,这调动了他们的生产积极性,从而激励他们购置农业机械来提高生产效率。与此同时,农机产业逐渐完善,各种与其相关的生产工艺和质量检验的国家标准在 20 世纪 90 年代至 21 世纪初大量出台。为鼓励、扶持农民使用先进适用的农业机械,2004 年颁布《中华人民共和国农业机械化促进法》,进一步促进农机的推广。1978 年,全国农业机械总动力为 11749.6 万千瓦时,小型拖拉机为 173.7 万台。至 2005 年,两数值分别增长为 68549.4 万千瓦时和 1539.8 万台。[1] 在当时,霍刘

---

[1] 中华人民共和国农业农村部:《中国农业农村统计摘要》,http://zdscxx.moa.gov.cn:8080/misportal/public/publicationRedStyle.jsp?key=中国农业农村统计摘要。

庄村几乎每家都有一辆车。同时，该村因村办鱼塘的成功尝试，有着进一步开发的计划，来往人员比较多，过路的交通工具数量也有所增加。霍刘庄村与邻村内出现了多家维修店。我们采访的店老板凭借较高的技术，在当时有着十分可观的收入，一个月可达几千元。

近几年，村内农机维修行业逐渐衰落。霍刘庄村里只有该店一家经营，其他村落里也数量稀疏。店老板目前也主要干农活，只有在有维修需求时，才会到店里来。其原因包括以下两点。第一，种地人数减少。老板提到，村里年轻人大多在外打工，只有上岁数的人们在从事耕种。人数的变化让农业机械的需求量和使用频率均下降。第二，大中型拖拉机使用量的上升。河南省大中型拖拉机在2009年为24.7万台，至2021年达41.8万台；小型拖拉机在2009年达到峰值365.5万台，此后逐年下降，至2021年为294.6万台。村内农机维修店因其技术和规模限制，只能负责小型拖拉机的修理。中大型拖拉机一般要送回工厂维修。因此，在小型拖拉机逐渐被中大型拖拉机替代的趋势下，村内店铺的业务量下降。

霍刘庄村的农机维修店见证了农业机械的普及化和向中大型转变的几个发展阶段，经历了从收获巨大利润至现在只作为副业的经营状态变化。未来随着农业规模化发展，农村的维修店数量可能会进一步下降。

1.6 总结

霍刘庄村因其农业传统与地理环境所致，目前尚未出现较大规模的企业。除村落本身特点以外，外部因素如"三农"政策与建设用地数量也对该村的工商业发展有所影响。

"三农"政策是针对农业、农村和农民的支持性措施。作为农业大省与粮食大省，河南省对"三农"政策较为重视。2023年，河南省委农村工作会议明确提出建设农业强省的目标任务：到2025年，农业强省建设取得明显突破；到2035年，基本建成农业强省；到21世纪中叶，全面建成农业强省，实现农产品供给保障能力强、农业科技创新能力强、乡村产业竞争能力强，农民收入水平高、农村现代化水平高。该会议还提出，确保全年粮食产量稳定在1300亿斤以上。农业产量目标需要以充足的耕地面积为保障，反映在霍刘庄村，则为农业与大规模工商业发展之间的取舍问题。

霍刘庄村目前只有建设用地10亩。除建设用地外，其余土地不能被用于工厂搭建。村支书告诉我们，目前有很多本村在外务工人员向其咨询返乡建厂的问题，向他表达了回乡创业的愿望，但因村里的建设用地面积过小，无法满足他们的需求，不得不回绝。返乡创业者不但可以为当地带来财政收入，而且可以带动人们就业、刺激当地经济发展，是一个一举多得的好事。但因土地数量限制，合作无法达成。村支书表示，未来可能考虑将过去鱼塘所用的土地，收归集体所有，进行非农生产或重续当年的经营模式，然而，目前该地所有权问题较为复杂，此目标任重道远。

前文我们从产业视角切入，描述霍刘庄村的个体工商业者在行业发展大背景下的沉浮。箱包加工与电子商务对应全国范围的需求，两产业目前未出现壁垒，发展动力主要源于供给。餐饮业、零售业和农机维修的对象面向村内，前两者发展受农民收入水平限制，后者主要受到农业技术创新的冲击。乡村振兴，不光依靠产业带动，还需要人才的支持。在政策支持方面，鄢陵县目前实施"引燕归巢"助力乡村振兴行动，通过做好摸底排查、搞好宣传引导、加强沟通联络、注重培养使用等方式，积极引导在外工作的务工经商人员和专业技术人员等为家乡发展建言献策。通过乡土人才联络回归工作，为乡村振兴发展储备人才。因此，我们接下来将描述霍刘庄村个体工商户的个人选择，以人为本进行分析。

◇◇2 创业视角下的产业振兴

霍刘庄村主要以农业为支柱，收入水平低且无资源禀赋优势，并无工商业发展条件，故而个体工商户发展滞后，创业时间基本不超过十年，创业规模小且正处在初步发展阶段（由于此原因，本章暂不区分创业与自雇经营）。这为我们的调查提供了新的思路：在工商业如白纸一片的农业村，何以出现本地创业的诸多行业？创业者凭何做出创业决策？其经营又受何内外因素与契机影响？此外，霍刘庄村工商业发展的十年也是中国劳动力返乡入乡创业的十年，我们也将探讨"返乡"这一人生转折点的决策机制以及返乡务工人员创业的前景与可行政策。

2.1 返乡创业个体户概况

由于地区发展水平的差异，返乡创业作为一种全国范围内普遍存在的现象，具有明显的地域差异。这种差异，导向截然不同的创业模式。彭英等通过对江苏省13个省辖区市的返乡创业农民工的问卷调研，总结出江苏省农民工返乡创业行业主要集中在制造业、建筑业、交通运输和信息服务等行业，从事农业相关产业的人数极少，同时创业模式多样化，包含发展特色农业、依托创业平台、能人带动、抱团合作与借助互联网经济等，总体呈现集聚化、现代化发展。① 而在较不发达的西部，返乡创业是截然不同的一幅图景。闫芃燕、魏凤对陕西、四川、甘肃、青海、宁夏5省份14县返乡创业人员进行问卷调查，结果显示批发零售业、居民服务业、建筑建材业、餐饮业与种养殖业占据了总创业的90%以上，基本不存在制造业相关产业，除建筑业外，均呈现投资少、回本快、风险小的特征。② 介于其中的湖北省，则是二者的过渡。闫华飞、肖静

---

① 彭英、周雨濛、耿茂林：《乡村振兴背景下江苏返乡农民工创业现状、典型模式及对策建议》，《江苏农业科学》2022年第1期。

② 闫芃燕、魏凤：《西部返乡农民工创业模式及影响因素分析》，《广东农业科学》2012年第7期。

对湖北省返乡农民工及企业的调查数据表明，农村服务业、商业、建筑业仍占据主导地位，但制造业与互联网新业态合计已有25%的占比。①

以上差异既是地域差异，也是返乡创业与本地产业同步发展过程中不同阶段的时间差异。我们共调查了10户个体工商户，包括箱包作坊、带货主播、饭店、超市、小卖部、理发店、唢呐乐团、建筑装修队、卫生室、农机修理铺，其中后2户户主不曾离开本县务工，属于本地创业。调查结果表明，霍刘庄村返乡创业模式基本符合"西部模式"，见表8-1。

表8-1　　　　　　霍刘庄村8户返乡创业个体户概况

所属行业	户数	经营模式	户数	雇用情况	户数	兼业情况	户数
居民服务业	2(2)	个体经营	5(2)	自雇	3(2)	兼业耕种	4(2)
批发零售业	2	家庭共同	2	家庭共同	2	其他兼职	0
建筑业	1	合伙经营	1	雇用	3	无兼业	4
餐饮业	1	集体经济	0				
制造业	1						
互联网+	1						

资料来源：笔者自制。

注：括号表示两户本地创业者的情况。

从表8-1中可以总结出如下特征，产业结构以居民服务业、

---

① 闫华飞、肖静：《农民工等人员返乡创业现状与模式探索——基于湖北省调研数据》，《江苏农业科学》2020年第15期。

零售业与餐饮业等传统第三产业为主导。这是由于霍刘庄村处于工商业发展的初期,村内对服务业的需求存在空白,而这些空白产业立足于本村市场,因而所需投资小,所要求的技能较简单且多与务工人员先前从事行业相符(如理发师、厨师等),这些因素共同构成行业发展的客观条件。我们也注意到,这些行业的发展初期往往存在盲目扎堆创业的现象,高峰时期村中曾有四五家超市与三家饭店(现各余两家)。据一家超市老板讲,由于村子小,各家各户之间交流频繁,对于彼此的经营状况有一定认知,故而一旦有家户发现新的需求,开办生意取得不错的效果,便会在村中迅速传开,吸引有资金及技术条件的创业者进入该行业,在一番竞争淘汰后达成供需平衡,而经营与竞争的过程也多通过社会网络进行。据超市老板说,比价、品质、优惠等信息会通过微信群在村民间迅速传播,故而自己对品质把关极严,也时常进行亏本售卖;饭店老板称,自己通过长时间的经营积累口碑,已经有一批固定客人。这些均反映了村中传统服务业与社会网络的强关联,与乡邻社会网络的互动使得信息高度透明对称且易获取,以及村民间口口相传的口碑效应,构成了创业的主观条件。但是,传统服务业的弊端是明显的,规模与经营状况同村内需求与消费水平挂钩,不仅限制了进一步发展的可能性,且在农业歉收等冲击导致村民收入降低时,经营状况会受极大影响。据超市经营者称,即使在平常,由于村民的高价格敏感程度,也"不敢将定价上调哪怕5角"。在传统服务业之外,建筑业虽同属村内刚需,但建筑装修队并非定点经营,其经营范围广至全县。属于制造业的箱包作坊与属于"互联网+经济"的直播带货,则接入全国市场。

在经营模式与雇佣关系方面,除箱包作坊由于其所需投资高而采取合伙经营外,其余均是个体经营或家庭共同经营,且多为自雇,雇用工人的情况较少,规模最大的箱包加工厂,在订单量很多时也只有十个左右的临时工。一方面,由于大部分个体户经营规模小,本身多从事兼业务农,工作时间可以灵活调整,不需要额外劳动力,在工作量大时也可以较低代价请亲戚帮忙;另一方面,由于村中本地雇工的特殊性,如因受雇者主业务农且有家人需要照料,要时常返家处理私事,故而工作时间不定,工作量无法保证。同时,有限的需求,决定了村内个体工商业有限的规模。较少的工作量和较低利润额,导致店铺没有雇用更多员工的需求和能力。本地的家庭共同经营,主要采取夫妻店的模式,丈夫主要负责生产劳动,妻子负责采买、联系、记账及杂务。采取夫妻合营模式的经营者,均有夫妻一同外出务工的经历,二者共同参与经营方面的决策。

霍刘庄村返乡创业人员的兼业经营状况,多取决于家庭中老人的劳动能力及工作性质。箱包作坊经营者、超市老板与带货主播由于工作忙碌,明确表示不参与农业生产。其余创业者中,一部分因父母失去劳动能力而接手家中的土地耕种,余者也均表达了在父母失去劳动能力后接手土地耕种的意愿,即使这些创业者大多抱有"种地不赚钱,灾年会赔钱"的观念,甚至大多并不计算土地的具体成本与营收。这些创业者兼业耕种,是因为客观上其本业工作时间灵活,足以支持务农,且自身往往作为家族中唯一留守本地的青壮年劳动力，承担着照料整个家族土地的传统义务，家族土地较大的规模也足以分担农业风险，从而保证基本的利润。

当地返乡创业者的收入水平，根据其所处行业不同而有明显的差异：带货主播目前处于经营的稳定期，年收入20余万元；箱包作坊正在高速发展，目前月盈余约1万元；建筑包工头所处行业需求稳定，同样有月均近1万元的盈余；其余创业者受制于经营规模，月均收入在2000—6000元，经营状况不佳。大多创业者并无记账的习惯，但基本都抱有"在家创业的收入不如当年外出务工所得"的想法。

2.2 见创业之难——要素视角下的返乡创业者

蒂蒙斯（Timmons）在其创业要素模型中提出，创业是创业者、创业机会与创业资源相互适配的过程。创业者作为创业过程中的核心，以其人力资本作为要素投入，在创业机会识别的过程中寻得合适的创业机会，利用包含自有财务资源、本地资源禀赋、政府支持及互联网经济在内的创业资源完成创业。[1] 返乡务工人员的创业在这些共性之外，还存在着明显的特性：地理上的割裂，使得创业者的两重身份及其社会网络相互分离；教育程度普遍不高，个人及本

---

[1] Kimberly Moises, "Timmons Model Of the Entrepreneurial Process", August 28, 2012, https：//kimberlymoises.wordpress.com/2012/08/28/timmons-model-of-the-entrepreneurial-process/.

地资源普遍不充足；行业技术含量低……我们的调查将以三要素的分类为主线，着重阐明其与外出务工人员社会特征的交互，并以此视角审视在返乡创业者的创业与经营过程中，影响创业决策与经营绩效的因素。

2.2.1　创业者：个人特征与人力资本

2.2.1.1　个人特征：年龄与家庭情况

年龄是最直观的社会定位因素，也是自我认知中重要的一环。除老年退休返乡的创业者外，霍刘庄村的创业者年龄大体集中在22—36岁，且与学界现有研究中创业意愿—年龄的倒U形分布一致。随着年龄增长，创业所需的技术、资本与经验不断积累，为创业提供客观条件，而风险决策、学习能力及自我定位等隐性因素又反向影响创业决策。饭店老板于36岁壮年创业，尚且慨叹自己的年龄太大，精力有限，尤其是没有余力学习技能，已经不适合创业，且根据他与同乡人交流的经验，年龄是影响务工人员返乡创业的重要自我衡量标准。在一般认知中，只有年轻人才有"冲劲"及学习能力去应对创业过程中的不确定性。这又与全国范围的数据存在出入：全国范围的数据显示，创业意愿的倒U形曲线随年龄持续上升，直到55岁才转入下降。[①] 霍刘庄村的年龄拐点明显偏小，这与本地收入水平及家庭因素所导致的风险偏好趋于保守有关，见表8-2。

---

① 孔祥利、陈新旺：《资源禀赋差异如何影响农民工返乡创业——基于CHIP2013调查数据的实证分析》，《产经评论》2018年第5期。

表 8 – 2　　　　霍刘庄村 8 户返乡创业个体户创业时个人信息

个人信息		户数
年龄	0—20 岁	0
	21—25 岁	1
	26—30 岁	1
	31—35 岁	3
	36—40 岁	1
	41—50 岁	0
	50 岁以上	2
子女个数	无	1
	1 个	4
	2 个	3
子女学龄	学前	2
	小学	3
	初中	1
	高中及以上	0
	成年务工	2
老人情况	从事耕种	6
	无劳动力	0
	已过世	2

资料来源：笔者自制。

在调查中我们发现，子女教育投入是一笔不菲的开支，尤其是高中阶段，当地教育资源紧缺，需要花费巨资将孩子送往县城高中读书。对于生意规模小的个体户，这笔钱几乎要花掉整个生意的盈余；对于务工家庭，通常要花去家中不少的储蓄。同时，初高中阶段的孩子不再由老人照看，需要父母照顾的更多。由于农村家庭普遍将孩子教育视为天大的事，这种风险偏好使创业的窗口期必须赶在孩子上初中之前。同时，创业者必须考虑养老的需求。我们调查到的创业者，在其创业时，长辈无一例外地承担着耕种土地的责任，表明他们尚且拥有良好的身体状况，也可为家庭提供净收入。

2.2.1.2 人力资本

人力资本，指对人投资形成的人的技能、知识、经验经历。对于返乡创业农民工的人力资本，我们采取赵浩兴、张巧文根据舒尔茨人力资本理论总结的分析框架进行分析，即能力特征、经验特征与知识特征。[①] 我们将分条目进行概述与分析。

（1）能力特征

能力特征，指企业经营中体现出的战略能力、管理能力、交际能力及学习能力。在调查中，我们发现，经营者在这些"企业家能力"方面，表现出明显的差异。经营状况出色的箱包作坊老板和建筑包工头都有着多个跨行业、跨地域的工作经历，他们不甘于从事简单重复的体力劳动，而是通过观察学习、结识人脉的方式尝试进入收入更高的行业，后者曾经在找不到合适的工作时，连续数月推着小推车在箱包工厂门口售卖，通过此种方式结识工厂中的员工与

---

① 赵浩兴、张巧文：《返乡创业农民工人力资本与创业企业成长关系研究——基于江西、贵州两省的实证分析》，《华东经济管理》2013年第1期。

管理者，向他们讨教箱包行业的技术并结识从业者，而其本人更是处理人际关系、搭建人脉网络的一把好手。在他的观念里，建筑装修行业的关键在于工人，是人情关系市场，人脉关系够硬则完全不需要担心竞争。在数年前因故返乡时，他曾找准建筑装修市场不饱和的鄢陵县南部地区，从工地现场干起，在短短一年内便结识一批愿意跟随他的熟练工、信任他的客户与建材老板，从而拉起一支属于自己的建筑装修队。按他的话说，打点人脉光靠真心诚意只能服人，难以服众，服众的关键在于舍得出让利益。这不仅是交际能力的体现，也是朴素的管理者思维。经营状况同样良好的箱包作坊老板，则向我们展示了战略眼光在企业创办与经营中的重要性：自十年前鄢陵县箱包产业招商以来，盲目入局的创业者由于原料市场尚不成熟、集聚程度低下及技术水平等原因，大多经营状况不善，故箱包产业数年来一直处于低谷期。然而，该老板通过早年间于河北省从事箱包制造时结识的人脉，结合原材料、产品价格、订单与人员流动，判断出河北省的箱包制造端有外迁的趋势，可以利用家乡低成本闲置劳动力多的优势，承接外流的箱包订单，便通过合伙经营的方式跨过资金门槛迅速创办企业，仅四个月时间便还清债务进入盈利行列。在谈及行业未来时，他明确表示集聚是箱包产业发展的关键，故而将会以"三年一个大变样"的速度发展，他本人也计划在企业经营状况稳定后前往河北省实地市场调研，争取结合互联网新零售的大趋势做到产销一体化。在访谈的最后，他向我们强调，"一定要趁着年轻多去闯荡，先学习再创业"。

在调研过程中，我们发现经营状况相对较差的其余经营者也具有基本的经济学思维、经营能力与风险意识，他们懂得差异化竞争的手段，会计算投资回报，从而决定自己的经营范围，也知晓村落中市场规模对于生意的影响，他们主观上大多有不甘寄人篱下、想当老板的意愿，甚至有的还对未来有长远的计划：有的超市老板总结了农村消费者的固定消费偏好，从而进行有针对性的进货与优惠；还有的超市老板在对市场规模进行调研后，选择投资在邻村开设分店；饭店老板打算在十年后土地承包合同到期时，学习新手艺，搞二次创业；小卖部店主也在对养蜂行业的风险进行评估后，打算兼做养蜂。他们同样具备企业家的创新精神与冒险精神，也不乏经济思维，为何当下却未能使自己的经营状况更进一步？

王轶、单晓昂在对全国2139家返乡创业企业调查数据的分析中发现，外出务工的年限及务工地点并不会影响返乡创业者的企业家精神，而外出务工时担任技术岗或管理职务则会显著地提升他们的企业家能力。[1] 这与我们的观察相符：在月盈余超过1万元的三名创业者中，箱包作坊老板与建筑队包工头均在外出务工时担任过管理职务，带货主播也曾是企业中的新媒体运营岗，而其他创业者均从事简单的体力劳动或帮衬工作，他们的经营状况也相对较差。造成这一分野的原因，不仅在于单纯的物质资本差异，还在于现代化的交流、管理与组织能力能够更好地利用社会资本，正如建筑包工头所讲，乡村产业是人情关系的市场，即社会资本在农村创业过程

---

[1] 王轶、单晓昂：《外出务工何以提升企业家精神——基于全国返乡创业者的调查数据》，《浙江社会科学》2021年第8期。

中起决定性的作用,这一点已成为学术界的共识。在农村,社会资本则体现在与乡邻社会网络及其下属各圈子的互动中,通过信任与威望积累社会资本,但这种互动往往是低效的被动积累与索求。缺乏社会资本增值的意识以及管理与组织能力,使得他们并不能有效地将物质资本的投入(建筑包工头所说"利益出让")转化为社会资本,也不能利用现代企业的管理与组织技术,通过工作关系形成并维持以自己为核心的社交圈子(箱包作坊中的现代企业体制),而后者往往是农村经济精英的必备技能。[1] 可以说,从以威信为要素、以农村话事人为核心并行使传统权力人情社会网络,到以资本为要素、转变为以经济精英即返乡创业者为核心并行使法定权利的现代企业社会网络体制,从而进行高效的社会资本、人力与资源利用,是企业家能在乡村创业的主要体现,这种能力可以通过担任管理岗而获得,也可直接通过政府组织的创业技能培训而习得。[2] 遗憾的是,当地还并未有此种培训开展。

(2)经验特征

经验特征,指外出务工人员在务工过程中通过"干中学"得到的技能与工作经验。从外出务工经历中获取的这些要素,无疑是农村本地最紧缺的人力资本,也是初步创业的核心竞争力。我们发现,村中创业者从事的行业与务工时从事的行业具有高度的相关

---

[1] 刘德忠:《社会资本视角下的农村经济精英》,《华中师范大学学报》(社会科学版)2007年第4期。
[2] 王轶、柏贵婷:《创业培训、社会资本与返乡创业者创新精神——基于全国返乡创业企业的调查数据》,《贵州财经大学学报》2022年第4期。

性，我们访问的8户创业者，其目前从事的行业均与外出务工时的某段工作经历相匹配。这首先是由于他们中的绝大部分均有超过三段不同行业的工作经历，多集中在刚外出务工几年的学习与试错阶段，这段时间他们或者由于缺乏经验，或者由于收入不称心，或者单纯为了抱团跟随同乡人，都尝试过不同的工作。这些工作多数属于简单重复的体力劳动，学习成本低，学习时间短，可以迅速积累技术知识，现有研究也佐证了这一观点，并以定量的视角指出返乡创业者的知识人力资本与技术人力资本取决于工作转换的次数，而非工作年限。[①] 其次，村民收入水平不高，需求多集中在这些低门槛的居民服务业，也与务工人员的技能相匹配。

（3）知识特征

知识特征，包含从教育和正式培训中获得的劳动技能。在本次调研的8户创业者中，除建筑包工头与理发店主为小学学历，唢呐乐团团长为文体班出身外，其余均为初中学历。在交谈之中，这些家户基本都自称"没什么文化的人"，但问及文化水平对于其目前营生的影响，大多又都言没有，顶多为自己不能在城市中谋得一正式工作而叹惋。仅有建筑包工头表示，由于小学学历，文化水平太低，自己完全看不懂合同条款与法律文书，也不懂公司注册的流程，导致建筑队在建筑公司发展的过程中存在一定的困难，打算找律师解决，因此对将来正式注册后的企业经营存在顾虑。但总体而言，对于经营规模尚不大、技术含量普遍不高的农村

---

① 庄晋财、杨宇哲：《务工经历对返乡农民工创业能力提升的影响研究——基于人力资本累积的视角》，《江苏大学学报》（社会科学版）2020年第1期。

创业，学历对企业经营状况不构成客观的限制因素，这也为实证研究所证实。① 但是，实证研究也表明学历对创业者的创业概率，即创业意愿具有很高的正向影响。② 因此，根据我们的调查以及对能力特征的分析，这种影响应当体现在能力特征差异上。

2.2.2 创业机会：借由社会网络的创业机会识别

农村创业，极大程度上依赖社会网络提供的资源支持，即社会资本。是故，农村中的创业机会也势必要从社会网络所能触及的范围内选取。对于返乡务工人员这一由地理因素割裂的特殊群体，社会网络中存在明显的两组连带关系：外出务工时结识的人脉作为外地弱连带，所属家族与乡邻社会网络作为本地强连带，二者在地理上割裂，却又共同在创业机会识别中扮演主导角色。③

前文中的箱包工坊老板的创业过程，可作为利用外地弱连带提供创业机会的典例：老板通过早年间在河北省从事箱包产业的信息网获知信息后做出决策，目前也依靠关系网络进行订单的运转与信息的共享；建筑包工头对于以往行业的人脉关系仍然看重，也时时通过人脉了解曾从事行业（箱包）的经营现状从而规划未来再次创业。村中带货主播的例子，同样能说明弱连带对于创业机会识别的

---

① 赵浩兴、张巧文：《返乡创业农民工人力资本与创业企业成长关系研究》，《华东经济管理》2013年第1期。
② 孔祥利、陈新旺：《资源禀赋差异如何影响农民工返乡创业——基于CHIP2013调查数据的实证分析》，《产经评论》2018年第5期。
③ Ardichvili, A. Cardozo R, Ray S., "A Theory of Entrepreneurial Opportunity Identification and Development", *Journal of Business Venturing*, Vol. 18, No. 1, 2003.

作用：该主播原先在一家传统企业的新媒体运营部工作，在工作的过程中接触了互联网经济，有了相关人脉，并开始兼职做淘宝店，其间接触了直播带货行业，了解了其基本运营方式，并敏锐地捕捉到城市人群对农村生活的好奇和对原生态农产品的需求，在返乡后选择成为带货主播，以联系农户、审核产品、上架宣传销售的模式经营。在该案例中，外地弱连带起到传授创业社会资本（互联网经济相关知识）以及展示商业模板的作用。在更普遍的层面上，外地弱连带作为一种大规模、资源多样化的社会资本，通过提供信息、行业资源、分享交流机会与创业模板，提供了进入新行业的渠道、机会以及资源获取能力，进而通过提升创业者的创新精神帮助其创业。[1]

外地弱连带提供创业信息，本地强连带提供创业资源。然而，在更多农户中，我们观察到的是外地弱连带完全断裂，返乡创业者单纯利用外出务工时积累的经验在村内市场寻找人脉与创业机会，不再与先前务工时期认识的工友、领导、客户相联系，也不从这些信息源获取新信息，本地强连带替代了弱连带作为信息供给者的地位，提供有关村内需求、偏好的信息，介绍村中人脉关系，也将创业者的视野局限于村中（具体情况在前文概况中陈述）。这种断裂现象是普遍存在的，其原因已为定量研究揭示：社会资源衡量连带

---

[1] RUEF M., "Strong Ties, Weak Ties and Islands: Structural and Cultural Predictors of Organizational Innovation", *Industrial and Corporate Change*, Vol. 11, No. 3, 2002；彭少峰、赵奕钧、汪禹同：《社会资本、资源获取与返乡农民工创业绩效——基于长三角地区的实证》，《统计与决策》2021年第22期。

关系的强度，农民工能接触的人拥有的社会资源及传递的信息有限，故连带本身的强度弱，又由于农民工本身对流动性的预期极高，常常在建立深入联系之前就另寻他职，因而对他人的责任期望及信任期望低，不足以建立长期的信任，在"返乡"这一空间位移事件后，社会资源传递的成本升高，弱连带便不再存续。[①] 从霍刘庄村两种情形的对比来看，这对创业机会的获取与识别，甚至经营规模与前景，都是一种很大的局限。

2.2.3　创业资源：资金与本地资源

2.2.3.1　资金

综合8户返乡创业者的创业启动资金及其使用情况来看，启动资金大约有三个用途：购置必要生产资料、第一批货款和建设/翻修房屋。除了投资5万元的箱包工坊外，其余创业者由于创业规模小，购置生产资料加上货款的花费均低于或接近1万元，对于利用自家房屋或租房的创业者，这些便是全部投入，而对于少部分需要新建或扩建房屋的创业者，建房的花费会成为主要的投入，往往能够达到2万—3万元。总体而言，创业所需的资金门槛不高，对于绝大多数有数年外出务工经历的家庭都属于可承受范围。事实也是如此：我们调查的8户中有6户在创业过程中使用自家储蓄而无任

[①] 黄洁、蔡根女、买忆媛：《谁对返乡农民工创业机会识别更具影响力：强连带还是弱连带》，《农业技术经济》2010年第4期；王轶、王香媚：《农民工的社会网络能提升返乡创业企业经营绩效吗？——基于全国返乡创业企业的调查数据》，《华中农业大学学报》（社会科学版）2023年第1期。

何借贷，仅有2户存在借贷行为。正如一位经营者所说，"哪家哪户没有个四五万块闲钱"，对于外出务工现象普遍的霍刘庄村，资金通常不构成创业的障碍。

在经营过程中，借贷行为普遍存在，主要目的为解决手头现金的紧张，多为在购买原料时进行资金周转，如超市与饭店的定期进货，箱包作坊的原料采买。此次我们调研的8户家庭均存在借贷行为，有6户通过亲朋借款满足需求，其中有2户还伴随赊账行为，仅有2户通过信用卡借贷。民间借款依赖个人社会网络，借款对象主要为亲戚与密友，其灵活无利息的特点符合资金周转的需求，且期限往往可长至数年。我们观察到，如果家族中有某一家庭较为富有，那么借贷会较为容易，借款金额也更多，能够支持更大规模的投入与扩大经营，对于经营者而言也不会过度担忧经营风险问题，如果家族中没有这样的家庭，借款者便要考虑还不上借款带来的亲属信任危机，也就不会向亲戚借款投入风险较高的用途，如扩大再生产等。赊账作为一种特殊的借贷形式，由固定的进货渠道及长期的信任关系维系，同样可以解决零售业货款周转的需求。但是，近些年电子支付的出现，降低了对现金的需求，赊账的现象也相应减少了。

带货主播与箱包工坊老板的经营流水大，贷款需求频繁，不便向亲戚开口，故使用信用卡。除他们外，便没有正式金融机构借贷的存在。实际上，由于近年惠农助力贷款相关政策的落地，镇上农村信用社多次前往村中宣传贷款优惠，也组织了科普微信群。这些家户并非不知晓乡镇金融机构及优惠政策的存在，而是对贷款存在偏见与抵触心理,从而直接选择漠视。一方面,他们认为贷款需要烦琐的审批与审核过程,且不说时效性肯定不如亲朋借款,自认为经营状况一般,缺乏担保抵押物,也没有通过审核的自信,并且对陌生的信用社工作人员存在不信任与警惕。另一方面,不论利息高低、税收多寡,相较亲朋无息借款,在农村信用社贷款被认为是"先亏一笔钱",与创业赚钱的朴素目标相违背,严格的还款期限也为创业者背上还钱的包袱。相较亲朋借款,额度是正规渠道融资的唯一优势,但村中产业尚不发达,借贷需求还并未达到亲朋借款的瓶颈。

2.2.3.2 其他资源

上文中我们提及了社会网络在供给人力资本、提供行业资源与创业信息从而帮助创业机会识别及融资中的功能。通过调查我们发现,社会网络也能在创业过程中帮助其他财务资源的再分配:外出务工家庭在务工的城市扎根后,往往会将留在农村的闲置不动产以低价或无偿租给亲戚使用,省去一大笔建房装修的费用,也提供了紧缺的土地资源。以超市老板为例,他的超市便是无偿租用了亲属位于乡道旁的闲置门面房。除了不动产外,临时劳动力也是社会网络提供的独特资源,经营忙时,亲戚帮工是稳定而可靠的低成本劳动力,在观念上也给人一种"肥水不流外人田"的感觉,同样地,请亲戚帮工也是一种为自身积累社会资本的互惠行为。但是,在调查中,我们采访到的一些家户表达了对亲戚间这种非正式帮助的隐忧:亲戚外出务工不常返乡走动,亲缘关系日渐淡薄,自己明显感觉亲戚间的互帮互助减少,只有在借钱时才会开口。

政府行为同样是重要的创业资源，提供从基础设施建设、简化行政审批、贷款优惠到创业信息推介等全方位的创业资源，甚至可以通过座谈会、样板产业园、创业培训等形式部分替代社会资本，行使行业资源信息对接、提供人力资本与协助创业机会识别的功能，达到激励投资的效果。[1] 遗憾的是，即使县一级有"头雁领航""引雁归巢""雏雁培育"等项目，但落实到霍刘庄村仍然有不短的路要走。

2.3 知归乡不易——个体视角下的返乡创业者

返乡意味着放弃务工地的人脉与资源，创业意味着告别现有的工作与行业，二者相结合无疑构成了返乡创业者人生的分水岭。返乡创业的决策远非一念之事，除各要素构成的条件因素外，在观念、思想等方面的个体差异无疑也是决定性的，接下来我们将从个体视角描述返乡创业决策的过程。

2.3.1 返乡动机

我们此次调查的8户返乡创业家庭，其返乡创业的直接原因出奇的一致：有6户是由于原先的工作不稳定（包含失业、拖欠款项、业绩下滑）而选择返乡，有1户是在工作稳定的情况下由于父亲患病而返乡，还有1户是老年退休返乡，出于服务父老乡亲的责

---

[1] 何晓斌、柳建坤：《政府支持对返乡创业绩效的影响》，《北京工业大学学报》（社会科学版）2021年第5期。

任感而创业。此外，我们也调查了这批创业者外出以来几次返乡的缘由，他们表示，除了过年亲人团聚外，往往在结婚、生育等人生重大时间节点会回村住上一段时间，在父母生病等家庭变故发生时也会选择返乡。

工作不总是一帆风顺的，大多务工人员在失业后都会积极寻找下一份工作，而且霍刘庄村的返乡创业者对在家乡创业的收入与创业机会不如外地也有清醒的认知，返乡创业明显是不符合经济学理性的决策。促使这些遇到挫折的务工者返回家乡的根本原因，还是在于对家庭的照顾。在农民普遍极其重视家庭的现象背后，是以代际之间"抚养—赡养"责任关系为核心的责任伦理。这种在代际之间周而复始的责任转换，体现着从道义到法理上都具备权利与义务均衡的合理性依据。[1] 在这种具有代际刚性的责任伦理之中，放弃赡养老人与抚养孩子义务的后果是完全不可想象的。王兴周等人在对责任伦理与返乡创业的研究中，区分了先发现家乡创业有利可图而返乡的"为了创业而返乡"，即机会型创业，以及由履行家庭责任驱动被迫返乡，为了生计及未来发展而选择创业的"为了返乡而创业"，即生存型创业。[2] 根据实际情况来看，霍刘庄村的创业者都属于后者。

在众多责任伦理约束中，子女的照看与教育是创业者提及最多

---

[1] 史秉强：《代际之间"责任伦理"的重建——解决目前中国家庭养老问题的切入点》，《河北学刊》2007年第4期。

[2] 王兴周、庞嘉楠、李岩崇：《家庭责任伦理与新生代农民工返乡创业》，《青年现象与问题研究》2022年第6期。

的，小孩一旦到了小学高年级就需要父母的功课辅导与陪伴，不再适用隔代培养，此时父母会出于教育成本，以及不想让孩子成为留守儿童的心理，返乡接手孩子的培养。值得一提的是，村中并无任何学校，初高中阶段的学杂费用又较昂贵，故而教育孩子的时间成本与花费都较高，这也制约了部分家长在事业方面的投入。

2.3.2 风险偏好

受迫创业并不意味着后续发展的一味求稳。箱包作坊老板与超市老板均通过追加投资扩大再生产，他们对于贷款的态度也最为理性，饭店老板与建筑包工头也有二次创业的计划，体现了他们对于风险的接受程度。詹姆斯·斯科特在其《农民的道义经济学》中指出，农业社会的理性与伦理体现在尽可能减小威胁其生存的风险上，而非一般意义的投入—收益比，故而越是摆脱责任伦理与农业生产关系的束缚，风险偏好也应越高。这与我们的观察相符：敢打敢拼的箱包工坊老板言及他对家庭特别是子女的教育并不是那么看重；而望子成龙的带货主播选择不扩大经营规模，稳步发展直到孩子成人；小卖部老板则更为"极端"——他从30岁开始便为孩子的教育、职业甚至婚姻做考虑，因此选择守着家中十几亩地耕种，偶尔才去县里打零工。同时，通过比较各创业者家中的土地规模，我们发现土地对于风险偏好有一种倒U形的关系：土地不多的家庭，孩子往往早早外出务工，不以农业为生也不事农业生产，往往呈现"理性小农"的偏好，如箱包作坊老板与超市老板家中的耕地均为8亩；土地较多的家庭，孩子往往兼有务农，对于风险的把控偏向保守的"道义小农",① 但土地太少的创业者也常常面临较大的生存压力,属于被迫创业,自然不喜好风险。

◇3 小结

霍刘庄村是一个深陷于华北沃土中的村庄。

二十年前,曾经辉煌的集体经济大梦初醒,工商业仍须从零开始,村中需求不足以支撑产业发展,土地性质难题未决导致招商建厂无从谈起,盲目投资箱包的失败历史也不过几年前的事情。在本章的第一部分,我们以描述性和数据化的视角审视了村中典型产业历史、经营状况与前景,画出了一幅留白颇多的画卷。

十年前,这片土地的第一批游子归乡创业,为画卷添上了新的笔墨。他们的故事有着相当类似的脉络,当然也是千人千面。在本章的第二部分,我们以审视而有温度的视角,以创业者—创业机会—创业资源的三要素视角以及更加主观而差异化的个体视角,结合学术界现有理论及实证研究,深入分析了影响创业者创业意愿、创业决策、经营模式、经营绩效及未来发展的各要素。结合产业视角与创业视角,我们得以构建起一个较为完整的分析框架,并借此给出我们关于霍刘庄村产业振兴的政策建议。

---

① "道义小农"与"理性小农"是人类学早期研究农业社会时的名词,各自代表生存伦理与经济理性的极端情况,现已不再沿用,为了说明的简略,在此采用此种说法。

3.1 保障农民收入，促进农民增收

农业收入决定村中的需求与消费水平，直接制约着村中本地非农产业的经营与发展，尤其当农业减产、农产品价格走低时，对于非农产业稳定经营的打击是致命的，也将直接打击非农就业者的期望与投资信心。我们建议当地政府通过推广实行农业保险、落实种粮补贴的合理发放、与粮企合作兜底、保障销路等方式，优先保障农民收入稳定。在农业现代化产业化、农业现代种植技术普及及推广经济作物种植等农民增收方面，加大投入。

3.2 对外出务工人员建档，建立信息发布渠道，进行定点定向招商

在霍刘庄村，外出务工人员与村党支部之间存在双向的信息不对称：外出务工人员长期离乡，获取信息渠道限于亲朋关系，不知晓本地的创业助力政策以及创业机会，而村党支部对于外出务工人员的信息登记并不区分行业、职位，并不能做到行业细分、技能匹配的招商。我们建议当地政府打造一个双向透明的信息交流发布平台，外出务工人员登记其职务、培训经历、所处行业、务工经历等创业的关键信息，帮助政府找到合适的定位与招商机会，而政府通过定向信息推送普及政策优惠、创业环境等信息，构成潜在创业者与政府的双向选择，共同创造主动的机会型返乡创业。

3.3 政府牵头组织针对现有创业者及潜在创业者的创业培训与展销会、企业家经验分享与座谈会

政府创业培训能够在一定程度上替代社会网络，提供诸如管理、金融、组织等企业家能力，进而增强企业家的创新精神、创业意愿与经营绩效。我们建议，由政府牵头组织商学院讲师、当地企业家、致富带头人等对现有返乡创业者及返乡待业人士开展创业培训，从人力资本角度充实创业者能力，提高创业成功率与经营绩效。在开展培训的同时，通过现有企业家、行业带头人的推介，将创业者带入行业弱连带网络，解决创业资源短缺以及信息不对称问题。

3.4 金融机构降低非农就业者贷款申请及审核门槛，着重针对有一定规模的创业者提供符合其情况的贷款方案

在目前的发展阶段，创业启动资金所需金额不大，均来自亲友借款，而农村信用社等乡镇金融机构下乡宣传的效果不明显，使得资金供给方面的助力创业政策效果基本为零。我们建议金融机构在降低申请门槛、简化申请流程的同时，在允许的范围内针对信用良好、能力出众的创业者主动提供小规模的低息甚至无息担保贷款，进而使贷款的优惠政策信息通过乡邻社会网络自然传播，破除村民心中对正式融资渠道的不信任与偏见。

3.5 加强交通及教育基础设施建设

即使目前村内返乡创业属于生存型、推力型，但也需要重视乡村吸引力的提升。我们建议建设教育基础设施，如恢复数年前荒废的村办小学，在镇一级建设更多学校，此举不仅能为因子女教育返乡的创业者提供就近教育资源，解放时间，节省大笔金钱，也可吸引更多有类似想法的务工人员返乡。建设交通基础设施，则可以提高村民出行的便捷程度，促进乡村服务业与物流业的增长。

3.6 解决土地使用性质问题，明确土地产权归属

村内非农产业发展的一大掣肘是缺少建设用地，影响招商引资、兴办工厂，且村南大片土地产权混乱，不仅农民的收入无法保障，也不能进行有效的开发。我们建议尽快召集产权纠纷各方，明确土地产权归属，在村内建立稳定的土地流转机制及相应保障措施。建设用地方面，在不影响耕地红线及粮食生产指标的前提下，通过上级政府的统筹规划，利用荒地尽可能划定建设用地，从而进行合法的招商引资建厂。

本章参考文献

何晓斌、柳建坤：《政府支持对返乡创业绩效的影响》，《北京工业大学学报》（社会科学版）2021年第5期。

黄洁、蔡根女、买忆媛：《谁对返乡农民工创业机会识别更具影响力：强连带还是弱连带》，《农业技术经济》2010年第4期。

孔祥利、陈新旺：《资源禀赋差异如何影响农民工返乡创业——基于CHIP2013调查数据的实证分析》，《产经评论》2018年第5期。

刘德忠：《社会资本视角下的农村经济精英》，《华中师范大学学报》（人文社会科学版）2007年第4期。

彭少峰、赵奕钧、汪禹同：《社会资本、资源获取与返乡农民工创业绩效——基于长三角地区的实证》，《统计与决策》2021年第22期。

彭英、周雨濛、耿茂林：《乡村振兴背景下江苏返乡农民工创业现状、典型模式及对策建议》，《江苏农业科学》2022年第1期。

史秉强：《代际之间"责任伦理"的重建——解决目前中国家庭养老问题的切入点》，《河北学刊》2007年第4期。

王兴周、庞嘉楠、李岩崇：《家庭责任伦理与新生代农民工返乡创业》，《青年探索》2022年第6期。

王轶、柏贵婷：《创业培训、社会资本与返乡创业者创新精神——基于全国返乡创业企业的调查数据》，《贵州财经大学学报》2022年第4期。

王轶、单晓昂：《外出务工何以提升企业家精神——基于全国返乡创业者的调查数据》，《浙江社会科学》2021年第8期。

王轶、王香媚：《农民工的社会网络能提升返乡创业企业经营绩效吗？——基于全国返乡创业企业的调查数据》，《华中农业大学学报》（社会科学版）2023年第1期。

闫华飞、肖静：《农民工等人员返乡创业现状与模式探索——基于湖北省调研数据》，《江苏农业科学》2020年第15期。

闫芃燕、魏凤：《西部返乡农民工创业模式及影响因素分析》，《广东农业科学》2012年第7期。

赵浩兴、张巧文：《返乡创业农民工人力资本与创业企业成长关系研究——基于江西、贵州两省的实证分析》，《华东经济管理》2013年第1期。

庄晋财、杨宇哲：《务工经历对返乡农民工创业能力提升的影响研究——基于人力资本累积的视角》，《江苏大学学报》（社会科学版）2020年第1期。

Ardichvili A., Cardozo R. and Ray S., "A Theory of Entrepreneurial Opportunity Identification and Development", *Journal of Business Venturing*, 2003, Vol. 18, No. 1.

RUEF M., "Strong Ties, weak ties and islands: structural and cultural predictors of organizational innovation", *Industrial and corporate change*, 2002, Vol. 11, No. 3.

第九章

商品流通、贸易和信贷

高竞舸、游清宇

◇1 商品流通

1.1 引论：商品流通与贸易对于一个经济体发展的作用

在一个经济体中，因为要素禀赋或比较优势，不同群体或地区会形成不同的专业化分工。专业化分工提高了生产效率，但专业化分工的从业者由于专门化生产而不能满足自身的多样化需要。因此，生产者需要在市场上卖出自己的专业化生产商品获得货币收入，并去购买其他商品，这就产生了对商品流通与贸易的需要。例如，a 地区农业发达（农业技术先进、土地肥力高等），b 地区工业发达（基础设施建设、区位条件更加优越等），相较于 a 地区与 b 地区各自都生产农业和工业品而言，由 a 地区与 b 地区分别从事农业和工业的格局就可以提高生产效率。但是，a 地区与 b 地区的从业者都存在对工业品和农业品的需要，因此 a 地区与 b 地区的生产者都要在市场上分别卖出农业品和工业品以赚取货币收入从而获取其他商品。于是，a 地区与 b 地区为了购买对方地区的产品，就需要商品流通与贸易。

商品流通与贸易同专业化分工息息相关，只有商品流通与贸易足够顺畅（交易成本足够小）时，专业化分工才能提高生产效率。设想一个存在两个主体的经济体，每个主体可以选择专门化生产一种产品，也可以选择自己生产两种产品。同时，假设两个主体同时选择专门化生产不同产品时，两种产品总数量分别大于两主体同时选择自己生产两种产品时的数量。每个部门的从业者可以选择保留部分自己生产的产品，也可以选择进行交换。假设两个个体有相同的线性偏好并且交换不存在交易成本，那么两个个体分别选择专门化生产不同产品是社会最优的。

商品流通和贸易中存在运输成本、考核成本等各种交易成本。如果交换时的交易成本足够大，通过专门化生产的方式来提高社会效率的方式就是不可行的。而商贸流通中的运输成本、考核成本便是交换中最重要的交易成本之二。在之前的例子中的 a 地区与 b 地区之间，如果 a 地区到 b 地区的运输成本过大，导致 b 地区自己生产农产品的成本小于从 a 地区进口农产品的成本，那么 b 地区就会选择自己生产农产品，那么 a 地区就没有办法通过专业化生产来换取工业品，a 地区也就不会选择专业化生产农产品，a、b 两个地区都要选择同时生产农产品和工业品，即使两种产品总数量相较分别专业化生产时更低。交易成本的存在，会阻碍 a、b 两个地区的专业化生产。

因此，调查一个地区的商品流通和贸易的历史模式与现状以及当地人民通过怎样的形式克服商贸流通中的交易成本问题，是增进我们对于真实世界商贸流通模式的重要途径。我们的调查以河南省许昌市鄢陵县霍刘庄村为中心，辅以相关行政村、县各级的调查，以求了解当地商贸流通的具体形式以及克服交易成本的办法。

1.2　霍刘庄村的外销商品、自给自足商品与内购商品

霍刘庄村在一个经济体中的地位相当于城乡二元经济结构[①]中的乡村这一环。霍刘庄村为典型的农业村，并且存在空心化现象。我们调查的农户大部分为中老年人，年轻人数量非常少。这一现象与霍刘庄村多年来的经济结构有关，当地产业主要为农业种植，以花生和小麦为主，这也是当地主要的外销商品，其他作物如玉米、西瓜、元胡等较少。正是因为如此，农产品的质量、价格等均根据季节等环境因素上下浮动，不确定性较大，所以农村各个家户的收入还需依靠其他收入流来维持稳定，如年轻人在外务工的收入。近些年来，由于新冠疫情产生的经济冲击，村内人员在2020—2022年

---

① 中国存在严重的城乡二元结构。这主要表现在城乡福利差距、社会福利保障、差距教育与公共服务差距等方面。在本书中，从商贸流通和专业分工的角度看，城乡二元结构体现为乡村专门化农业生产、城市专门化工业生产，乡村向城市输出劳动力和农产品；从信贷与资金结构的角度看，城乡二元结构体现为农村储蓄、城市借贷的二元经济格局。

所经历的收入下降带来的资金空缺还未被补全,也有不少家户依旧存在欠债的现象,所以更多的人选择外出务工去寻找机会,以获得更高的收入。因此,根据我们的调查,村中近些年来外出务工的人员比重相比前些年有所增加。另外,在外销商品方面,除了前些年政府牵头推行的杜仲树种植以外,近年来村中也开始发展起一些特色的产业,如元胡种植,彭店镇有两家专门收购元胡的商户,而在村内,种植元胡的家户也渐渐从几年前的一至两户增加到了四至五户,由于元胡种子购买成本较高,所以村民一般会选择在第一年收获后保存元胡的种子,从而为第二年更大规模的种植打下基础。不难推测,只要元胡的价格近些年来没有较大的波动,随着村民积累的元胡种子数量越来越多,元胡的种植规模也会逐渐扩大,种植元胡或许会成为当地未来的一大新兴产业。

村内的收入,主要源于农业种植与在外务工所得的收入回流。该村向城市提供初级农产品与劳动力,并通过城市获得生活必需品等。其中,农业种植收入相对于在外务工要低很多。据村中一户主要种植花生和小麦的农户表示,家中十几亩地一年净收入在几千元到两万元不等,但在外务工一年收入可达到 5 万—6 万元。

在人们的传统印象中,或许中国的传统乡村经济是一种自给自足、靠山吃山、靠水吃水的小农经济模式。然而,我们调查的霍刘庄村,却并非如此。或许是因为贸易和运输的日益发达,各地愈发懂得利用自身的比较优势[1]进行生产,进而推动经

---

[1] 比较优势是指一个生产者以低于另一个生产者的机会成本生产一种物品的行为。参见林毅夫《解读中国经济》(增订版),北京大学出版社 2014 年版。

济快速发展。在霍刘庄村，自给自足的商品相对较少。例如，村内西瓜种植户会留一部分西瓜自家食用或送给亲戚朋友，还有一些水果蔬菜也会留作自用。但是，如前文所说，当地主要作物为花生和小麦，这两种初级农产品都需要经过加工才能被消费，因此该村大部分农产品都流向加工厂，当地自给自足的商品较少。当地村民表示，这样做更方便，成本更低，也很少有人在村中从事加工业。这也从另一个方向说明了该村的比较优势是农业初级产品生产。

在内购方面，我们了解到该村村民的大体消费结构，主要是生活费用与教育支出，其中教育支出主要是子女的教育支出。近年来随着该村村民观念的进步，花在子女教育上的钱也在逐年增加，很多人会选择在寒暑期给孩子报补习班，也会选择在日常的周末给孩子找附近村或镇上的老师补课，花钱"买知识"成了越来越多人愿意进行的一种新兴消费。另外，在食品支出（水果、蔬菜、米、面），家具电器等耐用品，农药化肥等方面的支出占据了除教育支出以外的大多数支出，其中食品支出占主要部分。对于家具电器等耐用品，村中不同的消费群体存在较大的分歧，村中中老年农户秉持着能用则用的理念，对更新耐用品获取新功能的需求也不大，因此在耐用品上的支出较少；稍年轻一些的群体会花更多的钱去购买一些新的耐用品，如冰箱、空调等。相较之下，有年轻人常住的家户家中的各类耐用品明显更新、更先进。

1.3 商品的内购渠道

霍刘庄村的内购渠道，主要包括集市、村内超市、镇上超市与网购。

霍刘庄村的集市在当地又称"会"，其中比较有名的是殷坡集。殷坡集逢二逢五逢九开集，殷坡集贩卖的商品包括水果蔬菜等食品，衣服、鞋子等服饰以及农药、化肥、农机等。霍刘庄村主要种植花生和小麦，而殷坡集贩卖的食品更为多样化，包括玉米、桃子、苹果、哈密瓜、丝瓜、青椒、葡萄、西红柿等各种蔬菜水果。在我们的调查中，殷坡集在夏季所贩卖的各类瓜果蔬菜，基本以应季的瓜果蔬菜为主，几乎没有反季水果或蔬菜。据了解，殷坡集贩卖食品的商户主要来自附近村镇的农户，这些农户也会同时参加其他不同时间开张的集市。① 殷坡集的商品价格一般会比超市的价格要便宜，因此会有农户选择到殷坡集去购买蔬菜水果等。近年来，随着超市在各个村落的普及与便利化，以及村落的空心化现象，超市购买更加普及，集市的规模在逐渐缩小，尤其是近几年，出门摆摊的农户越来越少，基本都是一些老年人在售卖自家的瓜果蔬菜，而且售卖量相较之前也有所下降。据村干部称，集市以往十分喧闹，甚至还有很多因为议价不和而发生争吵的场面，一次集市有时摊位会超过一百家，可是近两年来集市式微，我们所去

---

① 在调查的过程中，我们就在彭店镇的集市上遇到了几家前一日在殷坡集出现的商户。

的殷坡集不过四十户人家，并且每个摊位前买东西的人并不多，也没有看到激烈议价的情况。除此之外，买主的让步也是非常常见的，在我们讲价的过程中，买主一旦看到顾客诚心购买，基本会按照顾客所要求的价格售卖，这一点也是村干部所说的变化之一：很多卖主担心货卖不出去，所以宁可降低每件商品的利润来保证销量。

除了集市之外，村中人最常去的就是超市。霍刘庄村下辖三个自然村，分别是位于北方的刘庄、南方的霍庄和东方的小马庄。在北方的刘庄，有两个超市——喜见超市与佳佳生活超市。两个超市在刘庄的经营时间已有十年以上。超市主要贩卖的商品为水果蔬菜、米面粮食、零食饮料、烟酒等生活日用品。根据我们的调查，这些生活用品的品类十分齐全，基本能够满足大部分村民的生活需要，而且其价格与集市相比差价也在逐渐缩小，尤其是疫情过后，老板更喜欢采用"薄利多销"的手段，如在卖面条的时候，有时候村民会觉得价格太贵，老板就干脆在原来的基础上降价2—3角，甚至有时候会低于成本来售卖。在我们与喜见超市老板的对话中，我们得知由于前些年疫情的封控，超市的生意受到了影响，现在很担心货物的积压，所以干脆在原来的基础上对那些滞销的商品多采取降价的方式进行售卖。据喜见超市老板称，除去疫情的影响外，近几年收入变化不大，并没有明显的营业收入变动。

镇上超市相较村内超市而言，路途更加遥远，交易成本更高。无论是集市还是村内超市，均很少提供家具电器等耐用品，当村内农户对家具电器等耐用品有需求时，一般选择到镇上超市购买。镇上超市更为密集，超市数量和超市内商品种类相较于村内更多。比较有名的镇上超市主要在附近的彭店镇上，包括鸿盛生活广场、海昌超市、百家汇超市等。这些超市平时光顾的顾客数量明显比村内的超市要多，而且镇上超市的人流量也会受到集市的影响，每当镇上有集市时，超市的人流量也会相应增多。在商品的种类上，镇上超市的品类就更为齐全，瓜果蔬菜的种类尤其更多，但同一商品如果在镇上超市与村内超市均有时，那么价格基本不会有差异，此时村民更倾向于村内超市。

最后一个销售渠道是网购。网购并非村民的主流，而且存在较大的群体差异：村民表示出于对质量问题的担忧，一般不会选择网购，线下购物也基本能满足对于产品种类的需求。在村民中，一般只有部分年轻人尝试使用网购这一形式，在村民整体中占比较少。在谈及网购应用软件（App）时，采访到的年轻人表示他们大多使用主流网购平台，如淘宝、京东等，而且村中用拼多多的人越来越多，因为价格低廉，所以日常购买纸巾等消耗较快的日用品时大多数通过拼多多来购买。采访的中老年人表示很少网购，不过如果儿女喜欢网购，他们也不会干预，甚至有时候会积极参与，只不过这并不是他们的主流购物习惯。

1.4 外销渠道

村中农产品的外销渠道主要包括集市、村中麦仓、国道上的中间商和进村收购的中间商。

集市则如前文内购渠道中所述，部分村民会将自己种植的水果蔬菜等拿到集市上贩卖，但花生和小麦这两种主要作物在集市上贩卖得不多，因此可以推测通过这种渠道贩卖的农产品并不占主要部分。集市上贩卖的物品都比较便宜。例如，玉米 1 元 1 个，桃子 1 元 1 个，葡萄 5 元 1 斤，青茄 0.8 元 1 斤等。集市上的商品极其容易因为顾客的真诚购买而降价，主要是卖主担心积压库存。

另一个收购的渠道是村中的麦仓，霍刘庄村有一户农户建了一个大棚专门收购小麦，收购价格根据国家当季粮食收购价格下调每斤几分的价格收购。每年收购小麦数量为 500 吨左右。但是，此收购渠道的范围并不广，基本只限于邻近的几个村，而且这个收购渠道面临更多的不稳定性，首先是极有可能面临各类中间商的竞争从而无麦可收，其次是由于收购的范围较小，邻近地区的小麦可能会因为季节等原因面临收成的不确定性。通常是所有邻近地区的小麦也会出现同样的问题，如我们了解到，2023 年由于小麦生长期间，霍刘庄村地带降雨量过多，导致有一大部分的小麦发了芽，因此收购价格相较之前每斤低了 0.2—0.3 元，前来麦仓收购小麦的厂家也有意压价，从而导致利润下降。

国道上也有中间商收购小麦、花生等农产品。据了解，村中麦仓西边的 219 国道上有人专门收购小麦，① 南曹大道上也有中间商专门收购花生。

---

① 在我们调查的过程中，也有农户表示有中间商在 412 国道上进行收购。

收获季节来临时，会有多个中间商来到村中收购。多个中间商聚集在道路上，分别向农户宣传，并给出自己的价格，农户没有直接议价权，一般选择出价最高的中间商收购。值得注意的是，由于早期收购的小麦比较湿润而后期收购的小麦相对较干，小麦的收购价格呈现先低后高的趋势，所以农户有时候会选择等到麦子变干一些再行出售，但价格一般每斤都在0.8—1.2元。

据调查，在这几种不同的收购方式中，虽然价格会稍有差异，但小麦的收购价格均在0.8—1.2元，花生的收购价格在每斤2—3元，收购价格的波动程度大致相似。虽然缺乏同一时期小麦和花生收购价格的横向比较，但当地不同的销售渠道之间不存在明显的信息壁垒，并且存在国家粮食收购最低价的限制，结合我们调查到的家户访谈信息，可以认为不同销售渠道之间收购价格没有显著差异。

1.5 贸易网络分析

上述对于内购渠道和外销渠道的分析，是基于村中农户直接收购所接触的方面而言的。但是为了理解这一收购方式形成的整个流程，我们需要了解整个贸易网络的商贸流通流程。如图9-1所示，其中左边是内购渠道，中间是村落之间的交换，右边是外销渠道。

左边的内购渠道主要是通过超市和经销商来完成的，呈现出分级代理模式。超市的进货可以通过厂商直接送货到超市中，也可

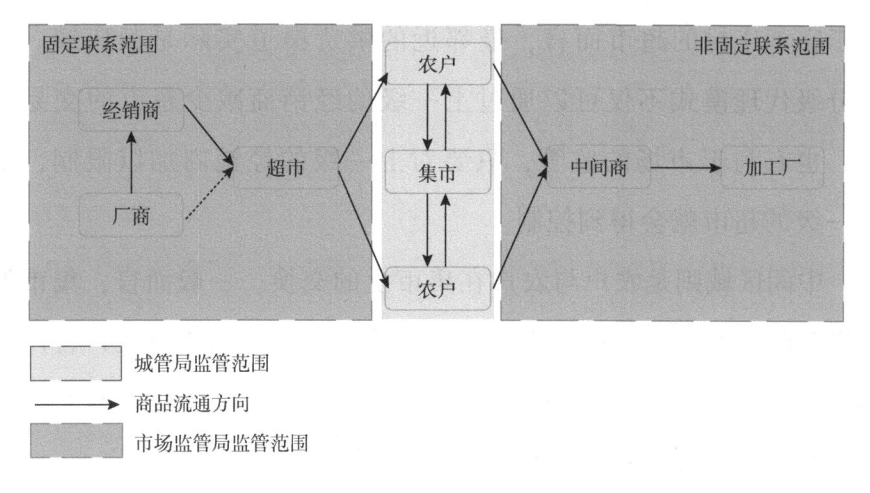

第九章　商品流通、贸易和信贷　**255**

```
固定联系范围                                    非固定联系范围
            农户
   经销商         ↑↓
      ↑    超市  集市  中间商 → 加工厂
      厂商         ↑↓
            农户
```

■ 城管局监管范围
→ 商品流通方向
■ 市场监管局监管范围

图 9-1　商贸流通流程

资料来源：笔者自制。

以由厂商经由经销商送货到超市，但前者并不多见，商户更加倾向于后一种模式，并表示会拒绝厂商直供的请求。厂商进货虽然可以减少中间商赚差价，但如果产品出现问题或临近保质期，需要回流到厂商手中时，超市需要自己送货到厂商所在的地点，并且与厂商沟通，而一个超市的规模往往并不大，来回的运输成本与谈判成本都是巨大的，因此超市愿意选择以经销商的形式从厂商进货。从经销商的角度看，一个经销商往往负责一个地区多个超市的进货需求，而进货与退换货服务具有规模效应。分级代理的一大特点是，由一个经销商负责多个超市的运营模式可以有效地降低交易成本，并通过规模效应使得中间赚的差价控制在超市愿意接受的范围内。分级代理的另一个特点，是所在的地点存在明显的分级现象，首先是鄢陵县的代理商负责各个镇的超市供货，其次是镇上的超市和经销商又会负责邻近村落超市的供货，所以对于霍刘庄村的超市而言，最邻近的供货渠道实际是彭店镇。这种分级代理模式不仅可以通过上一级的经销商减少超市的交易成本，也有利于市场的监管，只要对上一级的经销商加以限制，则下一级的超市就会得到控制。

中间区域则是农户与农户在集市上的交换，一般而言，集市的范围是附近的村落，这一交换方式较为简单，基本是以农户自产自销为主：附近村落的农户会将自己的农产品直接拿到集市上去贩卖，村民在集市上购买水果、蔬菜等食品。

右边区域是外销渠道，主要是农户进行初级农产品的生产，再通过各级中间商，最后运到加工厂。其中，中间商有不同形式，包括村中麦仓、国道上的中间商、进村收购的中间商。这一销售渠道并非如前两种销售渠道一样日常存在于村民的生活中，而是具有较强的季节性，相较之下具有更多的不确定性。

值得注意的是，图中的内购渠道为固定联系，而外销渠道是非固定联系。

在内购渠道中，一个超市的不同商品有多个不同的经销商，但一个超市对一个产品的进货在一段时间内都由一个经销商稳定负责，因此超市与经销商的关系是固定的，从而内购渠道中形成的是稳定联系。超市与经销商进货关系的形成，一般是由经销商下县下乡主动寻找超市老板商谈并达成协议，经销商会到县城或乡里去寻找店铺，直接找老板面谈；或者从熟人（包括之前已经形成合作关系的商户）口中得知店铺的信息。不同的经销商之间也会有相应的信息网络，他们平时经常互通各种店铺的信息和厂商的信息，但这有时也不利于超市的老板进行进货议价，因为不同的经销商很可能同时抬高商品的成本价格，从而导致超市无法得到确切的商品成本信息。

在外销渠道中，村民和中间商形成的是松散的非固定联系，在各种外销渠道中都是如此。村民不会留下中间商的联系方式，并且每次进村收购的中间商也有所不同。

内购渠道和外销渠道分别形成的固定联系和非固定联系，可以从交易成本的角度进行分析。在内购渠道中，一个商户需要贩卖的是多种商品，商户需要解决多种商品的质量考核问题与内购问题。在一个稳定的经销商的固定联系下，声誉效应可以有效地防范经销商的质量考核问题，因为经销商的一次供货错误会导致未来关系的终结，而这对经销商是不利的。因此通过建立固定的长期联系，经销商有动力不去提供错误商品。如果不通过一个稳定的经销商购买，那么每次购买商品时都需要重新联系客户去进行购买。同时，一个稳定的经销商可以帮忙进行退换货等售后服务。如上所述，一个稳定的经销商可以节省大量的交易成本。因此，在超市进货时广泛采用建立固定联系的分层代理模式。

在外销渠道中，农户和中间商之间进行交换的是有限种类的商品，而且在一个农产品的收获季节只交换一种商品。在外销渠道中，交换商品的种类有限，交换的次数较少，交换的数量有限（对一个农户而言），考核的难度较低（一个农产品的品质优劣相对于加工品而言更容易考核），考核的成本（交易成本）非常低，所以不需要通过建立固定联系来解决交易成本的问题。这时候，在不同中间商之间进行横向比较并选择出价最高的中间商卖掉，即为农户的最优选择。

在图9-1中，市场监管局集中在镇、县、市等更高一级行政单位中的固定贩卖点（如商店、超市）监管。集市这一乡镇级非固定流动摊位，由城管局进行监管。这两种监管的方式有所不同。同时，市场监管和城管局监管也存在很大的管理效力差别。对于市场监管所来说，其接受县里市场监管局的直接领导，各类分工和厂商信息都比较齐全，因此进行日常检查的时候比较方便且具有一定的管理效力。同时，市场监管所还会依据每年出台的标准对产品进行不同的分级，对于分级较高的商品进行日常较高频率的检查，对于分级较低的商品检查频率也较低。对于城管局来说，主要监管的集市其实很难受到控制，一般而言，城管局只会监管违规摆摊之类的活动，或者摊主之间的一些矛盾纠纷，但集市的摊主纷纷表示，很少见到城管局来及时进行检查活动。可见，城管局对于集市的掌控程度并不高，相较之下还是市场监管所的监管更有效力。

1.6 商贸流通总结

在产品的生产方和最终消费方之间，如果厂商和消费者选择直接将生产出来的产品送到消费者手中，那么交易成本将会极大。因为厂商无法识别消费者需求，如果一个厂商生产的产品数量足够多，消费需求分布范围足够广，消费者数量众多，那么厂商可以得到一个地区的需求，但不知道一个地区需求的消费者的具体分布，所以只能采取消费者自己到厂商处进行购买或厂商付出信息获得的成本来识别消费者。无论是前者的运输成本还是后者的信息获取成本，对于一个专业化生产的大厂商来说都会是巨大的。

为了解决这一问题，中间商便应运而生。考虑一个二级地域分布模式，第一级地域有一个，为厂商所在地。第二级地域有若干个，为消费者所在地。每个第二级地域都可以产生一个中间商，中间商负责识别消费者，并且帮助消费者集中到厂商处进行购买。集中购买是一项边际成本递减的服务，因为单次购买量越大，单个产品所需成本越低。因此，中间商和消费者都是有利可图的。在层级增加的时候，每一级都按照相同的逻辑增设中间商，因此形成了分级代理的销售模式。

当两个层级之间的交易量较少时，便没有必要设定固定联系。在这时，竞争可以实现个体最优化。但是，在两个层级之间的交易量十分大时，如商品交易种类多频率高，非固定联系带来的交易成本会很高，那么此时设定固定联系可以有效地降低交易成本。前者便是内购渠道的情形，而后者便是外销渠道的情形。

◇◇2　资金和信贷

2.1　引言：研究资金和信贷的意义

资金和信贷作为金融系统的重要构成部分，对经济发展具有重要作用，它"在储蓄者和消费者之间建立一座桥梁，简单地说，金融就是有闲钱的人和需要用钱的人之间的中介机构"①。一个发达的金融系统，可以有效地降低交易成本，将"'沉睡的资本'变成生产性的资本"，从而有效地促进经济发展。一方面资金和信贷结构受实体经济制约，另一方面通过利率等方式调节实体经济结构，促进经济发展。

研究农村资金和信贷结构，可依据城乡二元经济结构之下农村资金和信贷结构呈现的特征，从侧面反映城乡二元经济结构的发展，也可以从侧面推断农村实体经济的发展状况。

因此，下文将先介绍农村二元信贷结构——正式信贷和非正式信贷，再分别介绍正式信贷的机构（农村信用社）和非正式信贷的机制（赊账、熟人借钱和高利贷）。

2.2 信贷结构

2.2.1 正式信贷

正式信贷一般有两个借贷渠道，由于霍刘庄村没有乡级的农村信用社，一般会在附近彭店镇上的鄢陵县农村信用社彭店镇支行和中国邮政储蓄银行进行贷款。

通过对鄢陵县农村信用社彭店镇支行负责人员进行了解，我们得知鄢陵县的存贷款的数目比较高。在调查中，我们得知村民基本

---

① 姚洋：《发展经济学》（第二版），北京大学出版社2018年版。

不贷款只存款，一般一年没有结余，存款较少，结余较多的年份存款一般在1万—2万元。借贷主体主要为商户（包括饭店、超市等）。借贷政策则是由国家指导，地方农村信用社自主制定。近年来政策为整村授信、降息降准等，并在多年来推行学生无息贷款。整村授信，指按照相较从前较低的标准和门槛，取消担保制度，为每个村的各个村民授予一定额度的信用，这相较于之前贷款需要进行担保有所进步。一般而言，贷款利率一般在5%—8%。近年来，国家为了支持农村产业和商户贷款，推出了针对农村产业的一系列低息信贷产品，最低可达3.5%。

鄢陵县的农村信贷机构主要为鄢陵县农村信用社和中国邮政储蓄银行，其中中国邮政储蓄银行人流量较少，而鄢陵县农村信用社人流量较多。上述农村信贷机构一般分布在县镇级行政单位，村级有农村普惠金融服务点，但是仅提供取款服务，并不提供贷款等其他金融服务。

农村信用社会在彭店镇附近的几个村落与彭店镇采取整村授信、低息引流和干部宣传等方式完成相应目标。在信用社进行整村授信时，霍刘庄村附近的彭店镇支行的相关负责人会到霍刘庄村对农户进行入户调查，对无历史坏账与不良记录的农户在借贷之前先赋予一定的信贷额度而不需要抵押贷款。同时，相关负责人也会联系村委会，询问潜在的具有借贷需求的对象，如正在村内办超市的商户提前给予信贷额度。通过这样的方式，农村信用社可以提前给部分可靠的贷款用户宣传，为后续贷款成功发放提供支持。但是，在入户调查的过程中，大部分村民并不了解有这样的政策，可能是没有得到村委会推荐，也可能是整村授信并没有将其确定为潜在贷款对象。因此，整村授信的实际执行情况如何，仍然有待确定。

另一个政策是低息引流，我们在刘庄喜见超市的老板处得知年贷款利率低至3.5%，而通过与支行行长沟通，我们得知这是鄢陵县农村信用社推出的低息引流政策。对于信用良好的工商业户，在贷款的前5万—10万元是有3.5%的优惠利率的，在后续贷款中则恢复正常利率7%左右。近年来，正常贷款利率也在逐渐下降。从原先的7%—8%逐渐减少到5%—7%。

最后一种宣传方式是干部宣传，支行负责人会联系对应村级行政单位村干部，去委托村干部联系当地潜在的信贷需求对象并宣传信贷政策，从而增加信贷需求。但是，这一宣传方式存在较大的短板，也与村民和村干部之间的信任有关。其一，村干部在村内进行相应的宣传，这一宣传方式通常是通过微信群或者集中线下宣传，通过微信群的宣传往往会被大家认为是诈骗或者被大家忽视，集中的线下宣传往往是组织一些信用社的工作人员以发放礼品的方式吸引村民参与宣传，但这一方式的效果仍有待提升。

虽然在宣传方式上推出了种种政策，但支行行长表示，其贷款投放目标仍然难以实现，主要是宣传方式和受众的问题。对于彭店镇到霍刘庄村这一条信息流通线路，信息的流通方式基本是通过微信群来进行的，而微信群的使用对于村内占大多数的老年群体而言无疑是困难的。此外，目前向所有村民充分传达各类信贷的信息和政策仍有难度，从而导致村民不能够完全理解国家政策，最终带来村内信贷的缺失。

其二，信贷的需求不足。经过 2020 年新冠疫情对于经济的打击，如今的经济虽有回升却并未完全回暖，对于农业农村的产业而言更是如此，加之农业生产本身具有不确定性，如受到季节和气候的影响，农村实体经济对于投资和满足当期消费的需求不足，没有动力去贷款，在经济下行的状况下人们更倾向于去存款。加之霍刘庄村存在空心化和老龄化现象，贷款的倾向就更弱了。这也反映了引言中的观点，资金和信贷的结构受实体经济的制约。

2.2.2　非正式信贷

非正式信贷的借贷渠道，包括亲戚朋友间的无息贷款、赊账和高利贷。其中，以亲戚朋友间的无息贷款为主。在这几种非正式借贷方式中，如今只有亲戚朋友之间的无息借贷还起到重要的作用，而赊账和高利贷的形式目前已经基本销声匿迹，但它们依旧在霍刘庄村村民的生活中留下属于它们的痕迹。十年之前，赊账和高利贷如同今日的熟人借钱一样，起到举足轻重的作用，后续由于市场和银行监管的加强以及电子支付的发展，逐渐消失在村民的生活里。我们也能够从这几种不同的借贷模式中，看到霍刘庄村村民生活方式的变迁以及乡村生活的缩影。

2.2.2.1　亲属和社会网络保证的无息借贷

亲属和熟人借贷的规模低至几百元，高至二三十万元，其主体主要是农户家庭。非正式借贷在农村的信贷体系中发挥了重要作用，而亲属关系为非正式借贷的推行提供了保障。在亲属关系中，利益一体化发挥了重要作用,往往一家人之间更加懂得"荣辱与共"的道理,因此一家出现困难,其亲戚会努力帮衬。亲戚帮衬的特点在于无息贷款、纠纷少、没有欠条。同时,由于亲属关系的长期性,双方在未来仍然会有其他方面的经济与社会往来,存在利益上的长期依赖,因此可以通过信誉效应保障非正式借贷的可靠性,所以亲戚间往往也不会催借款人还钱,借款人会保证只要有闲钱就立刻归还。亲戚之间这种"抬头不见低头见"的关系也保证了这种借贷方式的稳定性。另外,亲属关系在非正式信贷中还体现为社会网络制约。一个亲戚欠一个人的钱长期未还,往往会导致他在亲属关系网络中的名声变差。因此,亲属关系形成的社会网络,也为非正式信贷提供了保障。

相较亲属关系,朋友之间的关系网络也会催生无息借贷,但是这一方式的信任度相较亲戚之间靠血缘和亲情维系的信任度要低一些,有时候人们会要求借他们钱的朋友写下欠条并按时归还。不过,熟人之间的借贷同亲戚之间的借贷一样,通过社会网络和舆论对于借款人的行为有所约束。例如,村中的人都知道谁家经常是借钱方面的"老赖",从而不会轻易借钱给他,甚至在日常生活中会与信誉不好的人疏远。

2.2.2.2 赊账和现代支付工具

赊账,是指把买卖的货款记在账上延期收付。这种现象在十年前比较多,主要发生在村民从附近的超市购买日用品的时候。当时,手机线上支付并未得到推广,村民出行时容易出现现金携带不足的问题;同时,由于当地收入的重要来源为农业种植,现金流获取呈现季节性，获取作物收入之前，农民手中基本没有什么现金，去银行取钱也是一件十分麻烦的事，但村民对生活用品的需求却是源源不断的，所以在购买各类生活用品的时候容易出现资金短缺的现象，因此十年前小额赊账比较盛行。超市的老板会专门使用一个记账本来记录村民们的赊账情况，每当收获季节过后，超市老板则会对这些账目进行核对。这时，基本不用催促大家也会来主动还钱，这里依旧是社会关系网络和舆论对赊账人进行制约。

但现在，小额赊账逐渐消失。首先，由于网上银行的发展，借贷款都十分方便。其次，由于微信、支付宝等线上支付工具的出现，资金流转变得更加方便。现金流获取的季节性问题和支付手段问题都得到解决，因此村民不会再选择赊账的方式进行购买了。

2.2.2.3 高利贷

在我们的调查中，村民表示，高利贷在十年前最为盛行，当时有一个非法组织以基金会的名义在霍刘庄村以高于银行储蓄利率的形式向村民开放存款通道。该非法组织存在几年后突然解散，村民无法从其手中要回存款。该非法组织规模较大，据一户受访农户表示，他当时在该非法组织的存款达到几十万元，但至今仍未追回。

该类高利贷盛行的原因在于十年前，农村经济快速发展，储蓄较多。再加上高息吸引和亲朋信任，村民内部的高利贷负责人利用亲属关系得到一笔规模巨大的资金。另外，政府监管的不到位也是一个重要原因。

这一运作模式中存在三个主体：农户、中间人、基金会或小额信贷公司。农户可以直接把钱交给中间人，委托其将钱"存"进基金会或小额贷款公司，也可以直接把钱"存"在基金会或小额信贷公司。中间人一般由基金会在村民内部委托，并利用该村民的亲属关系网络调动村民剩余资金，并在存款达到一定规模时"跑路"。据了解，有一户村民为当时村内较为知名的中间人，在那户人家中，负责高利贷的男性成员已经跑到上海，妻子和父母仍然留在霍刘庄村。另一户参与高利贷的人家，仍然在霍刘庄村生活，并且修建了三层农村房。但是，纵使人们意识到自己被骗，纵使非法吸纳村民存款的人依旧在村里，人们还是会因为面子或社会舆论的问题而不去追讨前些年的债款，对于霍刘庄村的村民而言，他们认为法律服务的申请和流程十分烦琐，这也阻碍了村民的维权和追债之路。

所幸，高利贷这一现象在近年来已经逐渐销声匿迹。因为前车之鉴，农民的防范意识有所加强。国家的监管和宣传也在不断加强，国家在农村也不断宣传反诈的知识，同时在农村推行的扫黑除恶运动更有力地打击了民间的非法集资组织。并且，由于近两年来经济下行、资金减少，村民储蓄不如十年前那么多，因此高利贷在农村已经失去了其发展的土壤。

从高利贷在农村的盛行中，也可以看到亲属关系与社会网络在非正式信贷系统中的双重作用。亲属关系，一方面为农村借贷提供了信誉效应与利益一体化，保障了资金流通的便利，减少了交易成本，提高了经济效率，但另一方面，亲属关系也为高利贷所利用。首先，高利贷中间人通过亲属关系特有的信任和高息诱惑从村民手中非法集资。其次，由于亲属关系带来的制约，村民们不愿意采用起诉高利贷中间人的方式，村民更愿意采用自发调解的手段来解决问题。由"要面子"的问题，又引发了"要钱难"的困局。

这一现象，也可以放在城市化的角度来理解。在城市化的过程中，随着年轻劳动力在外务工以及人口的迁出与流失，村庄原有的社会关系正在逐渐解体。原有的信誉效应，也因为人口的迁出而逐渐丧失作用。当高利贷中间人利用传统社会亲属之间的相互信任敛财之时，他不能通过传统的乡村制裁方式受到惩罚。他可以选择离开霍刘庄村，也就是"跑路"，也可以选择留在霍刘庄村，但可能会使自己的生产经营活动与亲属之间隔绝。也就是说，传统社会关系束缚中的信誉效应，在城市化与农村空心化的过程中是不成立的。

传统乡村社会关系的解体难以逆转，既然不能够依赖于传统社会关系来继续制约非法集资活动，那么为了保护村民利益，在乡村地区加强法治建设和法治宣传便尤为重要，尤其是村民寻求法律服务的便利度，应该得到相关部门的重视。

◇◇3 小结

一方面，农村的资金和信贷系统是镶嵌在实体经济之中的。农村的空心化和老龄化以及宏观形势下实体经济增速放缓，是形成霍刘庄村储蓄多、借贷少的重要因素。同时，宣传手段和信息流通也应该得到重视。

另一方面，农村的资金和信贷系统是镶嵌在社会关系之中的。在非正式信贷中，亲属关系提供的无息贷款便利了村民的资金流通，也方便了资金流不足时的赊账。但是，亲属关系也是高利贷曾经盛行的原因之一。

信贷需求少的问题，最终需要通过刺激实体经济来解决。一方面，倘若没有实体经济的发展，农民们就不会有动力去进行正式信贷行为，而实体经济的发展不仅依赖于农村以及周围城镇产业的发展，也依赖于乡村教育的建设，唯有引进或输出更多有用的人才才能为乡村带来更多的发展机会。另一方面，我们应该在农村加强法治建设，法治建设不仅是村民们理解各类乡村信贷服务的基础，更是村民维权的基本保证。如果村民的法治维权之路不能够依靠相应的服务得到保证，那么村民就再难以有动力进行借贷。在这条路上，精简法律服务的流程和加强法治宣传将起到重要作用。

本章参考文献

姚洋：《发展经济学》（第二版），北京大学出版社 2018 年版。

林毅夫：《解读中国经济》（增订版），北京大学出版社 2014 年版。

第十章

土地制度

匡浩鑫、姜子涵

河南省彭店镇霍刘庄村位于华北平原黄泛区，土地平整开阔，但并不肥沃。对这片土地上的人们来说，黄河既是"母亲"，也是"恶魔"，黄河水一面浇灌出中原农耕文明的繁荣，另一面奔流泛滥着宣告天灾的摧折。这片土地，由黄河创造，由黄河影响，但如今，由人民改造，由人民成就。

在地壳运动使得太行山向西部抬升、东部下沉的作用下，华北平原由黄河、淮河等大型河流自西向东冲刷形成，黄河在流经此地时会将携带的大量泥沙沉积下来。在冲刷与沉积的双重作用下，辽阔平整的华北平原渐渐成形。霍刘庄村属于温带季风性气候，冬季干旱强风，土壤表层的易蚀颗粒被季风侵蚀、搬运，因此极易出现水土流失、土壤肥力下降。[1] 这样的土壤，并不太适合传统粮食作

---

[1] 毛玉磊：《河南省黄泛平原风沙化土地形成及分布特征研究》，硕士学位论文，山东农业大学，2016年。

物的种植。

自然因素决定了传统农业的局限,但霍刘庄村的人们因地制宜、合理规划,让这片独特的土地发挥其独特的作用。几十年以前,除开农户自家开垦土地耕种作物维持生计,村集体在肥力较差的土地上播种防风固沙的树林防止水土流失外,在无法耕种的沙地上建造动物养殖场。如今,千亩杜仲林郁郁葱葱,莲池鱼塘未来可期……在并不肥沃的土地上,耕地、林地、鱼塘共同拉动经济发展,前景无限,但当下举步维艰。经济不景气时期的产权保护问题、贯穿村内发展几十年的历史遗留问题,各种发展的阻碍都亟须解决。

霍刘庄村如同中国的每一个村庄,霍刘庄村的土地也如同其他村庄的土地,虽各有特质,但都向着繁荣发展的方向眺望,也都存在许多亟待解决的难题。

◇1　霍刘庄村土地的历史沿革

霍刘庄村的土地利用方式多种多样,耕地、林地、鱼塘等土地类型齐全,并且在不同时期呈现不同的发展面貌。简要考察霍刘庄村土地自改革开放至今发展的历史沿革,可以发现其中既映射了不同时期的宏观政策与历史环境,又蕴含着霍刘庄村民对土地代代相传纯朴的珍视与爱惜,以及由此产生的各方博弈。在以上种种力量的推动下,霍刘庄村的土地制度得以越来越适应当地情况并逐渐趋于各方平衡。

1.1 改革开放前后至 1998 年之前

霍刘庄村最早的土地包产到户，始于 1976 年前后。20 世纪 70 年代，霍刘庄村响应政府号召，集合村民发掘一条水渠，计划引黄河水向南，名为胜利渠。后来由于种种原因，胜利渠未经使用便被荒废，这片被开掘的土地也需要被重新填平以便投入耕种。为了激励村民平整胜利渠所在的土地，霍刘庄村书记将平整土地的任务按照人口划分给各家各户。并承诺将平整后的土地划分承包给各家农户。允许农户自己耕种，使村民拥有了对自己集体生产外额外劳动的所有权。[1] 这项大胆的尝试，成了河南省较早的包产到户实践。由于村民对划分给自家的土地拥有较高的耕种积极性，这片包产到户的土地取得了良好的收成，为霍刘庄村此后的包产到户正式实施奠定了基础。

1979 年，霍刘庄正式实施包产到户。此后每三年进行一次土地划分，按照人口划分宅基地和耕地。每三年进行一次的土地划分以当年农历八月十五十二点前家中的人口情况为准，在划分土地这一年的农历八月十五十二点前，无论是刚出生的小孩还是新嫁进来的媳妇，只要拥有本地户口，都可以分配到土地。这一规定被严格执

---

[1] ［美］劳伦·勃兰特、［美］托马斯·罗斯基：《伟大的中国经济转型》，方颖、赵扬等译，格致出版社、上海人民出版社 2009 年版。

行，甚至对于在八月十五前后去世的人，如果在八月十五十二点后下葬，也能按照规定分配到土地。霍刘庄村共被分为七个生产小组，每次进行土地划分时，每组派出一个代表，向组长汇报本组农户总数以及每户家中人口情况，组长再与生产大队队长开会，确定土地划分情况。在首次划分土地之后的历年土地划分中，每组土地占有范围大致不变，只是在组内对各家各户的土地承包情况进行调整。

霍刘庄村在土地划分的具体过程中贯彻公平公正的原则，因此在实际操作过程中需要克服种种因素的制约。例如，不同地势、不同肥沃程度的土地如何分配等。为了解决这些问题，霍刘庄村采取了多种多样的办法，如将旱地、涝地、洼地分别分块划分给每家每户，或对分配到较差肥力土地的家户进行补偿，在划分时将一亩一分的土地算作一亩。

霍刘庄村最后一次土地划分止于1997年前后。在此之后，无论人口增减，霍刘庄村一直没有再次增减过土地，这使一些村民产生了不满。在走访中，我们了解到，有村民家中目前共有11口人，但仅有4口人拥有土地，1997年的年后出生的孩子与嫁入的媳妇均没有被分配到土地，因此家中生活难以仅依靠耕种土地。有些人家女儿多，造成女儿出嫁后人少地多，有些人家儿子多，造成人多地少。但是，也有村民考虑到现实因素，认为再次进行土地分配不可操作。

第十章　土地制度 | **273**

1.2　1998 年至 2018 年

自 1997 年最后一次土地划分以来直至 2018 年，霍刘庄村的土地划分情况基本保持稳定。以 2010 年地图为例，在这段时间内，霍刘庄村土地的使用与今天的主要不同之处体现在康沟河南部约 300 亩的土地与霍庄西部约 400 亩的土地。在今天用于种植杜仲的康沟河南部土地，在 1998—2018 年用于建设百果园与养猪场等。霍庄西部土地在此期间未被划分为可耕地，主要用于种植枣树和杨树，并且先后经历了两次退林还耕。由于霍庄西部的这片土地属于沙地，实在不适宜种植粮食，因此即使在政府的号召下先后有过两次退林还耕的尝试，这片土地还是在 2018 年重新被用于种植枣树和杨树等树木。此外，由于霍庄西部这片土地在此期间不属于可耕地，这片土地也可以作为霍刘庄村的建设用地。除去这两部分土地之外，霍刘庄村其他的耕地、林地使用情况与今天基本保持一致。

1.3　2018 年至今

在保持了自最后一次土地调整至 2018 年以来二十余年的土地划分稳定后，霍刘庄村在 2018 年开展了国土三调，并进行了农用地、建设用地、未利用土地三种土地利用类型的调整。此次调整对霍刘庄村的影响主要有以下两方面。

第一，为大面积流转土地种植杜仲树奠定了基础。在 2018 年之前，霍庄西部土地的利用类型并没有明确的界定。这片属于沙地的土地不具备种植粮食的优势，有过几次种植粮食的尝试也未能长期维持，因此在此之前的大部分时期都被用于种植树木，部分被用作霍刘庄村的建设用地。但是，在2018年之后，霍庄西部土地被调整为可耕地，但考虑到这部分土地本身并不适宜耕种，这片土地在被划分为可耕地后经由乡政府的协调被承包给花艺公司种植杜仲树。乡政府的这一举措，为霍刘庄村此后几年将大面积的土地流转出去种植杜仲奠定了基础。

第二，建设用地缺少。2018年国土三调后，在严守18亿亩耕地红线的背景下，霍刘庄村许多原被用作建设用地、荒地等土地使用类型都被划分为可耕地，这与霍刘庄村重要的产粮地位有关。但是，这也造成了霍刘庄村目前可利用的建设用地不足，使得分配新的宅基地不再可能，也成为霍刘庄村建设村办企业的障碍之一。

此外，我们还了解到，霍刘庄村建设用地的减少可能与县里建设的工业园有关。为了在县中建设工业园，一部分霍刘庄村的建设用地指标被县里使用。

总结起来，2018年的土地调整，使得霍刘庄村增加了一千余亩的可耕地，同时建设用地大大减少。然而，新增加的这部分可耕地并未用于种植粮食，而是在乡政府的背书下被流转用于种植杜仲树。考虑到这部分土地肥力不足等现实因素，将其用于种植杜仲树本是政府担保下村民与企业双赢的局面，但这也奠定了政府在履约过程中的独特地位。

◇◇2 霍刘庄村土地现状

2.1 农用地

2.1.1 耕地

2.1.1.1 耕地的基本情况

霍刘庄村耕地总面积为2947.131亩，大致分布在村庄东西两侧。耕地在霍刘庄村的土地使用类型中占比最高，不仅是由于农业是当地农民生产生活的本源，更是河南省身负全国粮仓重任的一个缩影。村内耕地平整宽阔，排列齐整，适宜机械化种植，当地农民在耕种中利用小型机械的情况已经非常普遍，但由于没有种植大户存在，村内并无大规模机械化操作的例子出现。

霍刘庄村位于黄泛区，土地含沙量较高，保水能力较差，土壤肥力并不算优质，但在当地农民的辛勤开垦以及施肥等努力下，作物产量比较可观。当地农民主要种植的作物为小麦和花生，种植方式为冬小麦与花生套种。小麦与花生的产量与气候、土质等因素息息相关，并且不同土质中小麦和花生的产量呈现负相关的特性：在气候适宜的条件下，小麦亩产量600—1300斤，其中小麦亩产600斤的土地能生产700—800斤花生，小麦亩产量1300斤的土地花生产量不到600斤，这一互补特性，在一定程度上保证了不同农户的种植收入基本相近。小麦与花生的价格波动较大且基本无规律，小麦平均为1.1元/斤，但可能低至0.8元/斤高至1.6元/斤；花生价格略高为3元/斤，最高可能超过3.5元/斤。除开难以预测的价格波动外，气候灾害对农民的收入影响更大。这部分损失可以通过粮食保险赔付弥补。2023年小麦收获期前的大雨导致小麦发芽大规模减产，购买粮食保险的农户获得40元/亩的赔付。除开主要种植的小麦、花生以外，部分农户也少量种植大蒜、土豆、洋葱、葡萄、辣椒等作物，近几年也有不错的收益。

2.1.1.2 土地流转

霍刘庄村有较为普遍的耕地流转实践，主要分为村民间自发进行的小规模流转与村民间与花艺公司成规模的流转。

在村民中间自发进行的耕地流转中，每户承包土地在十亩左右，不存在承包大量土地的种植大户，原因是村中集中连片的土地被大范围承包给花艺公司种植杜仲，剩下的土地较为零散不好集中。这种村民间的土地流转之所以常见，是因其有着现实基础：村中老人由于子女外出务工而无力耕种土地，或者整家选择外出就业不在村中居住，就将自家土地流转给尚在村中务农的较熟悉的邻居或亲戚。流转形式为村民间自主协商，常为口头协商或纸质协议，一般不签订正式合同。每亩的地价为每年200—300元。部分老人不会将自家所有田地出租，而是留下两亩左右自己耕种打发时间。

该村曾在2016年和2018年将大规模土地集中承包给花艺公司种植杜仲（详细情况见后文"2.1.2 林地"部分）。

2.1.1.3 土地纠纷

由于距离霍刘庄村最后一次土地划分已有二十多年,时间久远且当年的土地账本已不幸遗失,部分土地界线模糊,因而在土地边界上常发生小规模土地纠纷,一般体现为部分村户发现自家耕地面积减少。这种纠纷,一般由村委会出面帮忙调解,丈量耕地面积减少的村户的土地所在位置两侧共三家的土地总面积,若总面积未减少,则证明占用耕地的情况发生在三家之间,若总面积减少,则继续向两侧扩大丈量范围,最终确定发生耕地占用的位置。

大规模的土地纠纷目前存在两例,分别为花艺公司承包土地却拖欠农户租金和康沟河南鱼塘层层转包所致的历史遗留问题。

2.1.1.4 小结

霍刘庄村目前耕地资源较为稀缺,并不存在其他农村中有田无人耕种的情况,年老无力耕种、外出无人耕种的土地都被有效流转给其他农户。部分农户由于将自家土地承包给花艺公司而未收到租金,因此对耕地需求较大,需要租用土地进行耕种。近年来,极端天气对农户的收成影响较大,需要有更健全的保护机制保障农民的收入,保险赔付是一个很好的方式。对于留在村内的农民,土地是他们最大的收入来源,村内两大土地纠纷,尤其是杜仲种植林拖欠租金一事极大影响了农民的生活状况,且当前无解决事件的突破口。农村土地产权保护的完善,还需更多求索。

2.1.2 林地

霍刘庄村林地由集中连片且于2018年入选国家级储备林的杜仲

种植区，以及部分零散的林地组成。林地总面积约1400亩，其中杜仲种植区分布于村庄西侧，康沟河南北各约600亩，总面积1294.3亩，其他林地包括枣树林、红叶李、杨树林、百果园等，总面积约100亩。

2.1.2.1 国家级储备林

2016年，霍刘庄村南部的康沟河以南大约600亩（原被用作养殖场、杨树林的土地约三百亩，还有约三百亩耕地）肥力较低的土地被花艺公司承包用于种植杜仲。2018年"三地调整"时期，由于霍刘庄村西部部分土地肥力较差，原本用作林地，种植防风固沙树木，因此村委会判断将该地继续作为林地使用而非改种庄稼是效益更高的决策。在乡政府的协调下，花艺公司又承包霍庄村西部约600亩土地。最终霍刘庄村承包给花艺公司用于种植杜仲的土地共1294.3亩。该地杜仲种植区集中连片、规模较大、土质适宜树木生长，于2018年入选国家级储备林，并与政府签订合同，需八年后（2026年）以每亩36棵的标准将该储备林交给政府。

2.1.2.2 主要作物：杜仲

杜仲（Eucommia ulmoides Oliv.），又名胶木，为杜仲科杜仲属植物。杜仲喜温暖湿润气候和阳光充足的环境，能耐严寒，成株在-30℃的条件下可正常生存。我国大部地区均可栽培，适应性很强，对土壤没有严格选择，但以土层深厚、疏松肥沃、湿润、排水良好的土壤最宜。①

---

① 摘自百度百科词条：杜仲。参见杜仲（杜仲科杜仲属植物）：百度百科，https://baike.baidu.com/item/%E6%9D%9C%E4%BB%B2/234?fF=adaddin。

杜仲经济价值较高。以杜仲叶为原料的杜仲茶是其主要经济价值来源。杜仲茶，品味微苦而回甜上口，常饮有益健康，保健价值极高，饮用方便。一般来说，可以在杜仲叶初长成、生长最旺盛时、花蕾将开放时，或者在花盛开而果实种子尚未成熟时采收，以做杜仲茶，其中嫩芽杜仲茶品质最高。杜仲茶具有护肝补肾、降压降脂、增强免疫、通便利尿、安神养眠、美容养颜、改善肥胖等诸多功效。除此之外，杜仲树皮可入药，树干可用作家具、农具等建造原料。[①]

2.1.2.3 其他林地

2018年，花艺公司承包土地时主要选取能够集中连片、肥力尚可的土地，一直以来用于种植树木的小范围零星土地没有被花艺公司承包，仍然种植原有树种，这些林地总计一百多亩。其中，刘庄村西面的枣树林、康沟河南面的百果园都是村集体承包给个人经营，刘庄村与张堂村之间的杨树林、小马庄村北面的红叶李分配到户经营。但是，由于近几年极端气候等原因，百果园的收入并不乐观。

2.1.3 鱼塘

2.1.3.1 旧鱼塘建立

霍刘庄村鱼塘的历史最早可追溯至生产大队时期。鱼塘的所在地位于康沟河南部土地，在当时还是一片荒地。为了防范风沙，

---

① 摘自百度百科词条：杜仲。参见杜仲（杜仲科杜仲属植物）：百度百科，https://baike.baidu.com/item/%E6%9D%9C%C4%BB%/234?fF=adaddin。

村民们将这片土地建设为林地。20世纪70年代,这片土地被转而用于建设养殖场,养殖鸡、羊等动物,作为县食品厂供应地。后县食品厂因效益不好倒闭,养殖场也随之关闭,养殖场占用的四百余亩地也归还给大队。大队重新对这片荒地进行开垦,将这片土地投入耕种,用于种植花生等作物。直至20世纪90年代,在老支书的带领下,霍刘庄村将这片地收归集体所有,开垦为淡水鱼养殖基地,主要养殖鲤鱼、鲫鱼、白鱼等,并在其中种植莲藕。

起初,鱼塘规模不大,只有几亩地,后来逐渐发展壮大到几百亩。为了将这片淡水鱼养殖基地发展起来,霍刘庄村采取了多种方法调动村民的积极性。藕池鱼塘最开始归集体所有,主要采用集体管理的方式,承诺给村民分红,并有政府补贴。此外,霍刘庄村还尝试了将部分鱼塘承包给农民管理、让农民免费试种1—2年等多种方式。这些方式在最初几年见到了成效,鱼塘在2000年前后发展达到顶峰。这片淡水鱼养殖基地由于发展前景好,甚至受到了中央政府的关注与称赞,受到政府补贴。鱼塘辉煌发展的几年,也成了霍刘庄村村民口中"村子最辉煌的几年"。

2.1.3.2 旧鱼塘荒废

虽然有过最初几年的辉煌发展,但鱼塘最终走向了衰落。据村民反映,在鱼塘发展起来后的几年,由于缺少补贴和分红,村民在鱼塘劳动的积极性也有所减弱,逐渐减少对鱼塘的投入,村中甚至因为鱼塘有过几次纠纷。加之藕池投入使用时间过长缺乏维护,继续种植莲藕产出质量不高,因此淡水鱼养殖基地也渐渐荒废。

在集体无力维持鱼塘的经营后,鱼塘被大队按照人数分给各个生产小组,26—27人分配到一个藕池。但是,鱼塘的日常经营不能分散到如此众多的人数中,因此各个自然村采取了不同方式决定鱼塘的经营权。以霍刘庄村的自然村之一小马庄村为例,小马庄村共分得四个池子,村民采取抽签的方式决定由哪一家承包鱼塘,原则上由承包鱼塘的农户向小马村生产组交纳租金。其他自然村的情况也与小马庄村类似,最终形成了霍刘庄村集体将鱼塘分配给各个生产组,各个生产组再将鱼塘承包给生产组中的某家农户,农户经营鱼塘并向集体缴纳租金的格局。

在实际经营中,由于鱼塘效益不好,从大队承包鱼塘的农户并没有按照约定交纳过租金,大多数农户也选择将鱼塘再次转包给其他农户,由此形成了一层层的转包关系,村中人也难以厘清具体的承包关系。2020年前后,该鱼塘被村中的承包者用于种植水稻等,老鱼塘最终被荒废。

2.1.3.3 新鱼塘建立

2020年前后,村中鱼塘的最后一级承包者将这片地承包给来自外地的承包者,签订了800元/亩、期限为20年的承包合同。外地的承包者重新将其修建为鱼塘,用于养殖清江鱼。受近几年鱼价降低与饲料价格上涨的影响,鱼塘目前收益很低。在目前的鱼塘承包格局中,只有来自外地的鱼塘实际承包者向他的上一级交纳租金,之前形成的层层转包关系下都不再有租金支付,霍刘庄村集体也没办法获得鱼塘收益。

2.1.3.4 小结

霍刘庄村的鱼塘,自20世纪90年代初开始在老支书的带领下发展,至今天已经有三十余年的历史,其发展也经历了从繁荣、衰落到今天的重新起步的曲折历程。在鱼塘发展初期,村委会需要获取村民的信任,吸引农民将有限的人力资本投入鱼塘的建设中去。在这一过程中,村委会多种创新管理形式并举。村民承包与试种,使得村民对鱼塘的信心得以在村中由点及面地快速传导,最终实现了鱼塘的高收益。但是,鱼塘本身的特性决定了其维护的高成本,这离不开村民的持续投入,一旦村民丧失了劳动积极性,鱼塘很快就会走入荒废。这需要村委会长期保持鱼塘收益在集体中得到公平的分配,一旦分配失衡,鱼塘的高收益自然无法维持。

淡水鱼养殖基地荒废后,鱼塘被各家各户承包。然而,在实际生产过程中,集体并没有收到承包户的租金。一方面是由于鱼塘确实收益低微,另一方面与村中特殊人情关系造成的履约困难有关。在调查走访中,多数村民都表达了对鱼塘现状的不满情绪。作为集体土地的一部分,鱼塘在今天并未能给集体带来收益。受制于村中每家每户日常生活中的密切联系,对于那些不向集体支付租金违约行为,村民无法采取具体行动进行相应惩罚。时至今日,鱼塘形成的复杂转包关系,有关鱼塘的种种状况已经难以追溯。

目前,霍刘庄村的鱼塘已经通过签订长期租约被承包给外来租户。作为霍刘庄村的"公地",鱼塘要想实现将收益公平分配给每一户村民。或许需先厘清此前冗杂无效的转包关系。但是,在村中复杂的关系网络下,这或许也面临着重重困境。

◇◇3 建设用地

3.1 宅基地

3.1.1 宅基地的划分

霍刘庄村于1966年开始以排房的形式分配宅基地，每30米为一处宅基地，其中25米用于修建房屋，5米用于修建道路。1997年之前，在三年一次的土地划分中，本地户口的男性在年满20岁时可被分配一处宅基地。

由于土地紧张，随着20世纪90年代最后一次耕地划分结束，霍刘庄村也不再向拥有当地户口的新成年男性划分宅基地。2018年的"三地调整"中，为坚守"可耕地红线"，霍刘庄村的一大片建设用地被改为可耕地，目前几乎无建设用地剩余，也不再分配宅基地。

3.1.2 宅基地的使用

在霍刘庄村的四个自然村中，由南至北的张堂村、刘庄村、霍庄村的住宅普遍较新，大致构造为从村中南北走向的主路，每隔30米分出东西走向的小路，住宅房屋沿小路建造，大门后通常是一个能够用于晾晒衣物和粮食的院坝，房屋为2—3层高。比较特别的是，许多住宅的大门与门前小路的衔接是有明显角度的上坡，这样建造的原因在于村民都倾向于将自家地基建造高一些，尽可能减小洪灾对住房的影响。东边的小马庄村的住宅房屋较为破旧，在调研中，该村的农户普遍幸福指数偏低，如图10-1所示。

图 10-1 不同房屋地基高矮对比

资料来源：实践团拍摄。

霍刘庄村对于宅基地的使用非常广泛，不只局限于建造住房，村内的超市、教堂、卫生站等都是利用宅基地修建。在村内重要道路路边（刘庄村内），有几家比较大型的超市，其中一家超市利用自家宅基地建设。在霍刘庄村的南北主路两侧、霍刘庄村南面（霍庄村南部）等距离大型超市较远的地方零星地分布着几个小超市，有的是利用自家宅基地建立，也有租用别人的废弃宅基地稍做改造修建。刘庄教堂位于刘庄村内，是一个主题为文化基督教的西式教堂，占地约200平方米，先后搬迁过几次，如今的教堂为二十多年前利用宅基地所建。村内卫生站位于刘庄村与张堂村分界路的路旁，为村医自家宅基地所建。

3.1.3 集体建设用地

刘庄村西南部有6—7亩集体建设用地，用于修建村委、村内小学等，村内小学于2022年关闭，现已改为工厂。村内重要道路（位于刘庄村内）路南作为建设用地承包给商户使用，有大型超市、饲料农肥售卖点、饭店、小驾校等。目前，霍刘庄村仅剩10亩未利用的建设用地，位于刘庄村以西、枣树林以南，村委目前对这片空闲建设用地没有进一步的规划。

◇◇4 其他用地与未利用土地

4.1 墓葬用地

改革开放后实行分地，由于可耕地紧张、耕地三年一分等因素，政府明确规定不能使用可耕地进行埋葬。2000年年后不再进行分地，随着政府对不能使用可耕地进行墓葬的要求渐渐放松，当地农户开始使用可耕地进行墓葬。其中自家承包的土地可以随意使用，外人的土地通过协商可以使用，若两户关系较好，赠送水果、烟等礼品口头协商即可；若关系不好，则须协商价格或无法达成协议。

虽然现在严格要求火葬，但是骨灰仍然需要以土葬的形式进行掩埋，所需土地范围与土葬差距较小，但田地里仍能看到明显的土包，如图10-2所示。

图 10 – 2　耕地中的墓地土包

资料来源：实践团拍摄。

4.2　康沟河道

康沟河位于霍刘庄村南部，河道宽度约 50 米，水流较小，河岸由于淤泥堆积而形成小范围的土地。该片土地为国家所有，村民能够临时使用，但只能种植低矮作物。目前，部分村民在此处种植少量花生、豆子等作物。

4.3　荒地

该地泥土受黄河的影响较大，土质为沙土，不太适宜种植粮食作物。在 2018 年前存在未被划分为可耕地的土地，当时大部分用于种植杨树、枣树等防风固沙的树木，仅剩余小部分荒地。

2018年"三地调整"后，由于全霍刘庄村总计将1300亩左右土地承包给花艺公司，部分农户承包荒地进行开垦。自2020年年后由于花艺公司拖欠农户土地租金，农户只能选择积极开垦荒地进行种植，目前村内几乎不存在荒地。

◇◇5 小结

土地制度并非只是一纸书面文件，我们更关注霍刘庄村的土地制度是如何不断发展以适应当地情况，并在村民的实际生活中发挥怎样的作用。因此，我们首先了解了霍刘庄村土地利用的基本情况，对当地耕地上的主要农作物、经济作物以及建设用地和其他土地的使用都进行了调研，并且详细了解土地流转与土地纠纷在霍刘庄村的具体形式。在对霍刘庄村土地制度的调查中，我们沿着时间和空间两条主线详细考察霍刘庄村土地制度的沿革以及不同地块上土地制度的发展现状。在时间维度上，霍刘庄村在改革开放早期就出现了较为先行且取得良好成效的包产到户实践。通过将平整后的河渠分派到各家各户的方式，既解决了平整土地的燃眉之急，又为日后霍刘庄村甚至整个河南省正式实施的包产到户提供了经验借鉴。改革开放后约20年，霍刘庄村采取了多种方式处理土地划分中容易出现的不公平等问题与纠纷，这充分体现了村委会在维护产权中不可忽视的作用。在实际生产中，要维护每一农户对于土地的承包权、经营权以及收益权等权利的完整性，需要兼顾种种自然与村中人情因素以针对侵权行为制定不同惩罚措施，既能有效惩戒侵权，又能不伤村民间的和气。对于霍刘庄村当今的土地制度情况，我们在空间维度上进行考察，对耕地、林地、鱼塘、建设用地以及其他用地等土地利用类型都进行了比较详细的调查，发现这些不同的地块的情况在保持着基本稳定的同时，又呈现出各自不同的问题与纠纷。

耕地中较为常见的土地纠纷，主要是村民之间相互占地导致耕地面积减少。造成这一情况的主要原因是最后一次土地划分年代已经比较久远，分地账本遗失，土地边界已比较模糊。耕地的土地纠纷虽然在霍刘庄村较为经常出现，但也有较为完善的解决方案，大部分仍可以依靠村委的力量得到解决。

林地与鱼塘目前面临的发展困境，则比较难以仅依靠霍刘庄村内部的村委与村民得到突破。霍刘庄村目前大面积的杜仲林地，在流转出去后却无法按时得到租金支付。在调查过程中我们发现，这一现象并不能简单地归因于企业欺压村民，无故拖欠租金，实际上企业目前也面临着较大的资金周转困境。鱼塘的问题，是过往和当下的层层缠绕。

霍刘庄村的杜仲林地和鱼塘，目前面临的发展困境提示着我们，霍刘庄村目前在产权保障上存在着问题。阿尔钦将产权定义为一种通过社会强制而实现的对某种经济物品的多种用途进行选择的权利，并将产权强度作为理解产权的一个重要维度，定义为维护产权实施的可能性和成本，通常取决于国家赋权、社会认同和主体行为能力三者的共同作用。① 因此,符合实际情况的产权界定只是确保土地被良好使用的第一步,如果不能保证产权在实际生产生活中能够被有效维护、侵权行为能获得相应制裁,就会引起纠纷的出现,从而降低生产效率。

本章参考文献

毛玉磊:《河南省黄泛平原风沙化土地形成及分布特征研究》,硕士学位论文,山东农业大学,2016年。

[英]约翰·伊特韦尔、[美]默里·米尔盖特、[美]彼得·纽曼编:《新帕尔格雷夫经济学大辞典》,经济科学出版社1996年版。

周其仁:《产权与制度变迁:中国改革的经验研究》,北京大学出版社2004年版。

[美]劳伦·勃兰特、[美]托马斯·罗斯基:《伟大的中国经济转型》,方颖、赵扬等译,格致出版社、上海人民出版社2009年版。

---

① [英]约翰·伊特韦尔、[美]默里·米尔盖特、[美]彼得·纽曼编:《新帕尔格雷夫经济学大辞典》,经济科学出版社1996年版。

第十一章

鄢陵县生态保护与粮食安全问题的实地调查

韦闵瑞、王子乐、杨承睿

◇1 生态保护与粮食安全

1.1 生态保护、粮食安全与可持续发展

一直以来,生态保护与粮食安全都是我国经济社会发展的两个重要议题。尤其是改革开放以来,随着社会进步和国家治理能力与治理体系的现代化,我们的目光不仅仅局限在单纯的经济增长,而是着眼于长期的可持续发展。无论是生态保护还是粮食安全问题,都与我国的长期可持续发展密切相关。从经济学角度出发,生态保护与粮食安全都存在"外部性",要达到"社会最优"需要同时将这两个议题纳入经济决策;从国家与社会发展的角度来看,一方面人民日益增长的美好生活需要离不开"绿水青山",另一方面面对日益复杂的外部环境与"百年未有之大变局",紧握粮食安全是中

华民族稳步向前、实现民族复兴的重要底气和信心。

生态保护与粮食安全并不是两个独立的议题，两者彼此紧密联系，存在矛盾与统一的辩证关系。生态保护的重要一环是发展好林业，粮食安全的关键则在于保护粮食生产的耕地。在土地总面积有限的情况下，林地面积增加会减少可耕地面积；耕地面积增加则会限制林地面积的拓展。同时，林业与农业都涉及农民、企业的利益和地方的经济发展，需要谨慎处理二者之间的关系。

1.2 鄢陵县的实地调查

鄢陵县自古以来便是传统意义上的农业区，同时当地以花木产业为代表的林业也有着悠久的历史。在这一背景下，鄢陵县的生态保护与粮食安全政策推行得怎么样？带着这一问题我们来到了鄢陵县进行了为期一周的实地调查。

在调查中，我们实地访谈了鄢陵县的代表性企业、从事农林业的农户和相关政府工作人员，足迹涉及鄢陵县的三个主要乡镇和三个行政村，获得了大量有价值的一手信息。我们的调查主要分为两个部分，一是当地花木产业的发展与变动，二是落地于鄢陵县的国家储备林项目。虽然两部分在内容上相对独立，但是这两个部分构成的"鄢陵故事"都反映了政府、市场、个人之间复杂的互动关系，也对未来生态保护与粮食安全的政策制定提供了经验与启示。

◇◇2 鄢陵县概况

2.1 鄢陵县的地理条件

鄢陵县地处河南中原地区，位于东经114°02′至114°19′，北纬33°46′至34°14′，地处中原腹地，四季分明，属华中亚热带纬线北部地带气候向华北温带纬线地带气候的过渡区。

同时，鄢陵县位于黄河冲积平原，地势平坦，略呈北高南低之势，海拔50米—65米。全县土壤分2个土类、4个亚类、8个土属、37个土种，大体上可划分为沙土、两合土、砂姜黑土、黑老土和淤土5种类型。质地多为轻壤和中壤，土层深厚，土壤pH值为6.5—7.8。其中70%的土地非常适宜于花木的种植。

鄢陵雨量适中，光照、热量等气候资源丰富。鄢陵历年平均日照时数为2438小时，在花木生长适宜期的4—10月间各月的日照时数在200—260小时之间，平均每天在7小时以上。

优越的自然环境，为鄢陵花木产业的发展提供了十分有利的条件。例如，在鄢陵经过1—2年的驯化后，枇杷、石楠、棕榈等南方观赏树木比直接移植到黄河以北地区成活率将提高10%—15%。

2.2 鄢陵县花木产业的历史与发展现状

花木实际上是对拥有美化绿化用途的树木的总称，主要包括园艺盆栽树、行道绿化树、观赏树等，既有乔木类型也有灌木类型，同时用于建设防护林、生态保护林等树种往往也被纳入花木产业的范畴。鄢陵县是花木产业大县，当地能够为市场提供各种用途的苗木和成年树木。

鄢陵县的花木产业拥有十分悠久的历史，始于唐，兴于宋，盛于明清，素有"花都、花县"之美称，古有"鄢陵蜡梅冠天下"之盛誉，今有"江北花卉数鄢陵"之名位。在北宋时期，王朝都城位于河南开封，而毗邻的许昌鄢陵县凭借优渥的自然地理条件成为北宋皇室的"皇家后花园"。自此鄢陵县的花木产业开始打下厚重的历史根基。改革开放以来，农户获得了土地的自主经营权，不少农户开始自行种植花木，当地花木产业开始重新走向繁荣。21世纪后，随着中国经济社会步入高速增长期，鄢陵花木在宏观经济环境下也走向飞速发展。目前为止，鄢陵县的花木种植由传统的4个乡镇普及到全县的12个乡镇，专业村由原来的4个发展到122个，种植的品种由原来的400多个发展到2300多个，花木企业由1959年的1家国营园艺场发展到各级、各类企业620家，花木产业的整体从业人员超过18万人。鄢陵县也先后被国家林业和草原局、中国花卉协会命名为"全国花卉生产示范基地""全国重点花卉市场"和"中国花木之乡"。

◇◇3 鄢陵县的林业发展

鄢陵县拥有优良的土地和气候条件，该地产出的花木质量高，尤其是移栽成活率高，因此在中国花木市场上有很强的竞争优势；同时，其位于中国南北交界处的地理位置也为花木产业发展带来了便利，使这里成为花木南北流通中转、养护的最优地点。这些优势共同使鄢陵县花木产业成为鄢陵县的支柱产业之一。

3.1 "皇家后花园"的突然转型

无论是从历史传统还是当地自然条件与比较优势来看，鄢陵县的最优选择似乎就是大力发展花木产业。事实上，进入21世纪后，当地也确实是这么做的。鄢陵县在过去的20年中，采取了大量实质性的产业政策推动当地花木产业发展，并在鄢陵县举办多届"中原花木交易博览会"，另与国内多所大学与研究机构开展合作，成功把鄢陵县打造为全国著名的花木研发、培育和交易基地。

然而，2020年后，鄢陵县出现大规模林地面积减少的现象，花木种植面积由高峰时期的38.4万亩缩减到不足30万亩。很多农户将花木砍伐，重新种植了小麦、花生、玉米等农作物。曾经的"皇家后花园"似乎正在摒弃其引以为傲的花木产业，转而效仿其他传统中原县域，成为中原大粮仓中的一员。

3.2 "两非文件"的出台

2020年，为了保障粮食安全，国务院办公厅接连发布《国务院办公厅关于坚决制止耕地"非农化"行为的通知》与《国务院办公厅关于防止耕地"非粮化"稳定粮食生产的意见》两个文件（以下简称"两非"文件）。该政策的出台改变了人们对林业发展的预期，也使得全国范围内林地面积大范围减少。作为林业大县，被誉为"中国花都"的河南省许昌市鄢陵县似乎也成为该政策的最大受影响者。

2023年6月13日，自然资源部发布了《自然资源部关于在经济发展用地要素保障工作中严守底线的通知》，要求保护耕地工作中防止"一刀切"，尊重农户意愿以及财产权利，给出一定准备和过渡时间，并且同时要严守生态保护红线。6月25日新华社发布了《"退林还耕"？原来是个伪概念》，表明"退林还耕"是政策的错误解读，"是一些自媒体对'种树改种粮'现象的泛指，是一种简单化、概括性的'媒介语言'，而不是定义严谨、按法定程序出台的政策概念"，"整改复耕"可能是更准确的描述；此外，它还指出保护耕地工作中"一切都要从实际出发，综合考虑耕地恢复潜力、农民意愿等因素，合理安排年度耕地恢复计划，有计划、有目标、有节奏地将耕地找补回来，不能不顾实际强行下任务、压指标，倒逼基层简单化开展工作"。

在我们关心的鄢陵故事中，鄢陵县的发展转型背后的原因是什么？鄢陵县花木产业波动的内在机制是什么？这些问题是整个鄢陵故事的关键，也是我们深入基层探访的重点。

3.3 "看得见"的市场与"看不见"的政策

每当谈论经济议题的时候，"市场"与"政策"总是绕不开的话题。"市场"中各个参与者在价格信号的作用下自行调节，"政策"代表政府通过各种手段干预经济活动以调节市场失灵或者达到特定目的。我们总是把市场自主调节称为"看不见的手"，而把政府干预称为"看得见的手"。然而，在鄢陵县的实地调查中我们发现了一个有趣的现象：尽管"两非"文件在全国各地都产生了直接的政策效果，甚至不少地方政府为了达成考核指标，推行了诸如强制毁林、要求整改等措施，但鄢陵县政府并没有采取大规模实质性行动，政策仿佛"看不见"了。

3.3.1 自主"退林"的农户

我们的调查深入了最基层的行政村，先后探访了霍刘庄村、孟庙村、后纸坊村。

霍刘庄村和孟庙村同属于彭店镇。尽管鄢陵县是花木产业大县，但是彭店镇并不是传统的花木种植地区，镇的行政辖区内没有集中连片的花木种植基地。非粮食作物的种类主要是果树，也有极少量的观赏性花木与杨树。在村内，我们就土地使用相关情况采访了若干农户，了解到目前两村土地基本均种植小麦、玉米、花生、辣椒等农作物。果树的种植开始时间较早，起源于20世纪80年代大队的统一要求，主要种植苹果树。但是2015年后由于村内部分种植果树的果农觉得种植果树回报周期长、销路不畅、利润有所下降，农户自发将果树砍伐，重新种植小麦、花生等作物。

此外，霍刘庄村有三分之一的土地种植了杜仲树，属于国家储备林项目，因而这1000亩左右的新增林地不受"整改复耕"政策影响。当然国家储备林项目作为鄢陵县生态保护中的重要一环，其本身也有许多值得玩味之处，我们将在后文详述国储林项目的故事。

当地也有一小部分自行种植花木的农户，占比不高。近两年来，这些农户主要因销售困难被迫砍伐种植的花木，而销售困难的主要原因则是种植规模小、个体种植户缺乏销售渠道，难以与大规模种植花木的承包商或企业竞争。加之经济下行，收购商需求减小，最终导致难以售出。

该地唯一被强制要求砍伐的是一处杨树林。树林所处地块在1999年便被划为基本农田，按照自1998年起施行的《中华人民共和国基本农田保护条例》和1986年制定的《中华人民共和国土地管理法》（2019年新一版修订），不能种植花卉、草皮、药材、苗木等，只能种植当地政府批准种植的粮食作物和经济作物。有关部门在巡查过程中，通过卫星影像发现了这片树林并要求农户砍伐。

后纸坊村位于大马镇，主要经营轻工业，村内开设以纺织厂为代表的各类工厂，吸引周边村民进厂务工，土地则大多都流转给承包商进行规模化种植。该村花木种植从20世纪80年代开始，高峰时期种植面积达 1000 余亩，当前花木种植面积仅剩 480 亩。该村村干部表示，上级政府一直以来并没有要求强制砍伐花木退林还耕，仅要求在 2019 年 7 月 30 日以后种植过农作物的土地禁止再种植花木，而此时种植花木的土地则不论土地类型如何，均可以继续种植花木。

我们在该村共访谈了三位对象，分别是一位种粮大户、一位花木种植大户以及一位曾种植花木的村委工作人员。种粮大户承包有 200 余亩土地，种植小麦、花生、辣椒等农作物。在此之前，他曾种植过花木，后由于花木价格走低，粮价上升，于是选择改种粮食作物。花木种植大户承包约 40 亩土地，统一种植巨紫荆。由于巨紫荆在 2020 年后降价较少，且其拥有成熟的销售网络，通过抖音、微信直接联系卖家，很少通过中间商售卖，因此其受花木市场价格普遍下跌的影响较小，目前仍可以维持经营，但该农户也表示经营花木风险较大，尤其在树种的选择上存在较大风险。第三位受访者在 13 至 14 年与他人合伙承包约 100 亩土地，种植花木。由于合伙人意见不统一，在花木价格高点未能及时出售，后续价格持续下跌，为了止损只能将树木以木材的价格售出，亏损了近 70 万元，被迫退出了花木经营。

在访谈过程中，花木市场价格波动剧烈的特点经常被提起。由于花木种类繁多且更新迭代较快，流行树种变化迅速，需要准确判断出未来流行趋势变化才能获得较好的收益；并且树种被淘汰后价格会大幅下降，无人收购的现实导致苗木最终只能以木材的形式出售，损失惨重。因此，在花木市场繁荣时跟风入场的缺乏经验的农户普遍在 2020 年价格下跌后血本无归，主动选择退出市场。

在与农户的访谈中，我们看到了市场的变化，看到了农户的自主选择，观察到了"看不见的手"带来的变化。

3.3.2 自主"退市"的企业

鄢陵县有大量从事花木产业的企业，我们找到了两家代表性的企业，一家主要经营苗木栽培，包括种植和销售观赏性树木与苗木以及行道树，另一家则主要经营园艺盆栽的种植培育和销售。

经营苗木栽培的企业负责人以向新疆销售绿化树木起家，曾在新疆承包土地种植绿化树木，因土质不好难以成活，转而改从鄢陵县购买绿化树木售往新疆。该负责人从 2017 年开始自己承包土地，最多时承包规模为 260 亩土地，现在减少至 230 亩左右，全部种植景观乔木。由于种植规模有限，其售往外省的大多数苗木依旧需从其他苗木种植者处收购。

在访谈中，我们得知 2017 年为花木价格的高峰，当时向新疆售卖苗木的净利润高达每车一万元。然而，价格高峰并没有持续太久，2019 年末已有下降势头，2020 年至 2021 年间苗木价格断崖式下跌。如今，在苗木价格接连下降后，每车净利润只有 2000—3000 元。销售利润来了一场"大跳水"，也迎来了企业的大规模"离场"。该负责人表示，在其所经营的项目中，目前主要依靠长途贩卖花木盈利，承包的 230 亩苗圃目前处于亏损状态，为了减轻企业财务压力，他们已经在逐步减少承包面积。

寒冬中，活下来就是一件很不容易的事情。该负责人表示，他们之所以在此情况下仍然能够坚挺地在市场中存活，一方面依赖于长期经营积累的成熟的销售渠道和丰富的管理经验，这使得企业在需求收缩的情况下仍然能够保证产品不会面临大面积滞销；另一方面，该企业除了一般苗木外，还种植了不少的观赏性造型树，这类产品在嫁接、培育上具有一定技术壁垒，市场价格下跌幅度不大，仍然能够维持一定的盈利水平。然而，严重亏损是鄢陵县花木种植承包商和经营相关业务的企业所面临的更普遍的情况，相当数量在2017年高峰时期入场的承包商血本无归，自发地退出行业。

我们采访的另一个主要经营园艺盆栽的企业的情况也十分相似。该企业负责人表示，自2020年以来园艺盆栽树的销量逐步下滑，曾经的花木市场十分繁荣，而现在则颇为冷清。尽管相比于苗木生意来说，园艺盆栽由于存在技术壁垒，培育修剪需要较高技术，产品价格下降不多，但是由于疫情后运输以及工人流动的困难导致成本大幅度增加，盆栽销售的利润被压得很薄，商户也只得压缩其他成本，如原料成本，导致花木的价格也随之下降。在这场寒冬中，相关企业减少栽培面积、收缩经营规模也成了唯一的选择。

3.3.3 鄢陵县对"两非"文件的执行情况

我们还走访了政府相关工作人员。他们表示，政府各部门知道中央政府下发了一个"两非"文件，但县政府并未推行大规模的"整改复耕"政策，有的只是针对相关违法违规行为的整治。

受访的村干部也表示，并没有接到要对花木采取强制措施的指示。村内主要采用宣传政策的方法鼓励农户种植粮食作物,并禁止进一步将耕地改为林地,但对已经被用于花木种植的土地基本没有强制措施。个别占用耕地种植树木的情况在被卫星图像发现后被要求恢复为耕地,但并没有进一步的强制措施或惩罚。

上述执行情况与鄢陵县地方政府对该县发展的考量息息相关。市场转冷后,花木产业依然是鄢陵县的一大支柱产业,维系着全县无数群众的就业和生活,相关产品的销售也为当地带来了可观的税收收入,如果不顾当地实际情况强行一刀切地"毁林",可能会带来极为严重的后果。

3.4 多重因素叠加下的发展障碍

无论是自发"退林"的农户还是自行"退市"的企业,需求下降、价格下跌、市场收缩等市场自主调节似乎是主要影响因素。简单的经济学原理仿佛就解释了这一切,需求下降,价格下跌,供给收缩……故事到这里就应该画上了句号。但是,政策真的"看不见"了吗?需求究竟是在什么因素影响下出现大幅下滑?鄢陵的故事远不止于此。政府没有进行直接干预并不代表政策这个"看得见的手"真的销声匿迹了,深入探寻就会发现,鄢陵故事始终围绕着政策的变动与多层叠加的宏观经济环境因素而展开。

3.4.1 政策的变动

从对农户、企业和政府工作人员的访谈中可以确认,事实上鄢陵县政府并没有采取大规模实质性举措推行"整改复耕",中央政府的政策在地方层面没有演化为地方政府的实际行为。但是,过去近二十年的"退耕还林"政策与"整改复耕"政策都对花木市场需求产生了重要影响,政策引发的预期改变、企业博弈也是不可忽视的一部分。

鄢陵县的花木主要销往县域以外,而多年来,政策对于全国花木市场需求端的影响是十分明显的。从2003年第一轮大规模"退耕还林"开始,对于生态保护林树苗的需求就迅速增长,而作为既拥有悠久种植传统又享有优渥水土条件的鄢陵县,自然而然地抓住了这波需求扩张的机遇。2015年,新一批大规模"退耕还林"行动后,鄢陵县又迎来一次需求扩张的刺激。同时,2001年三北防护林工程二阶段启动,覆盖地区范围相比一阶段工程更广,防护要求更高。2001年到2010年的四期工程与2010年到2020年的五期工程极大增加了防护林树种苗木的需求。因为苗木的栽种需要一定的时间周期,所以花木市场的价格调整具有一定的滞后性,2017年花木市场迎来了高峰并持续到了2019年。受高额利润驱使,在此期间大量企业和承包商涌入鄢陵县花木行业,苗木种植面积在几年内迅速增加。供给增加,价格自然有所回落,这是受访农户普遍反映2019年末苗木价格开始降低的重要原因。

但这并不是价格变化的全部,2020年"两非"文件的出台是2020年价格开始大跳水的另一个重要原因。首先,其他省份的地方政府不再需要购买用于林地建设的树苗;其次,由于粮食安全在日益严峻的外部环境下变得更为重要,道路建设要求的防护林宽度有

第十一章 鄢陵县生态保护与粮食安全问题的实地调查

所减少,其中高速公路防护林宽度要求由两侧30—50米减少到10—30米;最后,《国务院办公厅关于坚决制止耕地"非农化"行为的通知》中包含"严禁违规占用耕地绿化造林"与"严禁超标准建设绿色通道"两条措施,限制了绿化林地的扩展,进一步降低了苗木的需求。这些都是导致需求短时间内降低的重要原因。

政策同时也会影响鄢陵县花木产业从业者的预期,一方面一部分花木种植的企业了解到政策文件后可能对市场的行情产生了悲观的预期,开始主动地逐步减少花木种植面积;另一方面,更有趣的是,在访谈中我们了解到一部分花木经营企业对政策产生了截然不同的预期,他们在经历价格跳水带来的亏损后,认为当地政府会按照文件指导开展实质性的"整改复耕"行动,预期政府会发放"整改复耕"补贴,原本在市场机制下应当自发退出的经营者为了领取补贴,把林地反而保留下来。

最后,鄢陵县政府也采取了相应行动。实际上,鄢陵县政府对于花木种植目前遵循着"祖父原则",即在先前已经种植花木的土地上,企业和农户可以自行选择种植何种产品,而若要开辟新的土地种植花木,则不被允许。当然,在当下花木行情低谷的情况下,一个理性的市场参与者也没有兴趣再加入市场。

鄢陵县的变化是市场变化,但是是政策形成外部冲击后导致的市场变化。鄢陵县花木产业的变化始终围绕着政策的变化而变化,政策这只"看得见的手"没有直接干预鄢陵县的花木产业,而是通过影响市场需求,通过"看不见的手"带来间接影响。

3.4.2 宏观经济因素的多层叠加

政策在鄢陵故事中扮演着一个重要的隐性角色，但政策并不是唯一一个隐性角色，宏观经济因素是另一个重要的隐性角色。

鄢陵县花木产业的兴起与繁荣，不仅受到多轮大规模"退耕还林"的影响，还与中国经济社会发展状况密切相关。21世纪后，中国步入飞速增长期，其中一个突出特征便是高速的城市化和火热的基础设施建设。城市化和基础设施建设必然带来大量绿化树木的需求，这刺激了鄢陵县花木产业的扩张。同时，房地产经济作为过去二十年中国经济增长的一大引擎，对鄢陵县的花木产业也产生了一定刺激作用，一批批住宅小区的落成都增加了对景观绿化树的需求。尤其是2008年金融危机后，一系列财政金融政策刺激了房地产的快速扩张，进一步带动了上游的花木产业的增长。

2020年突如其来的疫情仿佛给中国经济按下了急停键，严格的交通管制与封控对鄢陵县花木产品的正常销售和运输产生了严重的负面影响。加之房地产行业自2019年开始受到中央政府系列政策的严格调控，2020年开始的地方政府财政状况恶化以及随之引发的大量基础设施建设停滞，都对花木市场需求端收缩产生了影响。

3.5 市场调节与政策干预之辩

可以看到，在近十五年到二十年间，鄢陵县花木产业产生了较大的波动起伏。国家整体经济发展迅速的背景叠加"退耕还林"的生态治理政策创造了旺盛的需求，刺激产业不断扩张，产能不断增长；随着经济发展进入平稳状态，又叠加疫情冲击、房地产与基建收缩等多重宏观经济因素，需求迅速下跌，过剩的产能无处消耗，自然会出现产能迅速衰减，花木种植面积减小的结果。

市场调节与政策干预是一个老生常谈但是又不得不谈的问题。当然，鄢陵故事并不能就这个话题给出一个答案，但我们可以从鄢陵故事中获得一些对于政策制定的启示。一方面，在未来政策的制定中，要仔细考虑政策的必要性。如果市场能够较好地完成自主调节，那么额外的政策干预反而可能使得情况变得更复杂或更糟糕；另一方面，政策的"急刹车"往往会对市场中的各个经济主体短时间内造成较大冲击。因此，中央政府在制定政策时应避免政策短时间内的激进转向。最后，在鄢陵故事中我们看到，中央政府想要达成的目的与政策最终的落地会存在偏差，政策在基层的推行会经过种种博弈，中央政府在制定政策时应充分考量政策在基层的博弈中会带来怎样的副作用，是否能够完成预定的目标。

◇◇4 国家储备林项目

鄢陵故事的第二个部分是当地的国家储备林项目。鄢陵县作为林业大县，自然需要承担生态保护的责任，因此国家储备林落地鄢陵县便是顺理成章。然而，作为本应该平稳运行的政策性项目，其在经营的过程中遇到了一定的困难。原本致力于"可持续发展目标"的政策性项目，最后因为项目链条中出现的问题，使前期投入巨大的国家储备林项目面临严峻挑战。

4.1 国家储备林项目情况

国家储备林（以下简称"国储林"）是为满足经济社会发展和人民美好生活对优质木材的需要，在自然条件适宜的地区，通过人工林集约栽培、现有林改培、抚育及补植补造等措施，营造和培育的工业原料林、乡土树种、珍稀树种和大径级用材林等多功能森林。它的出发点为解决生态保护与木材需求之间的矛盾，以实现保护生态环境与保障木材需求间的协调发展，推动可持续发展。

4.1.1 项目背景及相关政策

2009 年至 2013 年，我国进行的第八次森林资源清查表明，我国人均森林面积仅为世界人均水平的 1/4，木材对外依存度接近 50%，木材安全形势十分严峻。

我国非常重视木材安全问题。自 2013 年以来，国家相继出台相关政策保障木材安全，相关政策时间梳理见图 11-1。2014 年，中国科学院、中国工程院 8 位院士联名致信政府部门，提出"建立国家储备林制度"的建议，受到了党中央的高度重视。2015 年，我国明确提出建立国家用材储备林制度，自此，国家储备林制度成为保障我国木材安全的核心制度。2016 年，我国出台政策引导社会资本流入国储林项目，进一步扩大了项目的规模并增加了其社会影响。随着国储林制度的发展，我国国储林面积稳步增长，涉及省市逐步增多，项目融资模式不断创新。到 2035 年，我国规划建设国家储备林 2000 万公顷，届时主要用材树种储备能力将显著提升，珍稀用材树种种植面积也将大幅扩大，一般用材基本实现自给。

2013	2014	2015	2016	2017	2018	2019	2020
中央1号文件提出"加强国家木材战略储备基地建设"；《全国木材战略储备生产基地建设规划（2013—2020年）》划定国家储备林5.83万公顷，河南省为7个示范省区之一	8位院士联名致信上级提出"建立国家储备林制度"的建议；划定国家储备林100万公顷		中央1号文件明确提出建立国家用材林储备制度；《关于加快推进生态文明建设的意见》；《生态文明体制改革总体方案》	《国家储备林制度方案》理清国家储备林制度建设路线图和时间表；《关于运用政府和社会资本合作模式推进林业生态建设和保护利用的指导意见》	中央1号文件提出"加强国家储备林基地建设"；林业首个PPP项目落地实施	《国家储备林建设规划（2018—2035年）》	《国家储备林贷款业务规程（试行）》；基本形成政府主导、社会资本广泛参与、开发性政策性金融大力支持的国家储备林融资业务框架

图 11-1 中央出台国储林相关政策

4.1.2 项目融资模式

国家储备林项目在吸纳社会资本时，共有三种融资模式，分别为"林权抵押＋政府增信"模式、政府和社会资本合作（PPP）模式、"龙头企业＋林业合作社＋林农"模式，三种模式的主要区别为贷款抵押物与还款资金来源不同。

"林权抵押＋政府增信"模式为用款人将林木所有权作为贷款抵押物，委托第三方（承贷主体）办理林权抵押相关事宜，统一取得贷款、管理贷款资金并负责还本付息的融资方式。

政府和社会资本合作（PPP）模式以项目建设所在地的林木所有权或者项目公司资产作为抵押物，向贷款方取得贷款、管理贷款资金并负责还本付息的融资方式。项目公司的建设资金缺口部分可以利用政策性银行贷款解决，政府通过政府付费或者可行性缺口补助给予社会资本资金支持。一般而言，纯公益类项目政府直接付费，准公益类项目政府通过"使用者付费+可行性缺口补助"方式提供支持。

"龙头企业+林业合作社+林农"模式指龙头企业以信用担保作为抵押物，向贷款方贷款融资，负责管理贷款资金并还本付息的融资方式。项目运营中，龙头企业负责提供资金、技术、农资、信息等服务和指导；林业合作社为项目建设的组织单位；林农通过服务于项目建设获得劳务所得收入。

4.1.3 项目区域划定

一般而言，国家储备林在自然条件优越、交通便利、现有林资源丰富的区域划定。国储林所用土地划定的主要方式为中央政府统筹规划，各级地方政府逐级细化，具体划分责任见图11-2。

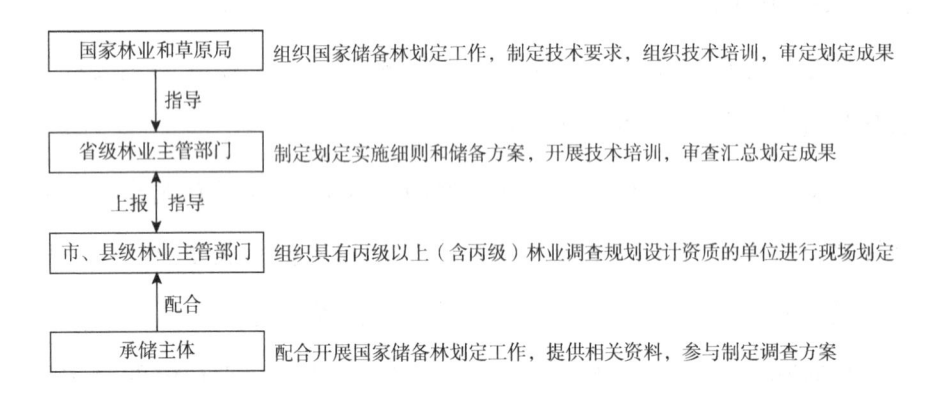

国家林业和草原局	组织国家储备林划定工作，制定技术要求，组织技术培训，审定划定成果
↓指导	
省级林业主管部门	制定划定实施细则和储备方案，开展技术培训，审查汇总划定成果
↑上报 ↓指导	
市、县级林业主管部门	组织具有丙级以上（含丙级）林业调查规划设计资质的单位进行现场划定
↕配合	
承储主体	配合开展国家储备林划定工作，提供相关资料，参与制定调查方案

图11-2 国储林划定职责

4.2 国储林项目在鄢陵县的落地

4.2.1 河南省国储林项目

河南省2013年便作为首批7个省份之一参与全国木材战略储备生产基地示范项目，2016年6月被列为国家储备林基地建设项目首批试点省。根据国家规划，河南省预计在2035年前建设国储林1924万亩。PPP模式是河南省国储林项目的主要运营模式。截至2018年10月31日，财政部PPP项目管理库中的15个国储林项目中，位于河南省的有8个。

4.2.2 鄢陵县国储林项目

鄢陵县在2017年年底开始建设国家储备林，在2018年建设国家储备林基地34500亩，其中彭店镇10500亩。通过访谈，我们了解到目前鄢陵县国储林项目的规划林地面积为10万余亩。此外，在最新出台的《"十四五"国家储备林建设范围和布局表》与《"十四五"国家储备林建设任务表》中，鄢陵县被划为河南省储备林的重点建设单位，在鄢陵县储备林中被广泛种植的长周期大径级用材林杜仲也被确立为河南省储备林重点培育树种之一。

4.2.3 项目落地概况

为探寻国家储备林的故事，我们对当地代表性企业进行了访谈。我们首先了解到其母公司通过政府公开招标拿到国家储备林项目，项目目前在霍刘庄村、孟庙村等多个行政村运营。根据受访者对项目运营模式的描述，我们推测项目采用 PPP 模式进行融资①。

通过走访，我们了解到霍刘庄村首先于 2016 年将六百余亩土地流转给花艺公司。当时鄢陵县并没有国储林相关政策，因此本小组推测此次土地流转或许与 2015 年国家出台的新一轮"退耕还林"政策相关，为村集体组织下农户的自发行为。2018 年，国储林政策出台后，该村又将另外六百余亩土地流转给了花艺公司，而且一并将这 1294 亩土地划为了国储林。

4.3 鄢陵县国储林项目运转现状

作为鄢陵县国储林项目的落地实例，彭店镇霍刘庄村 1294 亩流转给花艺公司的土地是我们讲述的国储林项目故事的主体。

4.3.1 发端："两条红线"下的机缘巧合

国家储备林项目在霍刘庄村落地是"耕地红线"与"生态红线"反复"拨动"下霍刘庄村的自主抉择。根据本章 4.1.3 一节所

---

① 截至 2018 年 9 月 10 日，鄢陵县共有 7 个 PPP 项目进入财政部和省财政厅项目库，其中并没有鄢陵县国储林项目。河南省财政厅 PPP 专栏信息中记录了 2020 年 6 月以来纳入全国 PPP 综合信息平台项目管理库的项目清单，也没有发现鄢陵县国储林项目。如果该项目的融资模式为 PPP 模式，那么该项目很可能在 2018 年 10 月至 2020 年 6 月被纳入项目清单，但是这一时期的具体信息无从查知。同时，在招投标文件中也无法看出项目的具体融资模式。

述，国储林应由市、县级林业部门组织具有丙级及以上林业调查规划设计资质的单位进行现场划定。但是，从霍刘庄村的实例可知，国储林在基层实际上经由县林业部门与乡镇及行政村之间通过沟通协商来划定。

霍刘庄村大部分土地为沙石地，相比其他类型的土地，沙石地上粮食的单位亩产较低。因此，早在1999年国家第一批"退耕还林"启动时，霍刘庄村便将沙石地从种植粮食作物改为种植杨树。至2014年，鄢陵县霍刘庄村首次将一部分林地改为耕地。2015年，新一批"退耕还林"重新启动后，原来伐掉的林木又被重新种植。也正是在这一阶段，霍刘庄村首次将六百余亩土地流转给花艺公司。直到2018年，霍刘庄村再次被要求减少林地。

此时正值国家储备林项目在全国开展，鄢陵县作为传统花木产业大县，顺理成章承接了国储林项目。鉴于政策的变化对本村产生的巨大影响，时任村支书决定加入国家储备林项目。如此一来，农户既能够获得稳定的地租收入，也能充分利用沙土地适合种植树木的自然条件。于是，在县政府、企业（花艺公司）和村集体的三方谈判下，国储林项目于2018年正式落地霍刘庄村。按照协议，村集体将另外六百余亩沙土地也流转给了花艺公司，两块土地一起被划为了国家储备林。

4.3.2 发展：企业与农户的合作共赢

土地方面，花艺公司经政府协调以每亩地一千余元一年的价格租用农户可耕地，与行政村村委会、政府签署合同，政府作为第三方单位监管合同的执行。资金方面，企业支付日常管理费用、厂房运营费用及工人工资，政府负责提供地租①、购买树苗相关费用，农户获得地租及劳动报酬。

花艺公司在国储林地段上种植的杜仲树是一种兼具较高生态价值与经济价值的树木。杜仲树成株的树皮可以作为中药材，其树梢较嫩的树叶可以被加工成茶叶，同时，其树叶也可以提取绿原酸替代兽用抗生素使用。目前，由于杜仲树种植年限不长，其树皮尚不具备药用功能，因此企业主要通过收购杜仲树树叶制成加工品获利。公司雇佣当地农户对林地进行浇水、除草、剪枝等日常维护，按日付给工人工资②；在树叶采摘期6至11月发动农户采摘树叶，以0.3元每斤的价格进行收购。参与土地流转的农户除了为企业打工外，还能够外出务工获得收益。

项目在开始时进展比较顺利。合作过程中，政府负担大部分成本，完成国储林建设任务；企业负责经营管理林地，凭借销售林场的副产品获利；农户获得地租和打工取得的报酬。据农户反映，地租与打工所获利润之和要略高于仅种植粮食所获利润。因此，政府、企业与农户都在这项合作中获得了利益。

4.3.3 困局的出现

项目的破裂源于拖欠农户土地租金的问题。据霍刘庄村部分农

---

① 在地租的拨付过程中，政府在企业签字后通过乡财政所向村集体账户拨付地租，村集体账户再通过银行拨款将地租分发到参与土地流转的个人。

② 其中用自己的水泵浇水380元/天（10元电费成本农民自行支付），除草、剪枝60元/天。

户反映,地租拖欠已有一年半的时间。按照先付租金再用地的惯例,每年10月农户能够拿到第二年的地租,但该项目最后一次向农户发放地租是在2021年10月,且仅发放了一半的地租。

据前文花艺公司相关负责人对项目资金拨付路径的描述,地租是由政府直接拨付给参与流转土地的农户的。该负责人猜测近来地方政府财政紧张导致支付延迟。然而,有关政府部门提供的是不同的解释。镇林业官员表示政府并不直接将地租支付给农户,而是将补助发放给企业,由企业支付农户地租,因此拖欠地租的主体可能是企业[1]。由此可见,企业是否经手付给农户的地租是双方争议的焦点。正如本文4.1.2一节所述,PPP项目中,纯公益类项目由政府直接付费,准公益类项目政府通过"使用者付费+可行性缺口补助"方式提供支持,因此究竟哪方直接支付农户地租需要根据鄢陵县国储林项目的公益性进行判断。本小组推测,由于企业可以通过加工售卖林副产品获得利润,该项目更可能为准公益项目,使用者即企业直接为农户付费,政府通过可行性缺口补助补贴企业。然而,这笔地租在中央政府到县政府、县政府到企业这一长长的链条中具体卡在哪一环节还尚不可知。

农户在没有收到土地租金并且多次上访无果后,与企业产生了矛盾。霍刘庄村老百姓限制企业开展林场的日常维护和副产品采摘,使得树木未得到恰当养护,对企业未来收益影响较大。叠加疫情、经济下行等外部冲击,企业的财务状况面临巨大挑战。

---

[1] 目前,金杜仲公司与花艺公司的法人已被有关部门列为失信被执行人,尚不清楚该情况是否与国储林项目拖欠农户地租相关。

拖欠地租一事不仅导致项目推进受阻，也让政府、企业与农户三方建立起来的信任受到重挫。农户不再信任政府与企业，再合作难以达成。企业正常经营无法开展、面临严重亏损。政府推行的国家储备林项目难以为继，前期大量投入被白白浪费。这样一个三输的局面在信任危机之下逐渐形成。

4.3.4 博弈：信任缺失的成本在企业与农户之间的分摊

拖欠地租后，农户限制企业对林地进行管理的行为导致项目无法正常开展。然而，今年进入树叶采摘季后，农户自发组织恢复了树叶的采摘。企业为了获得树叶，目前以每斤0.4元的价格从农户手中收购，收购价格增长了1/3。一般而言，每亩地每年能产出3500斤树叶，因此企业每亩地的成本会增加350元。

即使企业愿意承担更高昂的成本，农户自发采集树叶卖给企业的新模式也并不能完全替代旧有运营模式，原因如下。

首先，企业能够获取的树叶量大大减少。在项目正常运转、企业统一组织农户采摘树叶时，企业每天大约能收购70吨树叶；在农户自发进入杜仲林采摘树叶后，企业每天大约只能收购10吨树叶。企业的收购价格提升、实际购买到的树叶量却下降这一显然不符合经济学基本供需规律的异常现象可能源于农户对企业的不信任。这种不信任进而引发了抵触心理，使得大多数农户选择不再与企业合作，只有无法找到其他工作的中老年妇女才会选择采摘树叶卖给企业，如此一来采摘效率将不可避免地降低。此外，在与农户的访谈中，本小组也了解到企业收购树叶的价格并不稳定①也导致许多农户不愿长期以采摘树叶作为主要工作。

其次，虽然采摘树叶总量大幅降低，仅从总量角度来看似乎没有产生人人争相采摘树叶最终妨碍树木正常生长的公地悲剧，但由于大部分树叶采摘者未经培训且在无组织的状态下采摘树叶，依旧有部分树木的生长不可避免地被无序采摘所影响。同时，培训的缺失也会导致树叶采摘者将经济价值较高的树梢嫩叶与其他树叶混杂，为企业分类加工售卖产品带来了极大困难，而企业每日所能购得的树叶量大幅减少又使得企业几乎没有进行再次筛选的空间，使得最终产品的质量大幅下降。

纵然新模式会产生以上问题，就目前而言，这也是对企业而言的最优方案。然而，对农户而言，问题却要更加复杂。企业承担了每亩1000元应付地租当中的350元，并不意味着参与流转土地的农户承担剩下的650元。杜仲林理论上归企业所有，但在拖欠地租后企业丧失了林地的实际使用权，杜仲林所占土地也没有归还农户，导致林地使用权出现了空置。不论是否为这片土地的所有者、是否参与了国储林项目将土地流转给企业、是否是本村人，任何人都可以进入林地采摘树叶。如此一来，农户向企业售卖树叶所得的利润并不与流转土地的多少成正比，仅与个人的树叶采摘量相关。农户每采摘1斤树叶减少损失0.1元，完全不参与采摘树叶的农户完全承担1000元每亩的损失，采摘树叶越多者损失越少。在进入金杜仲公司进行实地走访的过程中，本小组目睹许多农户前来将自己所采

---

① 一般在0.3元至0.4元之间波动。

摘的树叶卖给企业，公司负责人会将农户携带的树叶称重后按照斤数当场用现金进行结算并进行记录。

4.3.5 国家储备林项目的困境与未来发展

我们认为，国储林项目参与各方首先要考虑的问题是是否继续运营项目。对农户来说，只有当参与项目所获收益高于种植普通粮食作物所获收益时，农户才愿意继续参与这一项目；对企业来说，只有当政府不再进行补贴这一最坏的情况出现时，企业依旧有利可图，企业才会继续进行这一项目。总的来说，正如科斯定理所说，如果交易成本为零，只要该项目的潜在收益高于用同一地块种植普通粮食作物的收益，不论政府是否参与，这一项目都会进行下去。由于该项目的潜在收益为企业收益和农户收益两部分之和，如果潜在收益高于种植粮食作物的收益，总有一种在企业收购树叶价格调节下的项目潜在收益的分配方式能够使得企业和农户双方均愿意继续进行这一项目。

如果上述条件并不满足，企业和农户无法达成共赢，则双方都有动力叫停项目。这正是霍刘庄村临近的孟庙村的情况。孟庙村国储林在规划时由于秉承自愿加入原则，造成了国储林土地分散、林地田地相间，不利于管理。由于农作物生长需要充足的日照，紧邻农地的林地不能全部种植树木，土地利用率仅有50%。在地租支付稳定时，企业尚且能够获得薄利，但在地租断档后，公司和农民双方都觉得该项目无利可图，不想再继续经营，因此项目宣告终止，林木被砍伐。事实上，我们并不确定中途终止国储林项目、砍伐国储林树木是否符合相关规定。花艺公司相关负责人表示，在地租停付后，曾出现多起农户自发砍伐树木的情况，公司曾尝试制止，但效果不佳。孟庙村村委却表示，国储林树木是在企业与农户达成协议放弃该地块后被砍伐。目前尚不清楚究竟是哪方率先砍伐树木，这也从侧面印证了砍树行为本身并不合规。据国储林树种相关规定，杜仲树被划为长周期大径级用材林，而霍刘庄村与孟庙村的杜仲树显然尚未长成，未达到准许砍伐年限。但由于令该项目陷入困境的根本原因在于拖欠农户地租，农民显然不是问题的根源。

如果满足项目潜在收益高于用同一地块种植粮食作物的收益这一条件，企业与农户便应当致力于找到一条合作新路径。

当前企业与农户自发形成的模式所面临的主要问题有三点。第一，企业获取树叶总量较少、质量良莠不齐；第二，农户对企业不信任、采取不合作态度；第三，土地使用权无保障，缺少对林地的维护和监管。这三大问题层层递进，互为因果。企业获取树叶总量少的根本原因在于农户对企业的不信任、不合作态度，而质量良莠不齐则源于监管的缺失。总体来说，乱局的根源在于旧的契约安排全面失效后缺乏被普遍认可的新的契约安排，而新的契约安排能够得以建立的前提则是企业、农户与政府三方互相信任、均能获利。

因此，我们认为，如果地租迟迟不能补齐，"信任先行，制度保障"是解决国储林项目当前困境的最优路径。

首先，企业应当努力重获农户信任。这就要求企业偿付拖欠农户的工资，在后续与农户的交易当中做到当场结清，维持雇佣农户工作的酬劳与收购树叶的价格只升不降。如此一来，企业便有机会在农户心中树立诚信可靠的新形象，撇清自己与拖欠地租一事的关系，吸引更多农户放下成见，与企业展开合作。

其次，企业应当逐步提升收购树叶价格。一旦农户放下成见愿意与企业合作，市场机制便会发挥其作用，树叶收购价格的提升便能显著增加树叶的收购量。随着企业收购价格逐步提升、参与采摘叶子的农户越来越多，企业便可以通过提高高品质树叶收购价格等方式提升购得树叶质量。

随后，当大部分农户通过不断参与树叶交易重新与企业建立起信任关系，企业就有可能与农户签订新契约。契约可以规定农户继续拥有自己的土地，但需保留企业所种杜仲树并在企业的组织下学习杜仲树的培育方法；企业将对农户进行相关培训，提升农户采摘过程中的科学性，并引导农户将具有不同经济价值的树叶分开，企业按不同价格收购树叶且按年支付农户林地维护费；农户可以通过采摘杜仲树叶卖给企业获利，也可以雇用他人进行采摘或将自己林地的采摘权授权给他人；林业合作社或村集体管理整个过程，监督农户与企业。一旦建立新制度，农户与企业之间的互信就多了一重制度保障，变得更加持久，国储林项目也能够高质量继续运转。

然而，即使项目在新契约下能够达成共赢，由于当前农户的不信任，再次谈判的交易成本是可想而知的，企业通过"信任先行，制度保障"的路径重获信任并非一朝一夕所能实现。此外，还需考虑国储林项目更改契约的合规问题，即新契约是否与国家所规定的三大融资运营方式兼容。我们认为前述新契约基本符合"龙头企业+林业合作社+林农"模式,但是变更契约并顺利执行新契约本身也存在一定风险。在目前的情况下,唯一无风险、能够快速解决问题的办法就是尽快还清欠款,修复濒临破产的信任关系。当然,这在三年疫情、宏观经济下行、地方政府土地财政受限的当下是尤为不容易的。

◇5　小结

时至今日,鄢陵县的改变仍在继续,两条红线依然影响着鄢陵县的过去、现在和未来。生态保护与粮食安全该如何权衡,政策应该如何制定,如何处理政府与市场之间的关系,或许鄢陵故事没有办法告诉我们一个确定的答案。但是,从鄢陵故事中我们对生态保护与粮食安全的关系、政策的复杂互动博弈有了更加深入的思考。

近几年鄢陵的花木种植出现了大幅度地下降,直接原因是需求萎缩导致的花木价格跳水。在执行国家"两非"文件政策的过程中,当地政府采取了因地制宜的措施,市场扮演了调节土地利用结构的主要角色。因此没有出现大规模强制还耕的局面,也没有因此导致新的社会矛盾。另一方面,我们也深刻感受到宏观外部环境对地方经济和生态产业发展的影响。国家"退耕还林"项目和生态文明建设推动了花木产业的大发展,随后的疫情管控和政策风头转向给花木市场的冲击不可谓不迅猛,带来花木产业的急剧调整，也给花木种植大县鄢陵带来土地种植结构的迅速改变。这对部分花木从业者和土地供应者——农户的影响还是相当巨大的。

我们关注的第二个案例——鄢陵国储林项目也为我们理解国家生态建设的复杂性提供了机会。该项目采取了政府加企业加农户的PPP模式，在利用市场机制方面本应是一个有前途的探索，早期项目也进展顺利。但是，合作链条中一个环节中断导致项目的发展受到较为严重的挫折。确切原因在我们有限的调查时间内，尚难得出定论。在国家乡村振兴的大背景下，希望有新的契机使地方政府、企业和农户找到解决问题的出路。

本章参考文献

国办发明电〔2020〕24号《国务院办公厅关于坚决制止耕地"非农化"行为的通知》，https：//www. gov. cn/zhengce/content/2020 – 09/15/content_ 5543645. htm。

国办发〔2020〕44号《国务院办公厅关于防止耕地"非粮化"稳定粮食生产的意见》，https：//www. gov. cn/zhengce/content/2020 – 11/17/content_ 5562053. htm。

自然资源部《自然资源部关于在经济发展用地要素保障工作中严守底线的通知》，https：//m. mnr. gov. cn/gk/tzgg/202306/t20230614_ 2791435. html。

新华社《"退林还耕"？原来是个伪概念》，https：//www. piyao. org. cn/20230625/517882fdf567448084f30a5f8c35e2bd/c. html。

河南省人民政府：《利用政策性银行贷款建设国储林项目进展迅速河南省国储林项目已获153亿元信贷支持》，https：//www. henan. gov. cn/

2019/01 – 18/730517. html。

许昌市人民政府：《鄢陵县人民政府关于印发鄢陵县 2018 年度林业生态建设实施方案的通知》，http：//www. xuchang. gov. cn/openDetailDynamic. html? infoid = 127f30f3 – cab4 – 4ed6 – b66e – 1b86b77a5f10。

《鄢陵县年鉴》2021、2022。

《"十四五"国家储备林建设范围和布局表》。

《"十四五"国家储备林建设任务表》。

鄢陵县 2018 年林业生态建设任务一览表。

鄢陵县 PPP 项目台账。

考察感想

◇◇ 第一章

我不总是以"河南省许昌市鄢陵县霍刘庄村"定位这次实践的地点。当我在饭桌上每天都吃到熟悉的饭菜时,当我走在田间看到与记忆中相似的劳作身影时,当我和乡亲们聊天听着亲切的家乡话拼命把自己的语言系统控制在普通话时,霍刘庄村,变成了距离我的老家25千米、驾车仅38分钟的一个陌生又熟悉的地方。

《江村经济——中国农民的生活》,是费孝通先生回到故乡考察后写作而成,也是费孝通先生的第一本著作,我一直也对他的另一本书《乡土中国》中"乡土本色"一章印象深刻。所以,当知道此次实践的地点与自己的老家邻近时,我的心里既激动又遗憾。能有幸回到家乡调研,在人生中留下一段与费老当年相似的经历,这种缘分实在难得。同时,在下实地以前,我凭着记忆中对老家的回忆,自以为对当地已经非常了解,因此我这个从河南走出去的学生,兜兜转转又回到了河南,心里不免少了一点期待。但是,到实践结束时,我才发现有太多被我忽视甚至从未了解的内容,我真的已经离开乡土太久太远了。

最后一次离开时,我透过窗户望着经过的一排排空房,回想起走访时问道:"村民家里人在哪儿?"听到最多的就是"出去了"。其中一位母亲甚至无法说清楚儿子在何处打工,她将那种状态称为"流浪"。村里外出打工的人,能留在外面的都留下了,能将父母接走的都接走了,考上大学的学生几乎不会回到村里发展。这些人离开了曾经最熟悉的地方,成了村里逢年过节才有可能回来的"客人"。费老1947年就在担忧"乡土培植出来的人已不复为乡土所用"的问题,时至今日,回归乡土、反哺家乡的桑梓情谊变得更加淡薄。这也成了霍刘庄村的发展困境。缺少了与本土人才的联系,很难想象这个村庄将如何生机勃勃地发展。

曾经,家乡是我吃了很多苦才得以离开的地方。但是,这次实践让我明白,无论走得再远,家乡也是我人生路的起点。那些日常生活中习以为常的小事,当我以旁观者的身份听村民们讲述时,了解到的就不再只是一个村庄的故事,而是一个位于中原地区人口和农业大省的村庄从传统到现代的变迁过程。霍刘庄村是中国现代化进程中一类村庄的缩影,以小见大,是我们学习和理解中国乡村的宝贵资源。更幸运的是,它让我从一个特别的视角重新认识了家乡的发展历程。

"维桑与梓,必恭敬止。"家乡,不再只存在于记忆中等待遗忘的到来,它是我的人生底色,是我时时刻刻关心和挂念的地方。我期望着霍刘庄村,期望着家乡河南,能够拥有一个更加光明而充满希望的未来。在这一过程中,如果我有能力、有机会做出哪怕一点儿贡献，都将是我一生的荣幸。

李瑶玉

中原大地的乡村是最能代表中国传统和现代文化冲击交融的地方，家庭又是一个人一生不可避免地经历和接触的领域。我们从家庭出发，逐步探究河南乡村人们的内心世界和经济行为，勾画出一幅中国传统乡村的不完整但深入的画像。

虽然没有设计一套问卷来访问，这次的社会实践却能让我们更自由地询问我们所关心的内容，无论是一些历史事件还是正在发生在村民身上的事情。村民将他们所经历的和知晓的全盘托出，由我们去解读他们背后的经济学直觉和意义，理解他们的经济行为，我觉得这就是经济学社会实践的意义。只有真正进入实地调研，我们才能知道中原大地上实实在在地正在发生的事情，而不只是停留在课本或他人的述说中。即使村民之间的讲述有矛盾冲突，他们也能给我们提供找寻真相的线索。穿行于河南的田野中，回想起村民们所说的故事与经历，我们也许可以找到属于自己的真正关心的研究课题，因为我们有现实世界作为基础。

每每回想起霍刘庄村村民们热情的笑容，都让我相信我们的访问一定是有意义的。一个霍刘庄村可能不够，但如果全国各地的代表性村落组成一个调研报告群，它一定对我们了解中国基层有着重要的意义。

易俊熹

◇ 第二章

  我的家乡在遍布着丘陵的中国南方，所以当第一次看到田野一直延伸到地平线的尽头，我竟然感受到了某种异域情调。

  我们小组调研的题目是亲属关系，这个主题似乎看上去和经济学实在没什么关系，但事实如此吗？由以亲属关系为代表的私人关系堆叠形成庞大的社会关系网络，支撑了中国整个社会的新陈代谢。

  对村民来说，亲属关系可以算是最平凡琐碎的生活日常。但是，如果数位不速之客登门拜访，劈头盖脸询问三姑六婆家长里短，难免会有些不适和警觉。然而我仍然与真诚相遇，村民在杂乱的生活场景中，向我展示他们的笑容和叹息，讲述他们的喜悦、忧虑与挣扎。

  在社会调查中，"缩影"一词常被提及，它暗含乐观主义情绪，似乎在表明，如果调查不能贯穿理论与现实，不能以小见大、见微知著、一叶知秋，那么，就是对时间和金钱的亵渎。将所见所闻用于增进多数人的福祉，而非停留在猎奇地观察，在经济上合算。但我相信，倾听他人的生命体验，本身就有其意义。我还记得，一位受访者向我们讲述了他们家坎坷的经历，说着就开始哽咽流泪。我猜想，在一个闭塞的乡土社会，外来者是她为数不多能够打开心扉放心倾诉的对象。

考察社会现象，必须与既成观念和成见决裂，用心观察现实，不能掺杂个人想象，否则就无法了解真实面貌。霍刘庄村的村民，对自己和身边人和事的观察、理解、反思和叙述，或许片面，或许不深刻，却是极为真实生动的生活切片。听他们的故事就像是通过不同的人观察了不同的人生。

袁靖沣

到底是平原上的村落，无须像之前去山里时一样，要绕一圈一圈的盘山公路。很方便地进了村，颇有"土地平旷，屋舍俨然"之感。多日下来，访谈了不少家户，大家性格各异、经历不同，但那份似乎大多数人所共有的，对"勤劳致富"的信仰，格外令人动容。或许他们的生活条件赶不上城里，也会在街头巷尾抱怨吐槽，但在谈话中总是不经意间透露出"得要好好干，才能有收获"的意思。不知是不是受到经济分析框架的影响，我们更习惯于从体制机制改革、从宏观的层面打量和分析。诚然，面对时代洪流，个人往往显得局促和无助，但个体的力量也许真的不应该被过度抽象和简化。如今的时代确实提供了多劳多得和勤劳致富的路子和机遇，更何况，人本身就是拥有无限创造力和可能性的生物。从古至今漫长的进化历程，是人类作为一个集体牺牲与进步的故事，也是无数个体翻山越岭的传说。或许是愚公移山，或许竭尽全力仍不尽如人意，但既然降生于世，总要为自己的命运做一些努力。从上往下看，我们致力于宏观体制约束条件的改革与进步；从下往上看，每个人都值得在既定的约束下求取最优解。

在调研中，很多老一辈的村民偶尔提起现在的村风人情淡了许多。在城乡高频互动的今天，乡村已经越来越像城市了。这是一种进步，但总让人有几分隐忧。提升物质生活条件越来越简单，保持乡土本色却棘手起来。可能这是社会变迁中无法回避的阶段，不过无论乡村如何变化，勤劳致富、真诚淳朴的宝贵情感都值得世代相传。

黄添羽

"学术这个东西不是只用脑筋来记的，主要是浸在这个空气里。"这是我出发前看《江村经济——中国农民的生活》时记在笔记本扉页的一句话，提醒自己要努力感受乡村的风俗，并找寻其背后的文化脉络。现在想来，更觉得自己在短短几天的调研中收获良多。不仅了解了霍刘庄村建立在土地基础上的风土人情、研究作为中国私人关系网络原点的亲属关系的流变,在了解计划生育、外出务工等历史事件对霍刘庄村改变的过程中,也仿佛窥见了整个中国的缩影。

在所有访谈对象中,让我印象最深刻的一位是和我妈妈年龄相仿的阿姨。大概是生活的操劳,让她脸上的皱纹比我母亲的多上许多。在我们了解她家庭情况的时候,她轻声但平静地说,她的大女儿在十几岁时因为白血病去世了,后来再想生一个女儿,但因为自己的年龄较大也没有成功。这些对我来说是新闻上或小说里才有的情节,她竟然就这样亲身经历了,并且在渡过苦难后仍有勇气揭开伤疤,对一群她素昧平生的大学生淡然而勇敢地叙述这段过往。她的讲述,让我看到了象牙塔之外的真实世界的另一面,还有这些家庭需要被看到、被理解、被抚慰。她经受苦难艰辛后依然保有的善意、恬淡和真诚也让我觉得,如果我能让她的经历被听到、被看到,能让她所经历的苦难可以不再被后辈经历,也算是不愧于村民们对我们的期待,不愧于姚洋院长所说我们这一辈"要将整个中国扛在肩上"的使命。

计划生育和外出务工对村庄面貌的改变之大,也让我们更加深刻地理解了学术研究和政策建议的现实意义。社会科学研究并不只寄托了研究者的学术理想,其背后更是千千万万的国人每天真实面对的生活。研究者对形势不准确地阐述或分析,不论是由于故意的过错或出于无知,对真正在这片土地上生活的群体都会产生无法消除的影响。这都提醒着我,在未来的研究中,一定要努力看到全局的情况、像当地人一样感受当地真实的生活,不要做高高在上或想当然的学术，要把他人的生活当作我们自己的生活来过。

在这段旅程的时候，我无数次地看到了村民血脉中涌动的乡村故土的印痕，我想我终于理解了《江村经济——中国农民的生活》中费孝通先生所说的"人们的土地就是他们人格的一部分"。写到这里，眼前又浮现起我在霍刘庄村走过的积水的小路，它不仅是村庄的一部分，也是村民们血脉中的一部分。它们提醒着我，在用自己的脚步和心灵丈量祖国的土地过程中，要看到他人前行路上的泥泞与积水，并努力用真实世界的经济学疏通它们。

任祺悦

◇ 第三章

霍刘庄村的农村入户调研之行，让我深刻体悟到现代思想对乡村传统习俗和文化的冲击，也望见乡村振兴战略的未来前景。这片充满着历史底蕴的土地，正经历着时代的脉搏，为实现乡村振兴的目标不断探索着新的可能性。

我踏入霍刘庄村，第一感觉是宁静和朴素。乡村的传统习俗和文化在这里得以传承。老一辈的村民依旧坚守着乡村的传统生活方式，这些传统习俗是这个村庄的灵魂，承载着过去的记忆和历史。

然而，城市化进程的发展与现代思想的涌入，也带来了一系列改变。新一代村民接触到更广阔的世界，开始思考传统与现代的融合，不断试图打破旧的束缚，迎接新的机遇。老一辈对于传统的执着和固守，与新一代对于现代化的追求，不可避免地带来了思想与生活方式上的碰撞。在我们小组探究的"财产与继承"的话题下，这种碰撞尤为突出。

农村空心化与老龄化，构成了时代变迁中一幅无奈的画卷。昔日热闹的村庄，如今却愈发寂寥，故土的呼唤显得黯淡无光。年轻人离乡背井，为了更踏实稳定的收入而进城务工。父辈手中曾经作为家庭生活支柱的耕地，却日渐黯然失色，从前需要担心的问题是"地够不够分"，如今却需要担心"地还有谁来继承"。在非农就业的收入面前，耕地的微薄收入已不再具有吸引力，儿女不愿继承耕地，只能转租他手。老一辈人坚守土地，见证着农村的变迁，在时代的浪潮中感慨万千。

我们应当思考，在这幅变迁之画中，乡村振兴战略究竟该如何照亮农村的未来？

或许，乡村振兴战略应当为年轻人留守家乡提供更多的机遇和希望。通过在农村建设现代化基础设施和推进产业转型升级，让年轻人看到在家乡实现自己梦想的可能性。新兴产业的发展，科技与农业的结合，或许可以为年轻人提供更多创业和就业的机会，让他们选择留在乡村谱写属于自己的篇章。

或许，乡村振兴战略应当更加关注老年人的福祉和尊严。通过优化医疗保障、养老服务等措施，让老年人在农村享受到更好的生活条件，减轻他们的生活压力，也让留守在家乡的老人感受到社会的温暖和关怀。

总而言之，这次调研是一次宝贵的学习机会。它让我深刻体会到土地在乡村发展中的重要性，也让我意识到乡村仍存在一些问题有待解决。作为学生，我们应当多走进现实社会，也有责任关注乡村问题，推动相关政策和制度的改进，促进乡村振兴战略的有效实施。这将是一个长期而艰巨的任务，但我相信，只要坚持不懈，乡村振兴的未来一定会更加光明。

周卓翔

霍刘庄村是一个令我倍感亲切的社会实践选址。它位于河南省中部的鄢陵县，从范围宽泛的定义上说这里也是我的家乡，因此我对这里既熟悉又陌生。我熟悉的是乡土社会的氛围，热烈而又温和的土地，这与我的老家河南省信阳市十分相似。然而，对我而言，村里的老乡们已经是许久不见了，虽然他们的方言有些像，但又有着独特的中原风俗，这让我感到既陌生又新奇。

在霍刘庄村，我发现这里有着与我的家乡相似的土地。人们在这片土地上种植着小麦、玉米和花生。除了主要农作物，这里还种植茶树，村民们也会采摘茶树的叶子，制作成具有地方特色的茶饮。他们一早就出门，直到夜幕降临才返回，辛勤地耕耘着这块土地。他们勤奋劳动的场面，与我熟悉的农村生活息息相关。

然而，霍刘庄村也展现了与我的家乡不同的乡土人情。当我到达这里时，村民们对我们非常热情，让我们深切地感受到当地的民风淳朴。他们用自己的方式欢迎我们的到来，让我们感到宾至如归。无论是在村庄的集市上还是在村民家中，他们都热情好客。

我还发现，霍刘庄村的中原风俗有着自己独特的魅力。村庄里的房屋建筑风格、节日庆典和传统习俗都展现出浓厚的地方特色。与村民们的交流中，我了解到一些关于中原文化的故事和传统习俗，这让我对这片土地的历史和文化有了更深入的了解。

在霍刘庄村的社会实践中，我体验到了一种与家乡相似又有所不同的农村生活。这次经历，让我更加热爱和珍惜我来自河南的身份。我认识到乡土社会的价值和美好，它们在每一个角落都透露出温暖和亲切。与霍刘庄村的村民们相处，我不仅增长了见识，还结交了新朋友，这对于我个人的成长和社会视野的开阔具有重要的意义。

通过这次难忘的社会实践，作为一个经济学本科生，我更加坚定了为农村地区发展贡献自己的力量的决心。我希望能够回报这片土地，为乡土社会的进步和繁荣尽一份力量，让农村地区的人们过上更加幸福美满的生活。霍刘庄村将永远留在我的记忆中，成为我人生中宝贵的一部分。

李健铎

2023 年夏，我选修了《经济学社会实践》暑校课程，这门课共持续 10 天，前半段是社会实践、后半段是思政实践。我的感想主要围绕前半阶段撰写。

总体来说，我从这门课得到的实际收获和我的预期收获存在一些内容上的差异。沙因克曼（Scheinkman）说："一个伟大的经济学家不是拥有一套技术技能——尽管这些是先决条件——而是那种在看电影、参加聚会或阅读报纸时，能够发现社会和经济机构的优雅结构的人。"在这门课正式开课以前，我想，也许这门课能帮助我尝试从纷繁复杂的现实中观察社会和经济体的抽象结构（但也许这是无法通过系统的培养实现的，也许要靠天分或靠某种随意私人的思维碰撞，这一点我并不清楚）。后来我发现这是一门偏向社会学的调查课程。也就是说，我们在纷繁复杂的现实里画一个小圈，然后精细真实地描述这个小圈里的现实。这当然也会带来某种收获，但和我之前预想的不同：就是去了解非常具体而微的某时某地的现实如何发生和运转。

我对自己在这门课中的表现并不满意，因为尽管我们最终获得了相当数量的信息来撰写长篇调研报告，我没能学会走进田野，只能以较为刻板的语气提出预先构思的问题，无法自然地与访谈对象交流，当我坐在受访者家庭的沙发或小板凳上时我还是无法卸下学生的拘谨和紧张（在这点上我远远不如我的队友李健铎）。我确实看到了一些真实世界的影像，但仿佛全如林徽因所写的在《窗子以外》。虽然我也尚未想清楚如果有下一次，该怎么做得更好，但是提高自己的街头智慧（street smart）和与人打交道的能力将是我持续努力的方向。

最后，感谢我的两位队友、感谢霍刘庄村的村民、感谢带队老师们和助教老师。村委会的晚饭非常好吃。

冉兆含

◇◇ 第四章

本次乡村经济学社会实践调研，让我深切体验到了乡村的真实面貌和社会现实，让我能够走出课本，走进真实世界。在入户调研的过程当中，我和同学们走访了村落的居民，与他们进行了深入交流和了解，从家庭日常生活、宗教信仰，到农村最为重要的土地相关事项和疫情期间村民的生活。每个家庭都有自己的故事和困扰。我们所了解到的种种故事，真实展现了乡村社会的复杂性和我国目前乡村基层发展中还存在的挑战。

首先，调查村落的行政治理让我明白，乡村治理不仅是一个形式上的架构，更是涉及资源配置、公共服务和决策参与的复杂过程。我看到了村级组织的努力，注意到了法定程序与现实之间的张力，以及村民自主决策的空间，注意到了在当下我国基层行政治理模式带来的农村生活的高效运转，也注意到了一些管理不规范和决策不透明的问题。这引发了我对村民参与决策和民主决策机制的思考。

其次，社会资本调研让我认识到，乡村社区的凝聚力和合作精神是乡村发展的重要支撑。我见证了那些积极合作互帮互助的村民，他们通过互助合作资源共享，提高了整个乡村的生活水平、发展潜力和他们所创造的更加强大的面对风险的能力。然而，也有一些村民对村内生活事务的参与度不高，这引发了我对社会资本建设的思考。

最后，调查土地纠纷使我意识到，乡村土地问题的复杂性和敏感性。我听取了不同当事人的诉求和意见，深刻体会到土地承包、流转和权益保护的重要性。我也从同学那里听来土地纠纷给村中曾经带来过困扰，土地纠纷不仅关乎个人利益，还牵涉整个农村地区的稳定和发展。

通过这次实践调研，我对乡村经济和社会问题有了更深入的理解。这些调研经历，让我深刻认识到乡村发展的机遇和挑战，也激发了我解决乡村问题的思考和动力。我希望能够为乡村振兴贡献自己的力量，促进乡村经济的可持续发展和社会的进步。

原紫昂

霍刘庄村是一个中原地区的普通农村，和我的家乡大不相同。这里有大片的农田。房屋规整，外观相似。道路笔直规整，方向清晰明了。由于其整齐统一的分布，在四天的时间内，我就能大概摸清整个村庄的地理位置信息。其余包括吃食、作息习惯、宗族势力都和我在东南沿海的渔村中所感受到的截然不同。这次调研是我第一次深入北方的农村，开阔了我的眼界。

在调研中，我深切地感到真实世界的经济学和理论学习的不同。真实世界没有那么理想化，入户的要求可能会被拒绝，入户访谈中村民出于种种顾虑不愿意说真话，需要我们鉴别。现实问题的解决错综复杂。四天的时间并不那么充分，对于我们调研的主题还有许多可以深入挖掘。

同时，我对我们调研的意义进行了思考。霍刘庄村虽然不是贫困村，但仍面临着一些社会问题。尤其是土地承包商拖欠土地租金的问题非常严重。还有就是一些没有外出务工的中年村民，他们面临着严峻的养老压力和子女教育的压力。我们小组在路边采访的一位村民表示，他儿子上高中全套费用至少要1万元/年，土地承包商占用优良的产粮食的土地又拖欠租金不交，对他们的收入造成了严重的影响。他们寄希望于我们能为他们发声，帮助他们讨回欠款。但是，我们能起的作用非常有限。我能做的可能只是把这个问题记录下来，并希望有助于解决他们的困难。或许十年后，又一批北京大学国家发展研究院的本科生可以重回霍刘庄村调研，对霍刘庄村的情况进行动态追踪。我希望我们的调研除了能让更多的人了解真实的农村外，还能使霍刘庄村村民的情况得到改进。

在本次实践课中，要感谢徐晋涛、蒋少翔、刘芸芸以及中国人民大学的刘老师的辛勤付出，他们为调研做了充足准备，创造了优越的条件。也要感谢村干部们的协调和支持，使我们的调研能顺利开展。

蔡睿杰

作为北京大学国家发展研究院的学生，我们日常学习的课程与国家发展的许多课题密切相关，如社会资本、治理、乡村振兴等。然而，在校园里，我们接触的主要是书本上的内容，这些专业书向我们介绍的是不同的抽象理论，用数学公式与严谨的逻辑推理带领我们实现一步步从理论到理论的运算。我们虽然熟络于经济学理论，但是对理论的现实起源与现实关怀这些"接地气"的内容还是了解得不够多，不能够架起理论与真实世界间的桥梁。

在社会实践的第一阶段，我们阅读费孝通的《江村经济——中国农民的生活》，依托每小组选择的理论主题有针对性地制作调研提纲，并进入农户家中，坐下来与他们聊天、交心。在每一户村民的家中，我们通过谈天说地的方式与村民拉近了距离，学生或村民身上"国家发展研究院""霍刘庄"的身份标签不复存在，双方在这一刻同呼吸、共命运。村民遭受的生活困难，在我们心上留下同样的伤疤；村民对未来的向往，也是我们展望的方向。只有这样，我们才能体会到村民切实的生活经历。在4天内，我们一共访谈近百户农户，对不同的经历进行横向的归纳，总结出村民生活中重要的经济现象。例如，由于村庄缺乏特色产业，家庭青壮年不得不离乡打工；邻里习惯于不求回报地互帮互助，情感纽带远强于城市居民；村民积极支持、拥护村干部的领导，也苦于一些问题缺乏反映渠道……从真实经历归纳得到的经济现象，使得平日学习的产业组织、社会资本、民主政治等理论概念有了丰富的现实内涵。

在社会实践中，我们通过考察不同人、不同时代的多样经历，归纳出切实影响历史与经济社会的现象，从而提炼出抽象的理论。只有充分接触真实世界，饱含现实关怀，理论才能切实发挥作用，帮助解决实际问题。如依托经济规律与交通发达的优势帮助霍刘庄村承接产业转移，或者鼓励村民开设经济合作社，利用并加强已有的社会资本。社会实践架起了现实与理论的桥梁，让我相信理论也能反哺现实从而与现实形成循环。

陆苏扬

◇◇ 第五章

我是农村出身，对乡村是有熟悉度和亲近感的。

我仅了解过陕西省汉中市南郑区梁山村、河北省迁安市河流口村、云南省大理市弥渡县牛街村，以及此次实践课目的地——河南省许昌市鄢陵县霍刘庄村。所以，以下我的观察与感想只能以此四村为样本，如果有偏颇之处，还请理解。

在迅疾的城市化建设中，农村千百年来形成的以二十四节气为准则的有节律的、稳定的、缓慢的生活节奏被打破与重建。农民在城市化建设中，是"被抛弃"的，但有关方会对农民、农村进行相应的帮扶，如脱贫扶贫、农村新合疗、教育上的"农村专项"计划，还有奖助学金。

在迁安河流口村，地处两山之间，耕地破碎，水源不足，交通不便，老龄化严重，并且存在某些官僚形式等问题，我在咨询相关老师后，他们告诉我，这样的村子，在未来会慢慢消亡。

中国农村的问题是系统性的、复杂的，是各方权衡下的结果。2023 年，在霍刘庄村，一亩小麦价格在 1000 元左右，而成本将近 500 元，所以算上大半年的人力成本，几乎 0 收益。这样的结果，是市场竞争下的自然规律吗？

这只是其中一个小小的缩影。

当然了，村里也有人发展得好，如做电商直播的、做手工制品的、做林业药材的。我观察总结，发展得好与不好的根本，在于思想的解放程度与信息差。如何去减少城镇与乡村的信息差，如老人与青年人的信息差是可以做到的，也是应该做到的。

又如，新型农村合作医疗政策的初衷与效果都是为了减轻农民就医负担，但是在信息的传达上存在一定壁垒，导致很多农民并不了解分级报销，无法更好地享受新农合。

总之我们应当重视农村问题及其解决。

张一丹

在短暂的乡村实践中，我看到了真实的世界。

我感受到了科研严谨、充满真知灼见、又如一场挑战与冒险的旅程。调查农村生活类型时，我们频繁遇到数据难以获取、准确性不高的难题。然而，正是在这种困扰中，我体悟到了灵活调整问询方式的重要性。因为只有驾驭多样性的方法，才能为我们带来清晰的数据、反映更真实的情况。国家发展的不断推进，更需要科学研究者的深刻触摸，把握这片波澜壮阔的土地上每一分细微的脉动。因为只有在沟通与交流中，才能去除误解的重重迷雾，凝聚起更加真实而有力的证据。社会学的调研之路，或许坎坷，但它是我们的真知灼见。

我认识到微光之光，即宏观之影。研究经济学问题，需要从个体行为着手。每一个村民，都是这片土地上一颗鲜活的种子，都是经济政策的活生生的体现。宏观政策所面对的数字和指标背后都是一个又一个鲜活的生命。我们只有深入了解村民的生活，才能在研究经济学问题时有所启迪。政策制定者应该站在个体的角度，审慎思考每一个政策的影响，这样才能更好地实现宏观政策与个体生活的契合，防止脱节的局面。只有从微观处入手，才能掌握经济发展的真谛，让政策之光照耀每一个家园。

我还感受到了农村的热情淳朴。在村民们的笑容中，我发现了乡村之美。他们的热情好客，为我们提供了温暖和支持。许多村民在访谈结束后执意留下我们吃饭，每户都慷慨地准备了水和西瓜。这份淳朴和热情，温暖了整个调研之旅。这份善意，也让我深刻地领悟到，我们要珍视乡村文化的独特之处。在追求发展的同时，我们不能忽略文化的传承，更不能忘却乡村的温暖之心。让我们保持谦逊与尊重，以一颗感恩的心走进乡村，洞察这片美丽的土地。

在这片土地上，我们的的确确目睹了一些贫困的现象，同时，我们也看到了希望的种子在生根发芽，乡村的基础设施不断完善，教育和医疗水平不断提高。然而，任重道远，我们还要用心聆听他们的需求，用实际行动推动乡村振兴，用感恩之心回馈这片土地的滋养。坚信在党和国家的领导下，脱贫攻坚的未来必将充满希望，每一个家庭都能在辉煌的时代画卷中绽放出耀眼的光芒。

感谢霍刘庄村，感谢这次实践经历。我坚信，这里有无数像霍刘庄村的村落，它们的明天一定会更好！

冯圣伟

◇◇ 第六章

走在霍刘庄村的泥泞小路上，我感受到了前所未有的平静与自在。这里的人们往往会在自己的小院中种上些水果、蔬菜，养上几只鸡，自给自足。在每一户，我们都能受到村民们热情的招待。围坐在电风扇前，吃着西瓜，喝着饮料，与农户们聊着他们最热爱的土地，恍惚间，我仿佛来到陶渊明笔下的桃花源。

这里既是承担了巨大的生活、工作压力的来自城市的人们渴望栖息灵魂的桃花源，又是当地青年希望早日离开的限制了自身发展的贫穷之地。于是，年轻人纷纷外出打工，而老人们在这里种上几亩地颐养天年。

这个小村子仍存在一些发展瓶颈。在调研过程中，我们发现了传统农业发展受到制约的因素，尽管已有一定经济学基础，但现实远比理论复杂，往往牵一发而动全身，因此，当村民们问我们"你们能做什么？能改变什么？"时，我只能告诉他们："我目前无法做出改变，但我可以将村子的全貌最真实地写出来。"

霍刘庄村，一个小小村子便可反映出中国大部分村庄发展面临的问题。

首先，农村基础设施的落后，反映出公共产品供给不足的问题。供给不足可能会阻碍农村的经济发展，因为基础设施是生产活动的重要支撑。

其次，农村经济的单一性，反映出资源配置的问题。在市场经济中，资源应该流向最能创造价值的地方。然而，在农村，由于各种原因，如信息不对称、市场壁垒等，资源可能没有被有效地配置。

再次，农村金融服务的缺乏。由于农村地区的特殊性，如人口分散、信息不对称等，传统的金融机构往往无法有效地为农村提供服务。这导致农民难以获取必要的资金来改善生产条件或开展新的经营活动，从而限制了农村经济的发展。

最后，农村劳动力的大量流失，从侧面反映了城乡二元结构的问题。这种结构导致劳动力市场的分割，使得农村地区的劳动力无法充分利用。

在课堂中学习的知识，只能提供给我们一个分析问题框架，而真正的问题在哪里？农民们需要什么？还需要亲自去看一看。

冯婷玉

2023年7月4日，我和北京大学国家发展研究院实践团的同学一起，前往霍刘庄村进行社会实践调研。四天的实践短暂而又充实，如果用四个字来形容我这四天的真实感受，我只能说，何其有幸。

很幸运可以在学习理论知识之外见到真实的世界，很幸运遇到了很好的队友与我一起研究、一起进步，很幸运我们遇到了许多友善的农户让我们的调研顺利推进，最让我感到幸运的是，在实践的过程中，我遇见了更好的自己。

我的心态在实践中出现了非常大的变化。

首先，逐渐战胜了与陌生人交流的恐惧。在刚刚下乡的第一天，我感觉到了非常大的陌生感与割裂感。从舒适的校园生活突然进入农村，不只有环境变化带来的不适应，还有需要与陌生人交流的恐慌。害怕被拒绝访问，害怕因为听不懂方言而无法正常沟通，也害怕问到对方不愿意讨论的话题或说错话导致的矛盾。但是，在农民的热情下，这种心态随着实践的推进而不断被改变。最开始由村干部带领进入村民家庭，我们会紧张，会不知所措，但村民热情地给我们倒水、给我们水果，紧张的情绪在村民的朴实与善意之下逐渐被消解，最后我们也可以自如地敲门、入户、自我介绍、询问交流，我逐渐感觉自己在一定程度上适应了这种生活节奏。最后一天离开的时候，我甚至有点舍不得离开这个淳朴的地方，我也终于体会到了，全身心地融入一个地方，了解甚至体验这个地方的生活，是一件多么美好快乐的事。

其次，战胜了自己的骄傲之心。说实话，最开始进入村子之前，我是存在着一些高高在上的自我良好感觉的。但是，当我们进入村民家庭之后，我发现，虽然在我的视角下他们没有先进的生活方式，没有良好的娱乐设施，但他们并不觉得这种生活是一种艰难的生活，反而乐在其中，即使生活朴素，他们依然让我看到了对生活无与伦比的热情。我一次次质疑自己，面对这些热爱生活、用心生活的村民，我又有什么资格保持高高在上的心态呢？所以，这种心态从骄傲到愧疚，最后逐渐变成了真正的尊重。我认识到了判断生活质量的高低并不应该看物质标准，热爱生活才是唯一的答案。

再次，意识到了自己的渺小。最初，我觉得通过我们的实践调研，我们可以提出对村庄发展的一些建议，至少可以在一定程度上帮助这些村民。但是，随着我访问的深入，我日渐发现，村民面临的问题是我们没有办法帮助的，杜仲林项目的矛盾、鱼塘土地所有权的纠纷，我一时间完全不知道这些问题我们可以如何帮助解决。或许，意识到自己的渺小、意识到自己需要进步的路还有很远，也是我们实践的意义。

最后，感谢热情负责的村委会各位干部，感谢我们遇到的善良纯真的村民，感谢北京大学国家发展研究院各位老师的支持与建议，感谢各位同学的友善合作，是你们让我把这段实践生活变得多姿多彩。能遇到大家，能有这一段经历，我何其有幸。

周琪森

第七章

本次调研，令我收获最大的就是能进一步了解我国农村和外出就业人群。2022年，中国大陆地区城镇化率仅65%，每三个人中就有一人生活在乡村，进一步考虑到我国城乡二元结构的特征，这使得我们身为北京大学国家发展研究院的学生意识到，若想切实了解中国的实际情况，就不能只了解城镇，还必须了解乡村，此外，我们还应该关注从乡村走出来的人们，否则我们就无法准确全面地掌握中国的实际情况。从这一观点来说，能在此次课程中调研霍刘庄村以及当地非农产业和外出就业情况，对我来讲无疑收获匪浅。

另外，此次调研后，我常用"农业—本地非农—外出非农"框架观察不同地区，现以三个地方为例说明。第一，霍刘庄村。本地的农业占比不低，多由当地老人从事、销往外地的比例较低；外出就业比例较高，工作地距离较远，村内青壮年人口占比极低；本地非农有超市、理发、饭馆、农具修理等面向内需的产业，外销属性较强的则有箱包加工和一家农产品电商。第二，我家的所在地——台湾地区台北市关渡地区的一个小丘陵，山上基本无农业；面向内需的产业有超市、便利店、理发店和饭馆，除此之外还有牙医诊所、药局和机车维修，20分钟路程外位于山下的竹围一带有着更为多样的商家，极大地便利了日常生活。作为市郊地区，常住居民中青壮年占比较高，多在双北（台北市和新北市）工作，学生亦受益于双北丰富的教育资源。第三，家父的老家——台湾地区屏东县潮州镇一带。该地农业占比不低，多由老人从事，水果种植和水产养殖较为兴盛，销往外地的比例较高；本地非农有超市和便利店，最常出现的店面为饭馆、机车维修和槟榔店，因观察范围较大，产业较为多元，亦有诊所、医院和补习班等；由于临近城镇，依然有一定的非农工作机会,也留住了一部分青壮年劳动力,但也有不少青壮年选择去高雄、台北等城市就业。综上所述,除非本地为某产业集聚地,否则其非农产业多服务于本地需求,并拥有和当地消费结构或人力资本相匹配的特征,如台湾地区各地常见机车维修行,南部乡下常见到槟榔摊便是这一特征的具体显现。而就外流人口来说,乡镇和市郊地区,其青壮年和未成年外流比例的多寡,基本取决于本地"附近"是否有着相对充沛的工作机会和教育资源,而所谓的"附近"其具体地理跨度则又取决于具体的交通条件,如台北桃园一带尽管地理跨度较大,但因高速公路、城市道路和地铁系统的发达,实已成为一个日渐一体化的都会区和生活圈。

刘昱甫

进入霍刘庄村,土路和水坑令我惊讶。虽在小时候回奶奶家时走过凹凸泥泞的土路,但家乡早已整修拓宽农村公路,因此我以为农村的面貌已经得到很大改善。然而,从公路到家户,当我们仔细观察霍刘庄村这个乡土中国的切面时,才明白乡村振兴任重道远。

大量年轻人外出务工,导致了村中留守儿童和留守老人的普遍现象。表象是"留守",实质是"不得不走",背后是产业困境和就业困境。因为当地没有优质产业,无法提供充足就业机会,所以年轻人不得不外出就业。而该村外出就业者，大多从事体力劳动且缺乏劳动保障，将宝贵的青春挥洒在城市之后，遭遇的是"60岁了，工地上不收了，只好回家种地养活自己"的无奈境地。霍刘庄村并非个例，这是全国范围内农民工群体的真实写照：既是功不可没的城市建设者，又是没有退休和保障的城市边缘人。

除个人困境外，代际间人生轨迹的相似性也让外出务工者有所担忧。在访谈中，我们感受到村民对子女教育的期待与无力。他们普遍相信教育具有促进社会流动的作用，能摆脱农民身份，实现经济地位的提高，因此父母努力打工挣钱供孩子读书。但是，面临学校教育与家庭教育"双重贫困"，学校不但离家远而且无法提供优质的教育资源，又由于父母外出务工难以很好实现家庭教育，即使为了教育孩子留在家中的家长，也往往因为自身学历有限而难以辅导功课，使教育在更多情况下展现经济地位的再生产，大多还是复制了父辈的人生，在初中或高中毕业后外出打工，令人感慨。

绕过水坑，走上大路，我们最终坐车离开了这个中原村落。四天来的一幕幕化作回忆。初来时我感到他们的生活有不幸和坎坷，但细想来，或为了身体健康，或为了子女孝顺，或为了日子安宁，他们也能感到幸福，怀抱希望。

也许每一种生活中都交织着幸福与不幸。我走过云南省大理市白族自治州弥渡县的山路，见过山东省诸城市涂料厂中的残疾工人，也常常在苏北农村与苏南城市中切换，或迷惘于北京的车水马龙。渐渐地，我似乎能理解生活的两面性，也意识到自己的生活并非一无是处。生活不应被仰视或俯视，而需要被平视，接受哀苦与喜乐。然而，接受哀苦可能是个人的最优选择，却不可成为"三农"问题尚未解决好的借口，乡村振兴依然是重要而艰巨的任务。

黄熠

霍刘庄村，一个不起眼的名字，这样的姓氏村落在中国似乎并不少见。可这座位于华北平原农耕区的小小村落，在结束了数天的调研后，却成为我心中之梗，激起我情感共鸣的同时，也生发了关于"三农"问题的些许反思。

在形式和内容上，十一个小组从不同侧面切入，既是微观独立的个体，又是宏观整体中不可或缺的一元。正是这种寓教于学、注重交流的实践形式，让我得以在同学的帮助下，了解了霍刘庄村的不同侧面。在田野调查中，一位理发店老板的疑问让我语塞："你们的调研有什么意义？"我并没有直接回答这个问题。也许在当时，我同样有这样的疑问。在撰写报告时，耳边不时响起这番话，也许现在自己能做出一些回答，但或许并不完善，这需要我在未来很长的时间内不断思考、不断印证。

记录本身就是创造价值的过程，但若无休止地追求意义，容易陷入虚无主义误区。我坚信，我们做的工作是有意义、有价值的，因为其基于真实的实践，记录了真实的中国农村和中国农民。从云南省弥渡县到河南省鄢陵县，每一次下乡都会带给自己巨大的触动。讲好中国农村故事，关注农民核心需求，从最真实的田野出发，写出最真实动人的文章，这便是创造价值的积极过程。

在未来的很长时间内，我都会记得这个村落。这个受到工业化冲击却又孑然一身的村落，农业文明是村落文明的主体，而工业化的拉力将无数青壮年劳动力拉向城市的潮流。由此带来的代际问题和农村持续发展问题，成了农村发展的桎梏。是走向消亡，成为工业化的牺牲品，还是顽强生长，不断维系传统的乡土文明？我不得而知。但是，政府不应在农村的发展中失位，尤其针对空巢老人和留守儿童问题，政府应当"有所为"并"积极为"。农村和农业本是农民的根，在面临发展困境和收入转换率低的阻碍下，地方财政应当有步骤、有效率地向农村和农民倾斜，从而维护社会公平。

发展问题是核心问题。在工业化追求效率的过程中，发展应当做到兼顾公平的实现。诚然，绝对的公平是理想的，但这并不否认我们追求社会公平和实现共同富裕的目标。鉴于马克思主义发展观的观点，发展的道路是曲折的，前途是光明的。面对发展中的问题，我们应当做到真实客观，即并不掩盖问题，而是直面问题，寻求方法来解决问题。于我们而言，即应当扎根真实乡土中国，用真实的笔触记录真实的问题，这便是我们寻求的意义和价值。

白旭峰

◇◇ 第八章

　　河南，是中华文明的重要发祥地，夏、商、周三代在此生根繁茂；也是中原文化的代表，仓颉造字、伏羲八卦、嵩山少林在此孕育出世。在未到访河南之前，龙门石窟、白马寺和豫剧等历史文化和"人口大省""农业大省"的称号，是我对它的全部了解。在这些单一而局限的认识下，扬沙的黄土地和古铜色是我对"河南"二字产生的联想。现在，在古铜色之上，我看到了它各种更丰富的色彩：有霍刘庄村杜仲树的翠绿色，夕阳照射下西瓜皮反射的金绿色，内业时村委会大院上空的橘黄云朵，和返回酒店途中车窗外粉紫色的天空。仅四天，霍刘庄村的这片地、这些人，已经给我带来太多感触。返程时，不舍之情萦绕在我心头，久久未散。

　　不光是霍刘庄村的风土，它淳朴的人情也让我怀念。每次到村委会厨房端饭时，眼睛总被油烟刺痛。但是，村委会成员每日都忙碌于这间厨房内，为我们变着花样准备伙食，在用餐完毕后清洗餐具，从天未亮直到天已暗。我心里唯有深深的感激。最后一天告别时，主厨不好意思地说着自己厨艺有限、请多包涵的话，但我知道，我在这里吃到了可以让我一直回味的菜肴。霍刘庄村的村委会成员，在四天里既要安排我们的伙食，又要帮我们联系村民，还要为我们指路。有他们的打点，我们的访问过程才能如此顺畅，可以完全将精力集中在内容的讨论上。我还想到每一个被采访的村民。

理发店老板在返乡后看到村民节省到连头发变长许多都不舍得剪一次，所以在60岁本打算养老的年纪，决定重操旧业，以5元的价格为村民理发。在我们采访时，老板还屡次反映村里路面的问题，认为村庄的事务比个人的情况更为重要。有的村民听说我们要来采访，专门买了平日几乎不会购置的瓶装水招待我们；还有的听说我们没吃过菜盒子，热情地装上几张拿给我们。霍刘庄村村民的热情与真诚和七月的烈日一起，留在我的心里。

大一时我也参加了云南省大理白族自治州弥渡县之行，但因为小组课题是电商，并没有机会和农民对话。因此，这是我第一次如此深入走进农村。中国是传统农业大国、河南是其最主要的农业大省，因此，我从霍刘庄村窥见了中国农村的一斑，也从村中的调研窥见了河南省向阳与夕阳产业的历史和传统农村的工商业发展特征。我秉持着尽力客观全面地还原我们访谈内容的原则并写下报告，希望以此感谢霍刘庄村村委会和所有村民的帮助和支持，让人们更多地了解这个可爱的村庄。

潘阳

书本文献等媒介，呈现的乡村社会是高度概念化的，因此，非实地考察不足以厘清其中的人情世故。在霍刘庄村的四天，我们通过分组专题调研，以点成线，由线成面，以充足的样本数量呈现了霍刘庄村的生产生活、社会关系乃至"真实"面目。

但是，在文字数据所能描述的领域之外，乡土文化带来的精神震撼是难以忘却的。村中理发店老板年龄六十有余，退休养老之际见村中老人大多舍不得十来元的开销理发，且前往镇上理发多有不便，故而自掏腰包装修店面购置设备开办理发店，以5元的成本价定价，在村中传为美谈。这种使命感与奉献精神难得，但在村中日久，也只能叹于现状：我记得在店里访谈时，店主三句不离一句"叫他们把路修好"，提问时得到的第一句不是回答，而是"你们应该去穷人家里看看，来我这里做什么"，我们只得一遍遍地解释我们调研的目的。临走时，店主塞给我们六瓶水，又将她的话重复了一遍。

客观的视角是随客体而动的视角，当我在书中落笔写下政策建议并以标尺衡量农民行为是否合乎逻辑时，可能性似乎是默认设定为1的，但当我在村中家户的矮凳上坐下时，才能在窘迫的选择与决策可能性中窥见农民的呼喊，并无奈地赞叹他们的伟大。

王天一

◇◇ 第九章

作为北京大学国家发展研究院的本科生必修课，经济学社会实践向来在该院本科生的生活中扮演着一种特殊的角色，发现和认识中国经济现象，于细微处探寻真相，补充个人经历和知识体系。于我而言，这门课带给我的不只有关农村的社会现实和经济学理论的验证，更多的是对农村发展道路的感知和对村民们的敬佩。

本次暑期，我们选择了鄢陵县作为考察地点，正如老师所说，我们前期的准备和第一天的调研就如同"开盲盒"一样，略带一些未知，多了一分紧张和刺激。踏入村委会的一刹那，看到村支书和各位委员脸上洋溢着的笑容——我知道那代表着欣赏和期盼，由此便也觉得自身责任重大。在"开盲盒"的过程中，我们的贸易与信贷主题面临了不少的困难。首先是语言不通的问题，当地百姓多讲方言，我们有时难以听懂对方在说什么；其次是信息不足，我们虽然提前拟好了大纲和问卷，但在实际询问的过程中多采用一问一答的方式，所以信息极度简单，难以得到拓展；最后是高温和水土不服，第一天来到河南的时候，我们多多少少都有一些不适应这里的饮食和生活习惯。

但是，"开盲盒"的经历基本只存在于调研的初始阶段，后来我们渐渐能够听懂一些河南方言，对于当地的贸易和信贷有了大致的了解，也学会了以聊天的形式开启话题，而不是单刀直入式的一问一答，所以调研渐渐变得越来越顺利。

在后两天的调研中，随着信息量的增大，我们的工作难度也逐渐加大，总结和提炼显得尤为重要，也就是在这一过程中，我们能够渐渐地理出乡村贸易和信贷发展的主要脉络。我惊异于乡村经济和自动化生产的发展，还有精密且自成一体的贸易流通网络，也体验到农民们平时生活的不易，疫情所带来的经济下行压力还没有完全释放，部分农民仍受其影响，尤其是种植农作物的村民，由于小麦收成不好，经济状况也没有得到更多的改善。

在调研高利贷的问题时，我们调查到了几户当年的受害人家，债主欠他们的钱至今还未归还，但令我感到惊讶和敬佩的是，他们都说，没关系，不还也行，大不了我们自己再努努力，你看我们现在过得也越来越好了……

不论是农业种植带来的收入不确定性，还是经济下行带来的经商压力，或者是之前的沉疴宿疾，都没有打压村民们奋斗、重新站起来的决心——这是我看到的，中国农村独具特色的农民身上的韧劲儿，纵然我们或许学到了比他们更丰富的书本知识，但我依旧觉得，他们才是我们远在天边、近在咫尺的生活导师。

高竞舸

在河南省许昌市鄢陵县霍刘庄村的四天调研里，我们调查了霍庄村、刘庄村、小马庄村的几户人家，访谈了农户、超市老板、饭店老板等。在调查的这几天里，我们看到了许多书本当中无法了解到的知识，这些知识启发了我们调查真实世界的必要性。

在经济学课程中，对一个商品市场的局部均衡分析，往往是基于商品信息对所有生产者和消费者完全已知并且商品为同质化商品的基础之上。但是，在我们接触到的经济现实中，商品的交换呈现的是网络结构，一个生产者只能知道他所处的网络结构中附近节点的提供商品的价格（一般为这一节点所在区域的其他节点），网络结构通过地区而分割，一个区域的生产者共同形成一个群体，将产品提供给下一级中间供应商。

同时，这种网络结构在不同的商品市场之间呈现出非常不同的结构，有些上下级商品交换之间会建立固定联系（如商店老板和上一级供货商之间），有些并不存在固定联系（如农产品和下一级中间商之间）。这一经济现实，提示我们对局部均衡分析这一框架的局限性。要想对经济现实做出更加切合实际的分析，就得依赖于现实世界的经济调查，通过对现实经济的了解与体悟感受，从而对经济理论做出改进。

在经过几天的调查之后，我们深入地了解了当地的商贸流通网络，梳理清楚了这一网络结构的形式以及网络结构上不同的节点之间是怎么互动的。这些现实经济中的具体互动形式，对我们了解现实经济有非常大的帮助。

除了商贸流通网络之外，我们同样了解了农村当地的非正式信贷与正式信贷系统，我们也了解到正式信贷系统在农村推行的现实困难，以及正式信贷与实体经济之间的密切关联。

在许昌的四天调研，让我深刻反思了经济学理论的局限性，也意识到真实世界经济调查的必要性。在这一次调研的过程中，我也特别感谢老师们认真负责的组织，精心设计的调研计划以及同学们互相之间的配合与合作。今后，我希望能够贯彻这次在实践中体悟到的经济现实的精神，在学术研究中贯彻对现实生活的意义。

游清宇

第十章

来到霍刘庄村的第一天，我没站稳一不小心踩入泥坑，满腿是土，尴尬地打趣自己，这算是真切地接触了这片土地。但是，这不过是玩笑话，今日回想起那几日的调研，我能真切地观察这片土地，但触摸到的，是障壁。

首先是霍刘庄村与发展腾飞之间的障壁。村内建设用地极少，建立村办企业、制造厂等方案难以实行，河南省作为我国的粮仓，其定位就决定了该地对于第一产业所需倾注的努力以及对第二产业不得不进行一部分舍弃，产业振兴的方案无法在此地被施行。霍刘庄村也积极寻找自身的独特优势，由于当地土地平旷，适宜树木种植，因此将土地租给公司种植经济价值较高的杜仲，并且还光荣入选国家级储备林，一派欣欣向荣。可是，在正常依照合同发展两年后，疫情冲击、房地产不景气等对林木企业和国家财政的冲击使得企业无力缴纳租金，原本拉动当地发展的契机却成了农户怨声载道的烂工程，令人惋惜。因地制宜发展、找准自身优势是当今乡村发展想要出类拔萃的必要途径，但只有这些还不够，经济大背景的繁荣也是必不可少的，发展的萌芽在不景气的条件下太容易夭折，发展腾飞的条件远比我想象的要苛刻。

其次是我自身与霍刘庄村之间的障壁。可以感受到，大部分村民都将自己的所知毫无保留地讲给我们，但不可否认的是，有的话题他们有所保留，有的事件他们的记忆早已模糊，有时候需要精确的数字他们只能给出含混模糊的结论。关于鱼塘的前世今生，整整三天从各方走访，我们才勉强拼凑出大致原貌；关于村内土地使用的划分，在村委会办公室里，几位村委争执着给出结论……通过几天的走访、询问、筛选、求证，我们整合各路信息尽力揭示此地发展的真面貌，但各种因素的存在，使得这份报告与真相必然存在一些差异。

最后是我与霍刘庄农户之间的障壁。很多被调研的农户都会询问一个问题：你们是上面来的吗？可以反映解决我们的问题吗？这个问题在那几天一直困扰我，我一直思考着怎样回答才能保证在接下来的聊天中得到最具准确性的信息。我当然明白，农户最需要的是自身问题的解决，而我只不过是仔细地观察这个村庄，想以小见大窥得中国农村的一些特征。待我有了足够的认识之后，我当然会尝试思考解决农村发展问题的方法，但在村民们的诘问声中，我也时而陷入有关意义的思考。

无论如何，此次调研意义非凡，就算是触摸着障壁，但我至少能近距离瞥见中国乡村的一角，从而对土地有了更多热忱，对经济有了更多思考，对真相有了更多认知。

匡浩鑫

在霍刘庄村只停留了短短的四天，访问了十余户人家，却足以让我不停地回味这几天的记忆。坐着大巴车驶离霍刘庄村的傍晚，我看到散落在田地中的弯下腰劳作的身影，一如我们这几天早晨、中午、晚上，在烈日中、在风雨中看到的一样，他们从来没有停歇过，无论如何被生活所对待，无论曾经或将要面对的是什么。

在霍刘庄村的几日，遇到了太多太多可爱的人们，他们谁都没有多说什么，却让我心中的疑团消散。他们是真真实实触碰着土地活着的人，他们知道生活就是生活，无论遇到什么，人总要生活下去。于是，我也从他们那里获得了些许不可名状的勇气，少了些悬浮感，多了些面对生活的真实感。

我们将与许许多多具体的人的对话凝练成一篇调查报告，但我仍然不愿意忘记那些具体的面庞，我也相信他们是最值得被记住，最不应该被遗忘的。我们拜访的第一户大爷，在我们离开时他带着笑意问我："还会再见面吗？"鱼塘附近劳作的大叔，态度坚决地拒绝了我们的访问费，告诉我们，他也曾是学生，知道做学生的不易；正在路边割草的爷爷，带我们回到他的家中，在一间黑黑的、窄窄的屋子里，他向我们讲述或许已经被大多数人淡忘了的往事，这些不足为外人道的故事，藏着他大半生的轨迹；烈日下在路口遇到的大娘，坚持要用她的三轮车带我们回去，她告诉我们，她正要赶去田里干活；经营小卖部的奶奶，我们虽然难以听懂她浓重的口音，但她真挚的热情足以让我们深深感动。我们在田野上，在池塘边，在扬起尘土的道路上，与他们一个一个地相遇后又分别。我知道，在这短暂的交会中或许难以完全走入他们的生活，但至少我们全力以赴地去尝试了解这片土地和这片土地上的人们。

我们遇到了太多太多值得铭记的人。当他们用纯朴的笑容与乡音迎接我们时,我总是觉得自己无以为报。我不知道自己的所作所为怎样才能在某种程度上让他们生活得更好一点,只能将在霍刘庄村四日的见闻深深地刻在脑海里,我知道,在日后感到无所适从、找不到努力的方向与意义的时刻,这些记忆中的人们以及那些未能触及的广阔土地上的所有人们,将成为最大的希望之所。

姜子涵

◇◇ 第十一章

这是我第一次近距离观察农民——这一在中国存在了几千年的职业,或者说身份。在此之前,我并没有花如此长的时间与一个又一个农民接触,用镜头记录下他们在土地上的劳作,他们的喜怒哀乐,他们平凡的生活。

从北京到河南省许昌市鄢陵县的乡村,搭乘时速 300 千米/小时飞驰的复兴号高速列车,让二者之间的物理距离缩短了许多。但是,从海淀区车水马龙、高楼林立的中关村,到霍刘庄村一望无际的田野,这是两个截然不同的世界。作为从小生活在城市里的人,我们对另一个世界总抱有一些美好的幻想,我们想远离城市的喧嚣,感受诗和远方。然而,这种幻想只是幻想,当我踏上霍刘庄村这片土地时,远方是一望无际的田野,远方的远方依然是一望无际的田野。

　　我们通常将城市人的一些情绪投射在农民身上，我们会把留在农村种地形容成一种带有悲壮色彩的"坚守"，我们会把他们日复一日的劳作与对土地的情感看成一种颇为感动的"热爱"。但是，真实的乡村并不是这样的，农民种了几千年的地，这并不是几千年的坚守，也不是几千年的热爱。这是因为，在中国社会，农民既是一种有着几千年历史的职业，也是一种有着几千年历史的身份。

　　走进农户家中，与劳作归来的农民们深入交流。他们大多数都年过半百，村里没有什么年轻人了。当然，这段时间是炎热的暑假，城市里的孩子们希望逃离炎热，阴凉的乡下似乎是一个比较好的选择，于是老人们的身边多了一些稚嫩的孩子。就像我一样，在小学和初中的暑假，也经常到我仍留在农村种地的亲戚家避暑。但是，这"避暑"和在农村种地的农民们是一种完全不一样的生活，因为这些孩子已经脱离"农民"这个身份，未来也不会选择"农民"这个职业。虽然同在一个村里，但年轻一辈和老一辈过着截然不同的两种生活。对于年轻一辈而言，这里不过是短暂的落脚驻足处，而对于老一辈而言，他们已经在这里度过了他们的大半生。

　　老一辈们的生活，每一天都是一般的一天，每一天都看着一般的傍晚。当然，他们并不是不期待丰富多彩的生活，而是几千年以来，农民总是一个默默接受的角色。

　　每次访谈结束临别时，我都会让他们对着镜头笑一笑。或许是太久没有笑过了，他们的笑并不是很自然。农民，这种身份感极强的职业，或者说身份即职业，并不允许农民自己有太多选择。坚守并不是一个对农民来说合适的词语，农民不得不每日劳作，而除了依靠土地生活外，他们也没有什么别的依靠。他们与土地之间的关系，是深深的羁绊。翻看相机里，农民们对着镜头的"笑"，那是一种无奈，是一种与生活的和解，是一种平淡的纯朴。

韦阔瑞

周其仁老师总说，与其坐在书斋中设想世界应该的样子，不如进入真实世界一探究竟。此次实践，走入中国花木第一县鄢陵县，深入典型中原村落霍刘庄村，我的内心既为经济学田野调查的独特魅力所折服，也深深为书本外的真实世界所震撼。

"从无字句处读书"，正是鄢陵县给我上的第一课。我认识到，仅靠逻辑推理或模型推导得到的应然答案，很难与客观实然答案完全一致。走入真实世界、寻找实然答案、比较其与应然答案之间的异同并探讨其背后的原因，则是我辈研究中国经济所应做的。

此外，这次调研使我充分认识到合理、稳定的政策对经济发展的重大意义。当然，深入基层，令我感触最深的是在经济下行下，政府、企业、居民的悲欢离合。

愿"得广厦千万间"。鄢陵县的调研，使我更加坚定了通过经济学研究推动社会发展与进步的理想。希望在不久的将来，更加合理、稳定的政策以及健康的宏观经济环境，能够为无数鄢陵县一样的基层造福。

王子乐

在"真实世界的经济学"课程中，周其仁老师教导我们，要善于在生活中观察经济学的现象。在他提问我们有没有印象深刻的与直觉不一致的现实现象时，我仔细地在脑海中搜寻，但发现我所经历的生活好像都如同经济学教科书中那般运行，找不到"有趣"的现象。直到这次实践，我们带着问题与猜想，真正走出象牙塔，走入经济生活中去，我才发现生活中到处都存在想象之外的奇妙的现象。无论是资金断裂，合作陷入僵局后仍可以自发运行的国家储备林项目，还是农民不符合我们眼中"利益最大化"的选择，都出乎我的意料之外，细想却都符合经济学的原理，这也让我重新认识了经济学的神奇之处。

霍刘庄村的村民也给我留下了深刻的印象。无论去哪里入户调查，都会受到村民的热情款待，我们的问题也都会得到村民热情详细的回答，他们的热情帮助我更好地完成了这次的调查工作，让我更深刻地了解了农村的生产生活。他们为了生活而忙碌与操劳，也给我留下了深刻的印象。很多村民在照顾家里的土地的同时，还要去周围的县城打工才能维持生计。看着他们艰难却又努力顽强地生活，我再次明确了自己选择经济学的初心，要为他们获得想要的美好生活找到解决的办法，要让更多的人能从时代的发展中获益而尽自己的绵薄之力，让他们的生活变好哪怕一点点。

无论是资金困难陷入停滞的国家储备林项目，还是疫情后新投资建设的工厂，发展的尝试虽然充满困难与挫折，但也种下了机遇与成功的种子。农村的经济虽然小但顽强，在困难中总能找到新的出路。这几日村中的见闻也使我重新充满了动力和信心。

杨承睿